GottesdienstKunst

T V Z

Praktische Theologie im reformierten Kontext

herausgeben von Albrecht Grözinger, Gerrit Immink, Ralph Kunz, Andreas Marti, Christoph Morgenthaler, Félix Moser, Isabelle Noth, David Plüss und Thomas Schlag.

Band 3 – 2012

Die Reihe «Praktische Theologie im reformierten Kontext» versammelt Arbeiten aus der praktisch-theologischen Forschung, die in der konfessionellen Kultur der Reformierten verankert sind. Der reformierte Kontext ist einerseits Gegenstand empirischer Wahrnehmung und kritischer Reflexion und andererseits das orientierende Erbe, aus dem Impulse für die zukünftige Gestaltung der religiösen Lebenspraxis gewonnen werden. Er bildet den Hintergrund der kirchlichen Handlungsfelder, prägt aber auch gesellschaftliche Dimensionen und individuelle Ausprägungen der Religionspraxis.

Angela Berlis, David Plüss, Christian Walti (Hg.)

GottesdienstKunst

T V Z

Theologischer Verlag Zürich

Gedruckt mit freundlicher Unterstützung des Synodalrats der Reformierten Kirchen Bern-Jura-Solothurn und des Louis-und-Eugène-Michaud-Fonds des Departements für Christkatholische Theologie Universität Bern.

Bibliografische Informationen der Deutschen Nationalbibliothek
Die Deutsche Nationalbibliothek verzeichnet diese Publikation in der Deutschen Nationalbibliografie; detaillierte bibliografische Daten sind im Internet über http://dnb.d-nb.de abrufbar.

Umschlaggestaltung
Simone Ackermann, Zürich, unter Verwendung einer Fotografie von Andreas Hoffmann (Ausschnitt) aus der Serie «Krethi & Plethi. Christliches und Nachchristliches in Zürich», 1999 © Evangelisch-reformierte Landeskirche des Kantons Zürich und Katholische Kirche im Kanton Zürich

Druck
ROSCH BUCH GmbH, Scheßlitz

ISBN 978-3-290-17639-6

www.tvz-verlag.ch

Inhaltsverzeichnis

Epilog

Einleitung

Am 7. Juni 2011 wurde das Kompetenzzentrum Liturgik an der Theologischen Fakultät der Universität Bern mit einer Tagung aus der Taufe gehoben. Das Interesse seitens der universitären und kirchlichen Öffentlichkeit und das Presseecho waren gross. Die universitären Träger des Zentrums sind das Departement für Christkatholische Theologie und das Departement für Evangelische Theologie. Man mag sich fragen: Ist diese interkonfessionelle Trägerschaft Symptom einer Annäherung der Kirchen, Ausdruck einer revitalisierten Ökumene in liturgischer Hinsicht? Sind die Reformierten ihres homiletischen Verbalismus und Intellektualismus müde geworden und haben «Heimweh nach Rom und den schönen Gottesdiensten der katholischen Messe», wie Karl Barth bereits vor neunzig Jahren spottete? Oder wollen die Christkatholiken «protestantisieren» und die Konzentration auf das klärende und befreiende Wort neu entdecken?

Die Initiative zur Gründung des Kompetenzzentrums ging vom Bereichsleiter Theologie der Reformierten Kirchen Bern-Jura-Solothurn, Pierre Vonaesch, aus, der auf reformierter Seite ein auffälliges Reflexions- und Bildungsdefizit in liturgischer Hinsicht feststellte. An der Planung waren Theologinnen und Theologen beider Konfessionen beteiligt: Matthias Grünewald, Andreas Marti, Maurice Baumann und David Plüss vom Departement für Evangelische Theologie, Urs von Arx und Angela Berlis vom Departement für Christkatholische Theologie sowie Matthias Zeindler, Nachfolger von Pierre Vonaesch als Bereichsleiter Theologie der Reformierten Kirchen Bern-Jura-Solothurn.

Das Kompetenzzentrum Liturgik will zur Entwicklung liturgiewissenschaftlicher Forschung beitragen, die sich beiden kirchlichen Traditionen und dem ökumenischen Anliegen verpflichtet weiss. Ein Hauptaugenmerk richtet sich auf die Gegenwart. Forschungsfragen und -gegenstände sollen aus der zeitgenössischen Gottesdienstkultur erwachsen und diese befruchten. Zukünftige liturgische Akteure sollen mit liturgiewissenschaftlichem Wissen, Reflexionsvermögen und Gestaltungskompetenz ausgestattet werden. Forschungskolloquien, Workshops und Veröffentlichungen wollen den liturgiewissenschaftlichen Diskurs zwischen Fachleuten aus Wissenschaft und Kirche intensivieren. Tagungen sollen Themen im Bereich Gottesdienst einer breiteren Öffentlichkeit erschliessen. Schliesslich sollen Gutachtertätigkeit und Beratung Kirchgemeinden und anderen Institutionen auf Anfrage zur Verfügung stehen. Die universitäre Anbindung des Zentrums ermöglicht Kooperationen innerhalb der Theologie, aber auch darüber hinaus mit den Religionswissenschaften, der Soziologie, der Kunstgeschichte oder der Theater- und der Musikwissenschaft. Wenn über Kunst, Klang, Raum, Ritualität, Performanz, Körperlichkeit und Geschlecht im Gottesdienst nachgedacht wird, ist die Zusammenarbeit mit anderen universitären Disziplinen angesagt.

Das Kompetenzzentrum wird finanziell von den Reformierten Kirchen Bern-Jura-Solothurn mitgetragen. Es versteht sich jedoch nicht als kirchliches Programmbüro. Vielmehr möchte es mit seinen Kräften den Verantwortlichen in Kirche und Gesellschaft ein hilfreicher und kritischer Partner sein, der die Gestaltungsprozesse öffentlichen Handelns in Gottesdiensten und Kasualien vor- und nachdenkend begleitet.

Im vorliegenden Band werden die Beiträge der Eröffnungstagung des Kompetenzzentrums Liturgik veröffentlicht. Ihr Thema war «Gottesdienstkunst. Liturgie als Kultur der Gegenwart». Der Fragestellung der Tagung lagen folgende Überlegungen zugrunde: Der Gottesdienst will nach allen Regeln der Kunst gestaltet sein. Gottesdienstgestaltung verlangt Kreativität, Sensibilität für die verschiedenen Aspekte, welche die «Performance» ausmachen, und gleichzeitig eine grosse Kompetenz im Umgang mit der liturgischen Tradition. Damit ist ein hoher Anspruch an die Gestaltenden gestellt. Spätestens seit der rezeptionsästhetischen Wende in der Praktischen Theologie ist vom Gottesdienst als (offenem) Kunstwerk die Rede. Dies schärft den Blick dafür, dass der von der Liturgin, den Kirchenmusikern und der Lektorin konzipierte Gottesdienst seine Wirkung erst in der jeweiligen Aufführung entfaltet, welche die Teilnehmenden am Gottesdienst massgeblich mittragen. Kunst prägt den Gottesdienst dabei wesentlich mit: Rhetorik, Musik, Architektur, Bild und Ornament im Kirchenraum. Ist Gottesdienstgestaltung hohe Kunst, Kleinkunst oder Kunsthandwerk? Wie verhält sich Gottesdienstkunst zur säkularen Kultur?

Der Band gliedert sich in drei Teile: Der erste Teil enthält die Hauptvorträge der Tagung mit den jeweiligen Repliken. Die Beiträge des zweiten Teils basieren auf Workshops, welche die Autorinnen und Autoren zu Aspekten des Tagungsthemas anboten. Und schliesslich liegt es nahe zu umschreiben, was mit dem Namen «Kompetenzzentrum Liturgik» gemeint ist: Im dritten Teil skizzieren die Mitarbeitenden des Kompetenzzentrums Felder und Arbeitsbereiche, in denen Liturgische Kompetenz geformt und gestaltet wird. Die Form des Sammelbandes entspricht unserer Absicht, mit dem Kompetenzzentrum verschiedene Perspektiven und Initiativen auf dem Feld der Liturgik und Liturgiewissenschaft zu versammeln und miteinander ins Gespräch zu bringen.

Für einen grosszügigen Publikationszuschuss danken wir dem Synodalrat der Reformierten Kirchen Bern-Jura-Solothurn und dem Louis-und-Eugène-Michaud-Fonds des Departements für Christkatholische Theologie.

Angela Berlis, David Plüss, Katrin Kusmierz, Christian Walti, Andreas Marti, Johannes Stückelberger, Matthias Zeindler

Teil 1 Gottesdienstkunst

Liturgie als Kultur der Gegenwärtigkeit

David Plüss

«Liturgie als Kultur der Gegenwärtigkeit» – der Titel meiner einführenden Bemerkungen zur Eröffnungstagung des Kompetenzzentrums Liturgik der Universität Bern klingt programmatisch. Und so ist er auch gemeint. Worin besteht nun aber dieses Programm? Wenn wir den dreifachen Leistungsauftrag der Universität – der *Forschung*, der *Lehre* und der *Dienstleistung* – auf unser Zentrum anwenden, dann ist zu fragen, was denn hier genau beforscht und was gelehrt werden soll und womit wir der Kirche und der Gesellschaft gute Dienste leisten können.

Zunächst ist aber zu fragen, ob sich der Gegenstand überhaupt lohnt. Ist der Relevanzverlust des christlichen Gottesdienstes nicht allenthalben feststellbar? Zumindest wird ihm von den beiden Schweizer Religionssoziologen Jörg Stolz und Edmée Ballif vom Observatoire des Religions en Suisse (ORS) in Lausanne eine düstere Zukunft prognostiziert.[1] Die meisten Zeitungsartikel zum Gottesdienst beginnen mit einem liturgischen Krisenszenario, schlachten dieses publikumswirksam aus und illustrieren es mit leeren Kirchenbänken.

Es soll nicht bestritten werden, dass sich das Beteiligungsverhalten der Kirchenmitglieder in den letzten vierzig, fünfzig Jahren verändert hat. Und es ist auch nicht zu bestreiten, dass in manchen Kirchgemeinden tatsächlich ein deutlicher Rückgang der Gottesdienstteilnahme festzustellen ist. Aber insgesamt ist die liturgische Situation in Bezug auf die Beteiligung der Gemeinden unübersichtlich. Das vorhandene statistische Material ist kaum vergleichbar und für eine Beurteilung der Gesamtlage wenig geeignet.[2] Weitere Forschung wäre nötig, um zu beurteilen,

1 Vgl. Jörg Stolz/Edmée Ballif: Die Zukunft der Reformierten. Eine Analyse der gesellschaftlichen Megatrends und ihrer Effekte auf den Schweizerischen Evangelischen Kirchenbund und seine Mitgliedkirchen, Zürich 2010, S. 55–93.

2 Vgl. Robert Leuenberger: Gottesdienst. Angebot ohne Nachfrage?, Basel 1968; Manfred Bruhn (Hg.): Ökumenische Basler Kirchenstudie. Ergebnisse einer Bevölkerungs- und Mitarbeitendenbefragung, Basel 1999; David Plüss: Wider die Rhetorik vom sinkenden Schiff. Erwägungen zum kommunizierten Selbstbild der Kirche, in: Albrecht Grözinger/Manfred Bruhn (Hg.): Kirche und Marktorientierung. Impulse aus der Ökumenischen Basler Kirchenstudie, Freiburg i.Ü. 2000, S. 231–250; Peter Höhmann/Volkhard Krech: Das weite Feld der Kirchenmitgliedschaft. Vermessungsversuche nach Typen, sozialstrukturelle Verortung, alltägliche Lebensführung und religiöse Indifferenz, in: Wolfgang Huber/Johannes Friedrich/Peter Steinacker (Hg.): Kirche in der Vielfalt der Lebensbezüge, Gütersloh 2006, S. 143–195; Stefan Huber: Analysen zur religiösen Praxis. Ein Blick in die Schweiz, in: Bertelsmann Stiftung (Hg.): Religionsmonitor 2008, Gütersloh 2007, S. 158–166; Stolz/Ballif: Zukunft der Reformierten (vgl. Anm. 1), S. 67–74; Stefan Huber: Religiosität und Spiritualität im deutschsprachigen Raum. Ein Überblick, in: Friedrich Balck/Hendrick Berth/Constantin Klein (Hg.): Die Bedeutung der Religion für die Gesundheit. Konzepte – Befunde – Erklärungsansätze, Weinheim/München 2011, S. 163–187. Ob es angesichts dieser disparaten For-

wie sich der Gottesdienst tatsächlich verändert, und zwar sowohl statistische Längsschnitt-Erhebungen als auch Fallstudien. Jedenfalls ist die Feststellung eines linearen Rückgangs der Teilnehmerzahlen längst nicht in allen Fällen zutreffend. Zumindest für die Münstergemeinden in Bern, Zürich oder Basel stimmt es nicht in dieser Form. Aber auch in vielen weiteren Kirchgemeinden Berns, der Vororte, des Emmentals, des Zürcher Weinlands oder der Oberbaselbiets ist keine liturgische Krise feststellbar. Vielmehr werden landauf, landab Sonntag für Sonntag viele schöne und berührende, anregende und aufregende Gottesdienste gefeiert. Und auch wenn die liturgische Ausbildung auf reformierter Seite nicht zum Pflichtbestand des Theologiestudiums gehört, haben die meisten Pfarrerinnen und Pfarrer ihren eigenen liturgischen Stil entwickelt – durch mimetische Aneignung[3] und theologische Reflexion, durch Vorbildlernen, durch Ausprobieren und Korrigieren. Die liturgischen Fähigkeiten und Fertigkeiten, aber auch das Bewusstsein für theologische, dramaturgische und ästhetische Zusammenhänge unter der Pfarrerschaft sind beachtlich. Wenn die Qualität unserer Gottesdienste in die Kritik gerät, wenn etwa die Traditionsvergessenheit der Reformierten, die liturgische Dauermoderation oder die Banalisierung theologischer Gehalte beklagt werden, dann ist das ein Zeichen eben dieses Bewusstseins.

Wird nun aber mit einer solchen Analyse die vielerorts manifeste Krise des Gottesdienstes nicht kleingeredet? Ist es nicht vielmehr an der Zeit, die Situation *in liturgicis* ungeschönt zu konstatieren und präzis zu reflektieren, und zwar theologisch wie kulturwissenschaftlich? Denn krisenhafte Phänomene und besorgniserregende Entwicklungen in Sachen Liturgie sind nicht zu bestreiten. Es ist für Kirchgemeinden und Pfarrerinnen schmerzhaft, wenn der Gottesdienstbesuch spürbar zurückgeht. Es ist für alle Beteiligten anstrengend, in einer fast leeren Kirche zu feiern. Ein kläglicher Gesang lässt die liturgische Stimmung dramatisch sinken.

Aber zum einen ist festzuhalten, dass unsere Kirchen nicht für den Sonntagmorgengottesdienst gebaut wurden, sondern für den Weihnachtsgottesdienst, für die Konfirmationsfeier und grosse Beerdigungsfeiern. Wie mit kleinen Gottesdienstgemeinden liturgisch umzugehen sei, so dass klein nicht mit erbärmlich, sondern mit Feierlichkeit und Intensität assoziiert wird, ist eine Frage der liturgischen Gestaltung und der Kirchenraumästhetik. Zum anderen ist zu sagen: Die genannten Krisenphänomene sind nicht neu. Seit der Aufklärungszeit, vor allem aber seit den gesellschaftlichen, ökonomischen und mentalen Umbrüchen um 1800 hat der Gottesdienst seine vormals zentrale gesellschaftliche und politische

schungslage überhaupt möglich ist, die unterschiedlichen Erhebungen in einen konsistenten Zusammenhang zu bringen, wie Stolz et al. versuchten, wird unterschiedlich beurteilt.

3 Zur Mimesis als Grundprinzip liturgischer Bildung vgl. Gunter Gebauer/Christoph Wulf: Spiel – Ritual – Geste. Mimetisches Handeln in der sozialen Welt, Reinbek bei Hamburg 1998, S. 80–113; David Plüss: Gottesdienst als Textinszenierung. Perspektiven einer performativen Ästhetik des Gottesdienstes, Zürich 2007, S. 166–176.

Stellung nachhaltig eingebüsst.[4] Und dies nicht nur zum Nachteil der liturgischen Substanz. *Lebenszyklische* und *jahreszyklische* Beteiligung am kirchlichen Leben wurde zum Normalverhalten – das ist heute nicht anders.[5] Aber schon in der frühen Neuzeit war nicht mehr die ganze Familie im Gottesdienst vertreten, sondern es wurden einzelne Mitglieder *delegiert*. Die Klage über schlechten Gottesdienstbesuch lässt sich nota bene bis ins 16. Jahrhundert zurückverfolgen.

Wer sich also in der Gegenwart wissenschaftlich mit der Liturgie befasst, seziert keine Leiche. Weder Apologie noch Schadenbegrenzung kann das Ziel sein. Vielmehr geht es zunächst um eine vorurteilsfreie Beschäftigung mit einem durchaus vitalen Bereich unserer Gegenwartskultur. Wenn wir auf die schieren Zahlen derjenigen blicken, die sonntäglich in der Stadt Bern oder Basel einen Gottesdienst aufsuchen, dann wird diese Vitalität augenfällig. Wie eine 1999 an der Universität Basel durchgeführte Studie zeigt, wünschen selbst die Distanzierten und Ausgetretenen mehrheitlich, dass möglichst in allen Kirchen sonntäglich Gottesdienste gefeiert werden, auch wenn sie selber nicht teilnehmen.[6] Der wöchentliche Gottesdienst mit weit herum vernehmbarem Glockengeläut symbolisiert für viele Zeitgenossinnen und Zeitgenossen gleichsam eine «heilige Ordnung». Er rhythmisiert die Woche, das Jahr und den Lebenslauf in offenbar hilfreicher Weise. Es ist offenbar für viele Menschen wichtig zu wissen, dass in der Kirche sonntäglich Gott angerufen, ihm gedankt und für das Wohlergehen der Menschen gebetet wird. Einige gehen selber hin, gehen «z Predig» – wie man bei den Reformierten noch immer sagt –, um berührt, getröstet und für den Alltag gestärkt zu werden. Diejenigen, die hingehen, suchen nicht Unterhaltung und Zerstreuung, sondern sie wollen zur Ruhe zu kommen, neue Freiheit gewinnen und Gott begegnen.[7]

Diese Erwartungen von vielen und dieses Verhalten von einigen sind soziologisch feststellbare Sachverhalte. Und es sind zugleich kulturelle Sachverhalte. Denn Liturgien rhythmisieren das religiöse Leben und die symbolische Ordnung einer Gesellschaft auch in Zeiten fortgeschrittener Säkularisierung und religiöser Pluralisierung. Von *Postsäkularisierung* zu sprechen scheint mir im Zusammenhang der Liturgie gleichwohl nicht sinnvoll zu sein, da gegenwärtig religiöse Revitalisierungen gerade nicht die institutionellen und rituellen Formen von Religion betreffen, sondern allenfalls die Sinnsuche und das Verhalten von Einzelnen, den

4 Vgl. dazu sehr anschaulich Peter Cornehl: Art. Gottesdienst VII. Evangelischer Gottesdienst von der Reformation bis zur Gegenwart, in: TRE XIV (1985), S. 54–85.

5 Vgl. Kristian Fechtner: Kirche von Fall zu Fall. Kasualpraxis in der Gegenwart, Gütersloh 2003; ders.: Späte Zeit der Volkskirche. Praktisch-theologische Erkundungen, Stuttgart 2009.

6 Vgl. dazu Bruhn: Kirchenstudie (s. Anm. 2); Plüss: Rhetorik (s. Anm. 2); Adrian Portmann: Mitglieder ohne Eigeninteresse – Über Distanz und Verbundenheit der distanzierten Kirchenmitglieder, in: Bruhn/Grözinger: Kirche und Marktorientierung (s. Anm. 2), S. 185–200.

7 Dies belegen die Antworten der in der Basler Kirchenstudie Befragten, vgl. Plüss: Rhetorik (s. Anm. 2).

religiösen Markt und das Medieninteresse für Religion und Spiritualität.[8] In Sachen Liturgie ist aber die noch immer fortschreitende Säkularisierung in Rechnung zu stellen, nüchtern zu reflektieren und bei der liturgischen Gestaltung zu berücksichtigen. Die Vertrautheit mit liturgischem Verhalten kann selbst bei Theologiestudierenden nicht mehr vorausgesetzt werden.

Stolz, Ballif und andere sprechen in diesem Zusammenhang von einem unumkehrbaren Traditions*abbruch*. Es gibt aber gute Gründe, die Sachlage, zumindest prospektiv, optimistischer zu beurteilen: Gerade die beschriebene Spannung zwischen Erwartung und Verhaltensunsicherheit oder Abstinenz in Sachen Liturgie eröffnet die Möglichkeit und Notwendigkeit liturgischer Bildung. Und zwar Bildung im Sinne von *Einübung* und *Kultivierung* stimmiger Ausdrucksformen des Glaubens, welche die Hoffnungen und Ängste von Menschen aufnehmen und in ein neues Licht stellen. Es geht aber auch um die Kultivierung des Innehaltens, der Besinnung und der Achtsamkeit.

Der Charme der Liturgie besteht gerade darin, dass diese Formen der Besinnung, der Klage und der Hoffnung nicht mal für mal neu erfunden werden müssen. Der Charme der Liturgie besteht darin, dass sie in einem kulturellen Gedächtnisraum angesiedelt ist, der weit zurückreicht. In einem kulturellen Gedächtnisraum nota bene, der nicht nur aus Texten und deren Interpretationen besteht, sondern wesentlich auch aus Ritualen, aus Formeln und Symbolen. Wenn in einem Gottesdienst 2000 bis 3000 Jahre alte Bibeltexte ausgelegt, das Unservater gebetet und der aaronitische Segen gespendet werden, dann schwingt sich eine Gruppe von Menschen – theologisch gesprochen: eine Gemeinde – in einen kultischen Raum ein, der alltägliche Raum- und Zeitgrenzen weit hinter sich lässt. An kaum einem anderen Ort unserer Gegenwartskultur wird der kulturelle Gedächtnisraum[9] so regelmässig, so ritualisiert und so reflektiert gepflegt und mit der Gegenwart verbunden wie in der Liturgie.

Nun wird es manche vielleicht wundern, einen Reformierten so vollmundig von Ritualen, Formeln und Symbolen reden zu hören. Der reformierte Gottesdienst zeichnet sich doch einerseits durch grosse Zurückhaltung in ritueller und symbolischer Hinsicht und andererseits durch didaktische Verflüssigung liturgischer Formen aus – oder anders gesagt: durch viel Belehrung und Moderation. Allerdings war dies nicht immer so. Vielmehr war der reformierte Gottesdienst

8 Vgl. dazu Hubert Knoblauch: Populäre Religion. Markt, Medien und die Popularisierung der Religion, in: ZfR 8/2000, S. 143–161; Friedrich Wilhelm Graf: Die Wiederkehr der Götter. Religion in der modernen Kultur, München 2004; Winfried Gebhardt: Kein Pilger mehr, noch kein Flaneur. Der Wanderer als Prototyp spätmoderner Religiosität, in: Winfried Gebhardt and Ronald Hitzler (Hg.): Nomaden, Flaneure, Vagabunden. Wissensformen und Denkstile der Gegenwart, Wiesbaden 2006, S. 228–243.

9 Begriff und Sache des kulturellen Gedächtnisraumes hat Jan Assmann geprägt und entfaltet. Jan Assmann: Das kulturelle Gedächtnis. Schrift, Erinnerung und politische Identität in frühen Hochkulturen, München 1999.

seit Zwingli bis ins 19. Jahrhundert – und vielerorts bis heute – hoch ritualisiert und wurde mit wiederkehrenden Gebeten, Lesungen und Responsorien gefeiert.[10] Zudem ist der reformierten Liturgie eine bestimmte Ästhetik eigen, die als typisch modern gelten kann: Die Liturgie wird gewissermassen auf der leeren Bühne inszeniert, oder genauer: in schlichten, aber lichten Kirchenräumen mit wenig Requisiten und Akteuren.[11] Die liturgische Symbolik ist auf die Kanzel, den Abendmahlstisch und den Taufstein reduziert. Hinzu kommen die Gestalt des Raumes, die Anordnung von Kirchenbänken und Kanzel sowie die Beleuchtung.[12] Die Handlung ist auf das Wesentliche konzentriert: auf wenige Gebete und Lieder, vor allem aber auf den Bibeltext und dessen Auslegung. Nicht Gott wird aufgeführt, keine heiliges Drama, sondern die Liturgie will die Andacht der Gläubigen anregen und soufflieren, das Innehalten, die Gottesbegegnung auf der *inneren Bühne*.

In diesem Sinn hat der reformierte Gottesdienst Teil am kulturellen Gedächtnisraum christlicher Feierformen. Er steht im Ensemble unterschiedlicher liturgischer Formsprachen für eine schlichte, moderne und intellektuelle Gestalt – und leidet zuweilen darunter. Links von ihm finden sich die freikirchlichen, die charismatischen und experimentellen Gottesdienste, die den Gegenwarts- und Erfahrungsbezug der Liturgie engagiert in Szene setzen und die traditionelle Formsprachen nur noch da und dort berühren, um sich sofort wieder mit popkulturellem Gestus kräftig von ihnen abzustossen.[13] Ganz rechts schwingt etwa die vorkonziliare Lateinische Messe, deren Ästhetik vom Schriftsteller Martin Mosebach gerühmt wird,[14] und deren therapeutisches Potenzial von Psychoanalytiker Alfred Lorenzer – in polemischer Abgrenzung von der Liturgiereform des Zweiten Vatikanischen Konzils – herausgestellt wurde.[15] Dazwischen finden sich vielfältige Formen liturgischen Feierns, welche die Spannung zwischen einem sakrosankten Ritus und dessen Aktualisierung unterschiedlich gestalten – wie die nachkonziliare Messe, der Wortgottesdienst oder die christkatholische Liturgie, die in unse-

10 Vgl. dazu Ralph Kunz: Gottesdienst evangelisch reformiert. Liturgik und Liturgie in der Kirche Zwinglis, Zürich 2001, S. 33–69.

11 Dies ist nicht erst heute so, sondern entspricht dem liturgischen Raumprogramm der Reformierten, wie es Heinrich Bullinger 1566 im Zweiten Helvetischen Bekenntnis formulierte (Kap. XII); vgl. dazu David Plüss: Kirchenräume zwischen Leiblichkeit und Heiligkeit, in: Christoph Sigrist (Hg.): Kirchen Macht Raum. Beiträge zur kontroversen Debatte, Zürich 2010, S. 39–44.

12 Johannes Stückelberger kommt das Verdienst zu, die Theologie des Kirchenraumes in den Kontroversen des 20. Jahrhunderts erhellend rekonstruiert zu haben. Johannes Stückelberger: Funktionaler oder sakraler Raum? Kirche als funktionaler Raum, in: Ralph Kunz/Andreas Marti/David Plüss (Hg.): Reformierte Liturgik – kontrovers, Zürich 2011, S. 219–228.

13 Einen instruktiven Vergleich zwischen einem durchaus attraktiven Predigtgottesdienst reformierter Prägung und einem popkulturellem Jugendgottesdienst hat Mats Staub angestellt. Mats Staub: Prediger und Showmaster Gottes, in: Andreas Kotte (Hg.): Theater der Nähe, Zürich 2002, S. 427–550.

14 Martin Mosebach: Häresie der Formlosigkeit. Die römische Liturgie und ihr Feind, München 2007.

15 Alfred Lorenzer: Das Konzil der Buchhalter. Die Zerstörung der Sinnlichkeit. Eine Religionskritik, Frankfurt a. M. 1984.

rem Zentrum gleichermassen reflektiert werden, wodurch sich ein für beide Seiten produktives Irritations- und Anregungspotenzial einstellt.

Nun steht der christliche Gottesdienst der Gegenwart nicht nur in einem kulturellen Gedächtnisraum von mehr als 2000 Jahren, sondern auch in einem *Hoffnungsraum*. Die Liturgie ist Teil der Kultur der Gegenwart, indem sie zum Ausdruck bringt: «Dies alles ist noch nicht alles!»[16], indem sie ein Fenster in die Zukunft aufreisst, in die Zukunft der Welt und der Menschen, welche sie orientiert durch die christliche Hoffnung. Die kulturelle Technik von Predigerinnen und Liturgen besteht darin, in der jeweiligen Gegenwart die eschatologische Zeit Gottes zur Aufführung zu bringen.[17] Denn Kirche ist mehr als ein Verwaltungsapparat. Kirche ist wesentlich in visionäres Projekt. Sie bringt in ihren vielfältigen Liturgien die Sehnsucht nach Menschlichkeit und die Hoffnung auf Freiheit und Gerechtigkeit zum Ausdruck. Christliche Liturgie symbolisiert und ritualisiert – wie die Liturgien anderer Religionen[18] – die Hoffnung auf Erlösung und Versöhnung durch Gott und lässt diese dadurch erlebbare Gestalt gewinnen.

Nun ist die Liturgie in ihren vielen Formen nicht nur zwischen kultureller Herkunft und erhoffter Zukunft aufgespannt. Ihr Bemühen, diese Spannung für ihre jeweilige Gegenwart fruchtbar zu machen, zielt noch auf eine andere Weise der Gegenwart als die der jeweils disparaten Gegenwartskultur. Sie zielt auf eine *Kultur der Gegenwärtigkeit*. Auf eine Kultur der Gegenwärtigkeit, welche die Gegenwart zugleich aufnimmt und transzendiert. Auf eine Kultur der Gegenwärtigkeit, welche die Gegenwart über sich selbst *aufklärt* und den betenden, schweigenden und hörenden Menschen *Gravitationskraft* verleiht *in* ihrer Gegenwart; welche ihnen *Geistesgegenwart* verleiht und *Verantwortung* gibt an ihrem Ort und in ihrer Zeit. Darin ist Liturgie nicht weniger als die «Kultivierung Gottes – unter Wahrung seiner Göttlichkeit»[19].

Eine zentrale Aufgabe des Kompetenzzentrums Liturgik besteht darin, den Zusammenhang von Liturgie und Gegenwartskultur in den genannten Hinsichten in Forschungsprojekten, Tagungen und Publikationen auszuloten und theologisch wie historisch über die Gottesdienstkunst nachzudenken, welche nicht nur in weltflüchtigen Zirkeln oder in den Gärten der Seligen zur Aufführung gelangt, sondern in unseren Städten, Vorstädten und Dörfern, Sonntag für Sonntag, land-

16 Vgl. Andrea Grillo: Einführung in die liturgische Theologie. Zur Theorie des Gottesdienstes und der christlichen Sakramente, Göttingen 2006, S. 32.

17 Vgl. dazu Christoph Bizer: Gottesdienst und Kultur. Theologische, didaktische Meditation, in: Peter Biehl/Klaus Wegenast (Hg.): Religionspädagogik und Kultur. Beiträge zu einer religionspädagogischen Theorie kulturell vermittelter Praxis in Kirche und Gesellschaft, Neukirchen-Vluyn 2000, S. 141–164, hier S. 151.

18 Martin Riesebrodt hat in seiner phänomenologisch begründeten Religionstheorie in überzeugender Weise die Liturgie und die Erlösungshoffnung als die Grundelemente von Religion herausgestellt; vgl. Martin Riesebrodt: Cultus und Heilsversprechen. Eine Theorie der Religionen, München 2007.

19 Bizer: Gottesdienst (s. Anm. 17), S. 144.

auf und landab. «Kompetenzzentrum» heissen wir nicht, weil wir uns für diese Aufgabe besonders kompetent fühlten. Es geht uns vielmehr darum, die vielfältig vorhandenen wissenschaftlichen und praktischen Kompetenzen zu versammeln und miteinander ins Gespräch bringen. Dazu gehört die bisher erfreuliche Zusammenarbeit mit Liturginnen, Ausbildungspfarrern, Kirchenmusikerinnen sowie den Verantwortlichen für Gottesdienst und Theologie in den Kirchenleitungen. Dazu gehört die anregende Zusammenarbeit von römisch-katholischen, christkatholischen und protestantischen Liturgikerinnen und Liturgikern. Dazu gehört die Zusammenarbeit zwischen den Schweizer Fakultäten, die insbesondere mit Zürich, Basel, Freiburg, Luzern, Neuenburg und Chur bisher erfreulich gediehen ist. Dazu gehört aber auch die internationale Vernetzung mit Liturgikerinnen und Liturgikern aus Hamburg und Marburg, Leipzig und Wittenberg, Prag und Tilburg, Berkeley und Yale. Dazu gehören vor allem aber auch die Gespräche und Diskussionen, wie sie an der Eröffnungstagung unseres Zentrums, die im vorliegenden Band dokumentiert ist, geführt wurden.

Replik: Liturgiewissenschaft *als memoria innovans*

Birgit Jeggle-Merz

Wie von ihm als Leiter des Kompetenzzentrums Liturgik erwartet, eröffnet David Plüss seine Ausführungen programmatisch und überschreibt sie mit einem richtungsweisenden Titel, nämlich: «Liturgie als Kultur der Gegenwärtigkeit». Er bringt damit zum Ausdruck, dass Liturgie und Gegenwart in einem unauflösbaren Wechselverhältnis zueinander stehen. Liturgie – also: das Begegnungsgeschehen zwischen Gott und Mensch – ist nichts Starres, Unveränderbares. Vielleicht verwundert, dass gerade ich als katholische Liturgiewissenschaftlerin dies so hervorhebe, hat doch die katholische Liturgie den Ruf, an ihren Traditionen und Formen streng festzuhalten. Doch als geschichtlich denkender Mensch weiss ich, dass die Liturgie – dies gilt auch für die katholische Liturgie – durch die Zeiten hindurch nie die gleiche war und sein wird. Denn die Ausdrucksformen der Liturgie geben immer darüber Kunde, wie der Mensch sich versteht und wie er sich im Verhältnis zur Welt und zu Gott verortet. So trug z.B. die Liturgie in der Barockzeit trotz gleich bleibender Texturen und Riten ein anderes Gesicht als im 20. Jahrhundert zur Zeit der Liturgischen Bewegung.[1]

«Die Kirche ist immer eine Kirche der Gegenwart», formulierte Papst Johannes Paul II. «Sie betrachtet ihr Erbe nicht als den Schatz einer überholten Vergangenheit», so führt er weiter aus, «sondern als eine kraftvolle Inspiration, um die Pilgerreise des Glaubens auf immer neuen Wegen voranzutreiben.»[2]

Mit David Plüss ist daher jeder Kulturpessimismus zur Seite zu legen, denn wir «sezieren keine Leiche», wie er plakativ formuliert. Das bedeutet: Wir machen uns bewusst, dass dieser Gott, von dem die Bibel Zeugnis ablegt, ein in der Geschichte an den Menschen Handelnder ist. Er ist der Gott, der das Heil der Menschen will, immer und immer wieder aufs Neue. Auch heute. Der vorzüglichste Ort der Erfahrung der Hinwendung Gottes zu den Menschen ist die liturgische Feier der Kirche, denn hier werden in der Wirklichkeit des Mysteriums die Heilstaten Gottes Gegenwart, so dass der in der Kirche lebende Christ je und je Zeitgenosse dieses

1 Vgl. die Sammelschrift: Martin Klöckener/Benedikt Kranemann (Hg.): Liturgiereformen. Historische Studien zu einem bleibenden Grundzug des christlichen Gottesdienstes. Teil I: Biblische Modelle und Liturgiereformen von der Frühzeit bis zur Aufklärung. Teil II: Liturgiereformen seit der Mitte des 19. Jahrhunderts bis zur Gegenwart (LQF 88), Münster 2002.

2 Predigt in Reims am 22. September 1996, Nr. 5 (zit. nach: Den Glauben anbieten in der heutigen Gesellschaft. Brief an die Katholiken Frankreichs von 1996. Hg. v. Sekretariat der Deutschen Bischofskonferenz, Bonn 2000 (Stimmen der Weltkirche 37), S. 9f.).

Handelns Gottes werden kann. Hier ist wirkmächtige Begegnung von Gott und Mensch möglich.[3]

David Plüss mahnt, von der These der fortschreitenden Säkularisierung nicht Abschied zu nehmen. Darüber liesse sich streiten. Richtig ist ohne Zweifel, dass Religion zwar im Bereich lebensweltlicher Sinnfindung und Daseinsgestaltung wieder vermehrt in Erscheinung tritt, sich dies aber nicht auswirkt in einem steigenden Zuspruch etwa zum Sakrament der Taufe, zur Firmung, zur Eheschliessung oder in der Bereitschaft zur Mitfeier der kirchlichen Festzeiten. Es sind eher die Heilsangebote der «Psychoszene», von Feng Shui und Ayurveda, über Esoterik bis zu fernöstlichen Versenkungslehren, die vom neuen Boom profitieren. Die Tendenz einer Entkirchlichung des Christentums und einer Entchristlichung des Religiösen ist ungebrochen.[4] Die Suche nach der Nahtstelle zwischen Glauben und Leben in Bezug auf die Feier der Gottesdienstes hat der katholische Religionsphilosoph Romano Guardini zugespitzt formuliert, als er schon in den 1960 Jahren die Frage nach der Liturgiefähigkeit des Menschen aufwarf. Im Blick auf die Lebenswirklichkeit der Menschen schrieb er in einem Aufsatz mit der Überschrift «Der Kultakt und die gegenwärtige Aufgabe der Liturgischen Bildung»: «Ist vielleicht der liturgische Akt, und mit ihm überhaupt das, was ‹Liturgie›» heisst, so sehr historisch gebunden – antik, oder mittelalterlich, oder barock, – dass man sie der Ehrlichkeit wegen ganz aufgeben müsste? Sollte man sich nicht zu der Einsicht durchringen, der Mensch des industriellen Zeitalters, der Technik und der durch sie bedingten soziologischen Strukturen sei zum liturgischen Akt einfach nicht mehr fähig? Und sollte man, statt von Erneuerung zu reden, nicht lieber überlegen, in welcher Weise die heiligen Geheimnisse zu feiern seien, damit dieser heutige Mensch mit seiner Wahrheit in ihnen stehen kann?»[5] Wohlgemerkt, Guardinis Frage nach der Liturgiefähigkeit des heutigen Menschen stellt eine Problemanzeige dar, die sich im Fortgang sogar als prophetisch erwiesen hat.[6] Gerne wird aber gerade dieser Brief herangezogen, um die Skepsis des bedeutenden Vertreters der katholischen Weltanschauung im 20. Jahrhundert gegenüber einer Reform der katholischen Liturgie herauszustellen, die von der Kirche als notwendig angesehen und vom Zweiten Vatikanischen Konzil in Auftrag gegeben wurde. Schaut man genauer, so ist dem Einwurf Guardinis ein

3 Für den Zusammenhang vgl. Birgit Jeggle-Merz: Pascha-Mysterium – «Kurzformel» der Selbstmitteilung Gottes in der Geschichte des Heils, in: IKZ Communio 39 (2010), S. 53–64.

4 Vgl. Hans-Joachim Höhn: Postsäkular. Gesellschaft im Umbruch – Religion im Wandel, Paderborn 2007, S. 26.

5 Romano Guardini: Der Kultakt und die gegenwärtige Aufgabe der Liturgischen Bildung. Ein Brief, in: LJ 14 (1964), S. 101–106, hier S. 106.

6 Vgl. Albert Gerhards: Romano Guardini als Prophet des Liturgischen. Die Frage nach der Liturgiefähigkeit des heutigen Menschen neu gestellt, in: Guardini weiterdenken. Hg. i. A. der Guardini Stiftung von Hermann Josef Schuster (Schriftenreihe des Forums Guardini 1), Berlin 1993, S. 114–153.

Appell zu entnehmen: Die Liturgie so zu gestalten, dass auch der Mensch von heute mit *seiner* Wahrheit *in ihr stehen* kann.

Es sind grundlegende Veränderungen im religiösen Leben der Menschen in heutiger postsäkularer[7] Gesellschaft – ich verwende trotz des Votums von Davids Plüss diesen Begriff – festzustellen, doch Konsequenzen für die Liturgie der Kirche zu ziehen, fällt nicht leicht. Den Veränderungen im religiösen Leben der Menschen auch mit Veränderungen im Bereich gottesdienstlichen Lebens zu begegnen, ist ein «kirchlich noch wenig begangenes Terrain»[8]. Liturgie wird immer in der Spannung zwischen Vorgabe und erneutem Ereignis stehen und muss sich hüten vor Erstarrung oder Beliebigkeit: «Vorrangiger Massstab bleibt, dass den Menschen je im Heute das Evangelium Jesu Christi verkündigt und dieses in Wort und Zeichen gefeiert wird.»[9] «Der Charme der Liturgie besteht darin, dass sie in einem *kulturellen Gedächtnisraum* angesiedelt ist», formulierte David Plüss.

Trotz aller retardierenden Tendenzen, die zurzeit in der katholischen Kirche zu beobachten sind, ist der Prozess, die eigene liturgische Tradition zu den Signaturen der Gegenwart in Beziehung zu setzen, unumstösslich. Im Gegensatz zu einer museal-archäologischen Betrachtung der Liturgie muss sich Liturgiewissenschaft als *memoria innovans* verstehen und ihre kritische Funktion in kirchliches Leben einbringen.[10] Ihrem innovativen Zug kommt Liturgiewissenschaft auch dadurch

7 Jürgen Habermas hat in seiner Rede bei der Entgegennahme des Friedenspreises des Deutschen Buchhandelns im Oktober 2001 für seine Zeitdiagnose den Begriff der «postsäkularen Gesellschaft» eingeführt (vgl. Jürgen Habermas: Glauben und Wissen, Frankfurt a. M. 2001, S. 13; ders./ Joseph Ratzinger: Dialektik der Säkularisierung. Über Vernunft und Religion, Freiburg i. Br. 2005). Die Habermas'schen Thesen sind nicht nur auf Zustimmung gestossen. So wendet der Soziologe und Sozialphilosoph Hans Joas ein, dass das Suffix «post» immer eine Veränderung zum «prä», zum «Vorher» assoziiere. «Der Begriff ‹postsäkular› muss aber, um sinnvoll zu sein, einen Wandel bezeichnen gegenüber einer vorherigen Phase», so dass Habermas mit seiner Wortschöpfung eine vordem existierende «säkulare Gesellschaft» evoziere. Hier hinterfragt Joas den Habermas'schen Säkularisierungsbegriff. «Postsäkular» drücke nicht eine plötzliche Zunahme an Religiosität nach ihrer epochalen Abnahme aus, sondern eher einen Bewusstseinswandel derer, die sich berechtigt gefühlt hätten, die Religion als moribund zu betrachten (vgl. Hans Joas: Eine Rose im Kreuz der Vernunft. Das Neue ist nicht neu, aber als Altes ist es gut. Wer von der Wiederkehr der Religion spricht, verkennt, dass diese nie verschwunden war. Jürgen Habermas' Rede von der postsäkularen Gesellschaft ist verdienstvoll, greift aber zu kurz, in: Die Zeit vom 7.2.2002 (Nr. 7), S. 32.

8 Joachim Wanke: Weihnachtslob für Ungläubige? Ein liturgisches Experiment im Erfurter Dom am 24.12.1988, in: Gottesdienst 23 (1989), S. 145–147, hier S. 146 f.

9 Martin Klöckener: Zukunftsperspektiven: Gottesdienst als kulturelles Phänomen – eine katholische Betrachtung, in: Hanns Kerner (Hg.): Gottesdienst und Kultur. Zukunftsperspektiven, Leipzig 2004, S. 17–61, hier S. 61.

10 Vgl. Winfried Haunerland: Wege guter Liturgiewissenschaft, in: Clemens Sedmak (Hg.): Was ist gute Theologie? Innsbruck u. a. 2003, S. 210–224, hier 213: «Einerseits kann sich die Liturgiewissenschaft nicht auf jene Feiern beschränken, die etwa im Sinne der Liturgiekonstitution oder des kanonischen Rechts als Liturgie bezeichnet werden. Auch die sacra exercitia der Teilkirchen und die pia exercitia des Volkes sind ja betende und das Heil feiernde Antwort der Kirche. Gute Liturgiewissenschaft muss sich also auch mit Gebet und Gebetbüchern, mit Andachten und volksfrommen Übungen beschäftigen.»

nach, dass sie ihre Aufmerksamkeit auf die religiöse Sehnsucht der Menschen von heute richtet und bereit ist, noch «ungeschützte Wege» zu beschreiten.

Dies ist wohl auch damit gemeint, dass der vorliegende Band den Titel «GottesdienstKunst» trägt. «Kunst» meint doch im Zusammenhang mit Gottesdienst die geschenkte Fähigkeit und das eingeübte Können, Nicht-Sichtbarem eine mit den Sinnen fassbare Gestalt zu geben.[11]

Meine Replik möchte ich schliessen mit einem Wort von Albrecht Grözinger: Jede Generation hat aufs Neue die Aufgabe, «in der Gedächtnisspur des Magnifikat» zu bleiben.[12] Insofern ist es auch die Aufgabe der heute Lebenden zu ergründen, wie die Menschen heute, Gott begegnen können.

11 Vgl. Christoph Freilinger: «Vom Zauber der Liturgie». Gedankenanstösse zur feiernden Gestalt(ung) des Glaubens, in: HlD 60 (2006), S. 281–289, hier S. 282.

12 Albrecht Grözinger: Praktische Theologie als Kunst der Wahrnehmung, Gütersloh 1995, S. 79.

Kunststück Gottesdienst im reformierten Stammland?

Staunen, Beifall, Zwischenrufe zur Eröffnung des Kompetenzzentrums Liturgik

Peter Cornehl

Als ich hörte: An der Universität Bern wird ein «Kompetenzzentrum Liturgik» errichtet, war mein erster Gedanke: Das gibt's doch nicht! Das ist ja grossartig! Ausgerechnet im reformierten Bern eine solche Einrichtung! Ich staune und gratuliere! Das Staunen wächst, wenn man dann liest (und hört), was hier alles stattfinden wird, und dass als Konzept im Mittelpunkt von Forschung, Lehre, Aus- und Fortbildung das «Gesamtkunstwerk Gottesdienst» steht, die «GottesdienstKunst».

Und dann kommt da einer wie ich, ein Lutheraner aus der norddeutschen Tiefebene, und ironisiert das Ganze mit der Frage: «Kunststück Gottesdienst im reformierten Stammland?» So als gelte die Bemerkung von Karl Barth, der 1920 in einem Brief an Eduard Thurneysen frohgemut bekannte, es sei das erste Mal in seinem Leben, dass er «über Kultisches» länger als fünf Minuten nachgedacht habe,[1] noch immer (wir wissen, dass Barth sich später für das Nachdenken über den Gottesdienst sehr viel mehr Zeit genommen hat!)[2]. Kommt also einer wie ich, der selbst einmal vor langer Zeit das Schleiermacher'sche Fähnchen «Gottesdienst als darstellendes Handeln der Kirche» hochgehalten hat, und kündigt «Zwischenrufe zur Eröffnung» an. Was soll das? Nun, es ist kein Widerruf, kein Einspruch. Beifall und Begeisterung sind echt. Aber auch Neugier und Interesse.

Ich habe mit Freude gehört, dass das geplante Unternehmen eine ökumenische Dimension hat, dass es eine gemeinsame reformierte und christkatholische Einrichtung sein wird. Das ist sehr gut. Damit ist der konfessionelle Austausch, das gegenseitige Lernen fest institutionalisiert. In diesem Sinne interessiert mich: Was könnte innerhalb des gemeinsamen Ansatzes, Liturgie und Gottesdienst als darstellendes Handeln der Kirche in der Kultur der Gegenwart zu verstehen, der genuine Beitrag reformierter Theologie sein? Das, was nicht alle anderen auch sagen und tun, sondern der ganz eigene reformierte Impuls, der von dem neuen Berner Zentrum ausgehen wird, und von dem wir alle profitieren können. Darüber habe ich nachgedacht. Es sind vor allem zwei Wünsche, die ich habe. Ich for-

1 Karl Barth – Eduard Thurneysen: Briefwechsel, Bd. 1, 1913–1921 (GA V/1), Zürich 1973, S. 387.

2 Vgl. Friedemann Merkel: Karl Barth und der kirchliche Gottesdienst, in: Ders.: Sagen, Hören, Loben. Studien zu Gottesdienst und Predigt, Göttingen 1992, S. 149–166.

muliere sie als «Zwischenrufe», besser: als Bitten. Erste Bitte, erster Wunsch: Bitte achten Sie darauf, dass das genuin reformierte Charisma in Sachen Gottesdienst nicht verloren geht! Man könnte es das «Charisma der Kargheit» nennen (ich leihe mir die Formulierung von Fulbert Steffensky, der es gesprächsweise so genannt hat). Und der zweite Wunsch: Bitte achten Sie darauf, dass der Vorrang der Bibel, dass das *sola scriptura* in seiner spezifisch reformierten Akzentuierung erhalten bleibt und zur Leitperspektive für die Arbeit am «Kunstwerk» Gottesdienst wird.

Das «Charisma der Kargheit»[3]

Das besondere Merkmal reformierter Gottesdienstpraxis war von Anfang an eine charakteristische Kargheit und Strenge. Es war eine Folge der konsequenten Orientierung am biblischen Bilderverbot und stand (wie Ralph Kunz noch einmal dargelegt hat) bei Zwingli und anderen Protagonisten in Verbindung mit einer vor allem von Erasmus beeinflussten humanistischen Bildungstheorie mit ihrer strikten Scheidung von Aussen und Innen und ihrer Skepsis gegen alles überflüssige «Zünselwerk»[4]. Der dahinter steckende positive Grundimpuls lautete: Konzentriert euch auf das Wesentliche, auf das Wort Gottes, auf das, was vor Gott und im Blick auf das Heil allein zählt: auf die innere «Andacht»[5]. Lasst euch nicht ablenken durch Äusserlichkeiten, durch sinnliche Reize und Attraktionen! Das war seinerzeit ein kritischer Gegenimpuls gegen die mittelalterliche Überflutung durch Bilder, ein prophetischer Protest gegen jeden pseudosakramentalen Götzendienst, gegen die Entmündigung des Volkes Gottes. Und es war dann später im 17. und 18. Jahrhundert noch stärker ein gegenkultureller Impuls gegen die sich neu entfaltende theatrale Repräsentationskultur des Barockkatholizismus und sein Programm einer umfassenden «Inszenierung des Sakralen» (Ursula Brossette[6]) in Liturgie und Kirchenbau. In dieser Front bekamen die «Abtuung der Bilder» (Karlstadt), der Verzicht auf Pracht und Prunk im Gottesdienst ihren präzisen Sinn. Die Heiligenbilder, die Altäre (Haupt- und Nebenaltäre) wurden beseitigt, die Kirchenräume ausgeräumt, die Wände weiss gekalkt, die Altäre durch Tische ersetzt. Es war ein ikonoklastischer Impuls, der sich hier Geltung verschaffte, doch zugleich war die Konzentration auf das Wesentliche – was oft vergessen wird –, künstlerisch, ästhe-

3 Zum Begriff vgl. Fulbert Steffensky: Der Seele Raum geben. Kirchen als Orte der Besinnung und Ermutigung, EKD-Vertiefungstext, www.ekd.de/synode2003/steffensky_kirchen.html (letzter Zugriff: 25.4.2012).

4 Zit. nach Ralph Kunz: Gottesdienst evangelisch reformiert. Liturgik und Liturgie in der Kirche Zwinglis (Theophil 10), Zürich 2001, S. 89.

5 Lateinisch *devotio*. Vgl. dazu Kunz: Gottesdienst (s. Anm. 4), S. 95–100.

6 Ursula Brossette: Die Inszenierung des Sakralen. Das theatralische Raum- und Ausstattungsprogramm süddeutscher Barockkirchen in seinem liturgischen und zeremoniellen Kontext, 2 Bände (Marburger Studien zur Kunst- und Kulturgeschichte 4), Weimar 2002.

tisch auch ein eminent produktives Signal. Wenn wir etwa an die wunderbaren Bilder der holländischen Maler des 17. Jahrhunderts denken, vor allem von Pieter Saenredam, der die reformierten Kircheninnenräume in ihrer strukturellen Klarheit und kargen Schönheit gemalt hat – wenn auch mit einer kleinen Beimischung von Wehmut über die entschwundene mittelalterliche Farbpracht, deren Reste hier und da noch sichtbar waren.[7] Es hiess ausserdem: Verbot kunstvoller geistlicher Musik. Keine (lateinische) Gregorianik, keine Renaissance-Polyphonie, keine Instrumente im Gottesdienst. Wenn überhaupt Musik, dann eigentlich nur unbegleiteter einstimmiger Psalmengesang,[8] selbst wenn andernorts (z. B. in Genf) später eine einfache Mehrstimmigkeit zugelassen wurde (s. u.). Auch die reformierte Liturgie war und blieb karg, sparsam, ganz und gar auf die Verkündigung bezogen. Und gerade so stabil über lange Zeit. «Magere Ritualstrukturen sind zäh.»[9]

Ist dieses reformierte «Charisma der Kargheit» für unsere gegenwärtige Kultur und Gottesdienstkultur noch von Bedeutung? Ich denke ja. Zunächst allerdings widerspricht es allem, was derzeit kulturell und liturgisch attraktiv ist. Der Haupttrend, der unsere Kultur und auch unsere gottesdienstliche Kultur beherrscht, geht genau in die Gegenrichtung: Statt Kargheit – Fülle! Statt protestantischer Wortlastigkeit – Liturgie mit allen Sinnen! Gerade auch das Konzept «GottesdienstKunst», die Rede vom «Gesamtkunstwerk» Gottesdienst scheint ganz auf dieser Linie zu liegen. Was heute Menschen, besonders junge Menschen begeistert: Jugendkirchen, Jugendgottesdienste, Gospelchöre in Kompaniestärke, liturgische Events, am liebsten mit den Wise Guys, mit Margot Kässmann und Nina Hagen – das alles spricht dagegen, das Stichwort «Charisma der Kargheit» auch nur in den Mund zu nehmen. Es scheint eine selbstmörderische Parole zu sein!

Wir leben in einer Mediengesellschaft, in der die Bilderflut ständig zunimmt und die Eventkultur triumphiert. Blockbuster-Filme pünktlich jede Saison. Hunderte Fernsehkanäle, die pausenlos rund um die Uhr senden. Musik-Videos in

7 Vgl. den grossartigen Ausstellungs-Katalog «Perspectives: Saenredam and the architecture painters of the 17th century» des Museum Boijmans van Beunigen Rotterdam 1991; ausserdem Gary Schwartz/Marten Jan Bok: Pieter Saenredam. The Painter and His Time, Marssen 1990; sowie meine Interpretation: Peter Cornehl: Bilder vom Gottesdienst. Geschichtsbilder und Bilder als Geschichtsquellen, in: Jörg Neijenhuis (Hg.): Der Gottesdienst zwischen Abbildern und Leitbildern (Beiträge zu Liturgie und Spiritualität 5), Leipzig 2000, S. 9–55, hier S. 30, Abb. 21.

8 Vgl. Kunz: Gottesdienst (s. Anm. 4), S. 125–135. Zwingli hat sich in keiner Schrift ausdrücklich gegen den Gemeindegesang gewendet, sondern lediglich gegen die traditionellen Messgesänge. Dennoch schliesst sich Kunz dem Urteil von Markus Jenny an: «Dass hingegen die zögerliche Haltung Zwinglis auch in der zweiten und dritten Generation nicht überwunden wurde und ‹beinahe zum Dogma› geworden wäre, ‹ist gewiss kein Ruhmesblatt in der Zürcher Kirchengeschichte›.» (A. a. O., S. 130, zit. nach Jenny: Reformierte Kirchenmusik? Zwingli, Bullinger und die Folgen, in: Heiko Oberman [Hg.]: Reformiertes Erbe, FS Gottfried Locher, Bd. 1, Zürich 1992, S. 187–205, hier S. 191). Erst 1598 wurde in Zürich der Kirchengesang eingeführt – auf Grund einer politischen Entscheidung und nicht aus theologischer Einsicht (Jenny: Kirchenmusik, S. 196).

9 Kunz: Gottesdienst (s. Anm. 4), S. 49.

brillianter Qualität, die man jederzeit aus dem Netz herunterladen kann. Der European Song Contest verknüpft Europa; der Aufwand steigt, kein Lied ohne bombastische Lichtinszenierungen hat eine Chance, der Inhalt darf ruhig dürftig sein. Und auf der Strasse, unterwegs im Bus, in der Bahn, kaum jemand, der nicht Musik hört oder telefoniert oder beides tut. Ausserdem Public Viewing auf allen Plätzen, auch während des Kirchentags auf dem Altmarkt in Dresden, wenn man dort steht und zuschaut, merkt man: Was die Band, die da singt und springt – etwa die fabelhaften «Prinzen», alles Ex-Thomaner – auf der Bühne macht, ist zweitrangig, entscheidend ist, was in Grossprojektion auf der Leinwand nebenan erscheint und was aus den Lautsprecherboxen dröhnt.

Diesen Kontext meine ich, wenn ich zu reformierter Kargheit rate und eine gewisse mediale Askese zumindest im Gottesdienst empfehle. Damit kein Missverständnis aufkommt: Dahinter steht keine hochkulturelle Arroganz, keine bildungsbürgerliche Verachtung der populären Kultur. Die Enthaltsamkeit, für die ich werben möchte, ist nicht total, nicht verbissen, griesgrämig, moralinsauer. Was wir heute brauchen, sind nicht Verbote, sondern eine freie, selbstbewusste Haltung des Verzichts, und auch das nicht total und prinzipiell, sondern ab und an. Es geht eher um eine Art Fasten für die Sinne – damit wir aufmerksamer werden für das wirklich Wichtige und um ein Gegengewicht zu setzen gegen bestimmte Auswüchse der Erregungsgesellschaft mit ihrer medialen Überwältigungsästhetik («amüsiert und empört euch!»), in die wir immer mehr hineinschlittern.

Deswegen gefällt mir das Votum für das «Charisma der Kargheit». Charisma hängt zusammen mit Charme und pfingstgeistlicher Freiheit. Es geht um eine Haltung, die frei ist vom ständigen Verdacht, von Misstrauen und ohne Druck und Kontrolle auskommt, nicht finster gesetzlich, sondern als Charisma frei für das Wesentliche und Wichtige. Karg heisst nicht kärglich. Gottesdienst feiern im Geist solcher Kargheit oder vielleicht besser: im Geist konzentrierter Einfachheit, ist im Übrigen sehr wohl eine Kunst, hat Kunstregeln, ein Ethos. Gottesdienstgestaltung aus solchem Geist muss gekonnt sein und geübt werden.

Und sie hat Vorbilder: in der Kunst, im Theater. Ich denke z. B. an Johannes Stückelbergers Überlegungen für eine reformierte «Ästhetik des Bilderverbots»[10], an die Minimal Art, an das «arme Theater» des Jerzy Grotowski,[11] vor allem an den grossen Regisseur Peter Brook, der ein ebenso experimentierfreudiger wie strenger Lehrmeister war.[12] Und es gibt Vorbilder in der liturgischen Tradition,

10 Johannes Stückelberger: Das unsichtbare Bild – Prolegomena zu einer reformierten Ästhetik, in: Matthias Krieg/Martin Rüsch/Johannes Stückelberger/Mathias Zeindler (Hg.): Das unsichtbare Bild. Die Ästhetik des Bilderverbotes, Zürich 2005, S. 11–19.

11 Vgl. Gerhard Marcel Martin: Ausverkauf und armes Theater, in: Zeitschrift für Gottesdienst und Predigt 6/1990, S. 31–35.

12 Vgl. Ulrike Suhr: Das Handwerk des Theater und die Kunst der Liturgie. Ein theologischer Versuch über den Regisseur Peter Brook, in: Peter Stolt/Wolfgang Grünberg/Ulrike Suhr (Hg.): Kulte, Kulturen, Gottesdienste. Öffentliche Inszenierung des Lebens, Göttingen 1996, S. 37–49.

auch in der reformierten. Daran möchte ich erinnern. Ich gebe zwei Beispiele: einmal Zwinglis Abendmahlsliturgie und dann Calvins Genfer Psalter.

1. Zwinglis Abendmahlsliturgie. Über die reformatorische Abendmahlstheologie ist viel gestritten worden, vor allem zwischen Luther und Zwingli. Am Scheitern des Marburger Abendmahlsgesprächs von 1529 ist die Einheit der Evangelischen zerbrochen, mit verheerenden Folgen für die Sache der Protestanten. Ich will hier auf die theologischen Auseinandersetzungen um das Verständnis der Einsetzungsworte nicht weiter eingehen, so wichtig sie bis heute sind. Mir geht es um etwas anderes, was m. E. zu wenig beachtet wird. Zwinglis Neuentwurf in seiner Schrift «Action oder bruch des nachtmals, gedechtnus oder dancksagung Christi»[13] von 1525 ist vor allem deshalb bedeutsam, weil hier das Abendmahl erstmals wieder konsequent als Mahl begriffen und als Handlung der Gemeinde liturgisch inszeniert worden ist.[14] Bruno Bürki schreibt mit Recht: Zwinglis «Aktion» ist eine «Ordnung, die in ihrer Einfachheit und Knappheit ein kleines liturgisches Kunstwerk darstellt».[15]

Dabei entwirft Zwingli phänomenologisch einen ganz eigenen Typ gottesdienstlicher Handlung. Das erkennt man, wenn man zeitgenössische Abendmahlsbilder betrachtet. In David Herrlibergers Züricher Ritenatlas von 1750 z. B. findet sich eine Abbildung der reformierten Abendmahlsfeier, die man mit entsprechenden lutherischen Darstellungen vergleichen kann.[16] Der Vergleich ist lehrreich. Die Kernszene lutherischer Abendmahlsfeiern nach Wittenberger und Nürnberger Vorbildern ist ganz zentriert auf den Akt der Darreichung von Leib und Blut Christi an die einzelnen Gläubigen, die an den Tisch des Herrn herantreten und

13 Text in: Coena Domini I. Die Abendmahlsliturgien der Reformationskirchen im 16./17. Jahrhundert, Irmgard Pahl (Hg.), Freiburg i.Ü. 1983, S. 189–198; ausserdem in: Wolfgang Herbst (Hg.): Quellen zur Geschichte des evangelischen Gottesdienstes, Göttingen 1968, S. 105–112; sowie Michael Meyer-Blanck: Liturgie und Liturgik. Der Evangelische Gottesdienst aus Quellentexten erklärt (ThBü 97), Gütersloh 2001, S. 152 ff.

14 Kunz: Gottesdienst (s. Anm. 4), S. 61 und 66.

15 Bruno Bürki, in: Coena Domini (s. Anm. 13), S. 182. Vgl. ausserdem Kunz (s. Anm. 4), S. 59–61; Alfred Ehrensperger: Zwinglis Abendmahlsgottesdienst. Seine liturgietheologischen Voraussetzungen und seine Wirkung auf die Abendmahlspraxis, in: Liturgisches Jahrbuch 41/1991, S. 158–182.

16 David Herrliberger: Heilige Ceremonien. Gottesdienstliche Kirchen-Übungen und Gewohnheiten der heutigen Reformierten Kirchen der Stadt und Landschaft Zürich, Zürich 1750/51, ist eine deutsche Übersetzung des ursprünglich 1723 in Amsterdam erschienen grossen Bildwerkes von Bernard Picart: Les Cérémonies religieuses de tous les peuples du monde ou Représentations et Explications des principaux devoirs, coûtumes, pratiques et cérémonies sacrées et religieuses des nations tant chrétiennes qu'infidèles de toute la terre, Amsterdam 1723, mit Nachstichen, die viele Bilder auf die Zürcher Situation übertragen. Vgl. Werner Hofmann (Hg.): Luther und die Folgen für die Kunst. Katalog der Ausstellung in der Hamburger Kunsthalle 1984, S. 385 ff.; sowie meine Bemerkungen und die Abbildung in Peter Cornehl: Bilder vom Gottesdienst, in: Neijenhuis: Gottesdienst zwischen Abbildern (s. Anm. 7), S. 27 ff., Abb. 11; ausserdem zum Vergleich jetzt umfassend Wolfgang Brückner: Lutherische Bekenntnisgemälde des 16. bis 18. Jahrhunderts. Die illustrierte Confessio Augustana, Regensburg 2007, S. 61 ff.

dort – kniend – auf der einen Seite die konsekrierte Hostie, auf der anderen den Kelch empfangen. Im Mittelpunkt steht das «für dich gegeben», «für dich vergossen», die persönliche Zueignung und leibliche Vergewisserung der Heilsgabe.[17] Das reformierte Abendmahl dagegen ist ein Gemeinschaftsmahl. Die Abbildungen bei Herrliberger (und anderswo) zeigen: Die Gläubigen sitzen – Männer und Frauen getrennt – in Gruppen an langen Tischen.[18] Abendmahl ist Tischgemein-

17 Luther hat den engen Zusammenhang zwischen Konsekration und Kommunion im liturgischen Vollzug dadurch auch szenisch evident gemacht, dass er – zumindest in seiner «Deutschen Messe» von 1526 – empfahl, die Einsetzungsworte zu teilen und jeweils direkt als Spendeformeln zu verwenden. Die *verba testamenti* fungierten auf diese Weise nicht mehr als Bericht, sondern als Handlungsanweisung: Auf das Brotwort folgte sofort die Austeilung des Brotes (der Hostie), auf das Kelchwort die Austeilung des Weins (vgl. WA 19,97). Die direkte Verbindung von Verheissung und Empfang bringt die performative Funktion des Wortes Christ zur Geltung, den Glauben gegen alle Anfechtung gewiss zu machen. In, mit und unter den Elementen Brot und Wein ist Christus «für mich» präsent. Allerdings hat Luther auf seinem Vorschlag nicht beharrt. Schon bei Bugenhagen und dann auch in Wittenberg ist man zur alten Form zurückgekehrt (bzw. bei ihr geblieben) und hat die *verba testamenti* erneut zusammengezogen. Vgl. auch Dorothea Wendebourg: Den falschen Weg Roms zu Ende gegangen? Zur gegenwärtigen Diskussion über Luthers Gottesdienstreform und ihr Verhältnis zu den Traditionen der Alten Kirche, in: ZThK 94/1997, S. 437–467, hier S. 462, Anm. 100f.

18 Es ist allerdings aus den Abbildungen nicht erkennbar, wann die *sitzende* Kommunion eingeführt worden ist. Alfred Ehrensperger hat die Auffassung von Ulrich Gäbler kritisiert, wonach Zwingli selbst den Brauch eingeführt habe (Ulrich Gäbler: Huldrych Zwingli. Leben und Werk, Zürich 2004, S. 97f.; dazu Ehrensperger: Zwinglis Abendmahlsgottesdienst [s. Anm. 15], S. 173f.) Das scheint überzeugend. Man vergleiche die Darstellung bei Picart, wo die Gemeinde an langen Tischen sitzt und kommuniziert, mit einer Abbildung von Herrliberger: Kurze Beschreibung der gottesdienstlichen Gebräuche, wie solche in der Reformierten Kirche der Stadt und Landschaft Zürich begangen werden. Anhang zu ders.: Heilige Ceremonien [s. Anm. 16]. Abb. in: Kurt Goldammer: Kultsymbolik des Protestantismus. Tafelband, Stuttgart 1967, S. 26), wo ein vorangehender Moment der liturgischen Handlung visualisiert wird, der genauer der Beschreibung bei Zwingli 1525 (und in Zürich 1535) entspricht: Pfarrer und Diakon *stehen* hinter einem mit weissem Leinentuch gedeckten grossen Abendmahlstisch, auf dem Holzschalen mit geschnittenen Broten und mehrere Becher bereit gestellt sind, und sprechen – die Hände zum Segen ausgebreitet – die Einsetzungsworte und alle zusammen das Vaterunser, während die anderen «Diener», die anschliessend die Gaben den Gläubigen austeilen, davor *knien*. Das würde mit den Anweisungen übereinstimmen, die in der Fassung der «Action» von 1535 so lauten: «So *stat* dann vor in der kilchen an dem ort, da ettwan [früher] die mässischen altär gestanden sind, ein tisch mit einem lyninen reinen tuch bedeckt, und daruff das ungeheblet [ungesäuerte] brot und die bächer mit wyn [...] Umb den tisch harumb *stond* die diener der kilchen, die die schüsslen, darinn das brot der dancksagung lyt, und die bächer herumb der gemeind fürtragend. Die gemeind *knüet* allenthalben durch die kilch hinwäg, doch die mann besonders und die wyber besonders, yeder an sinem ort, also das er die action hören oder sähen mag.» (Coena Domini I [s. Anm. 13], S. 189, Hervorhebung d. Hg.) Bezieht sich das Knien nur auf den Moment der Konsekration bzw. des gemeinsam gesprochenen Vaterunsers? Ehrensperger urteilt: «Wahrscheinlicher ist es, dass Zwinglis Gemeinde zu seinen Lebzeiten das Abendmahl kniend oder stehend empfangen hat, als dass sie sitzend kommunizierte.» (Ehrensperger: Abendmahlsgottesdienst [s. Anm. 15], S. 174). Dass verschiedene Formen der Kommunion möglich sind, zeigt die Entwicklung der Anweisungen zur Austeilung. 1525 heisst es: «Demnach tragind die verordneten diener das ungeheblet brot harumb, und nemme eyn yetlicher glöubiger mit siner eygenen hand einen bitz oder mundvoll darvon, oder lasss im dasselbig bieten durch den diener, der das brot harumb treit [...]» (Coena Domini I [s. Anm. 13], S. 196) Entsprechend danach schaft, ein Geschehen, das der sozialen Integration der Gemeinde als Leib Christi dient. Zwinglis Reformvorschlag zielt darauf ab, die Ursprungsszene des letzten Abendmahls Jesu mit den Seinen mimetisch zu vergegenwärtigen.[19] Er bleibt deshalb auch gestisch nah an der Ursprungsszene. Es wird richtiges (ungesäuertes) Brot gereicht, keine Oblaten. Das Brot wird gebrochen und geteilt. So ernst und gesammelt das Geschehen ist, es ist nicht freudlos. Zwingli umgibt die Kommunion mit Lob- und Dankgebeten («Eucharistie»). Gemeinde und Prediger sprechen im Wechsel zuerst das Grosse Gloria der Messe und nach der Austeilung den Lobpsalm 113 (bzw. 112).[20] Die Mimesis hat allerdings Grenzen. Die «action» ist keine direkte Wiederholung der urchristlichen Mahlfeier, es gibt keine Sättigungsmahlzeit zwischen dem Brot- und Kelchwort. Dennoch ist die Eucharistie wesentlich ein Mahlgeschehen – allerdings aufs Elementare konzentriert und verdichtet. Die Kriterien Einfachheit in der Handlung und Verständlichkeit im Sinn bestimmen die Feier.[21]

Es gibt gute Gründe, Zwinglis Hermeneutik und seinen Zeichengebrauch zu kritisieren (wie das gegenwärtig aus semiotischer Theorieperspektive Michael Meyer-Blanck und Ralph Kunz, aus lutherischer Sicht Dorothea Wendebourg getan haben)[22]. Man kann auch mit Joachim von Soosten Luthers Verständnis von sakramentaler Präsenz nach dem «Tropos-Performativitäts-Modell» von Zwinglis signifikatorischer Hermeneutik nach dem «Sinn-Bedeutungs-Modell» abgrenzen.[23] Darüber wird jedoch m.E. zu wenig gewürdigt, dass in der reformierten Abendmahlspraxis und ihrem szenischen Vollzug die Nähe zu den Mahlgemeinschaften Jesu und den frühchristlichen Agapefeiern gewahrt wird. Ich meine, das ist theologisch hoch relevant, weil gerade durch die Konzentration auf das Elementare der Handlung deutlich wird, wie elementar auch der Weltbezug der christlichen Mahlfeier eingestiftet ist. Auf diese Weise bleibt der Zusammenhang – zwischen Danksagung und Speisung, zwischen Sakrament und Sättigung, zwi-

die Handlung mit dem Becher. Während hier also noch parallel Hand- oder Mundkommunion möglich sind, bei dem die «Diener» aktiv sind, vollzieht die Ordnung von 1535 schon einen nächsten Schritt der «Demokratisierung» der Kommunion. Nun heisst es ausdrücklich, dass die Gemeindeglieder selbst einander die Gaben weiterreichen: «Da nimpt ein glöubiger mit eigner hand ein form dess ungehebleten brot, bricht darab ein stücklin für sich. Demnach gibt er es sinem nächsten. Also gadt es durch die gantzen kilch. Nach dem brot empfacht er ouch den bächer. Daruss trinkt er und gibt in dann sinem nächsten, alles mit zucht und grossem ernst.» (A.a.O., S. 196, Anm. 41).

19 Vgl. Kunz: Gottesdienst (s. Anm. 4), S. 101–104.

20 Coena Domini I (s. Anm. 13), S. 191f.196f. Der wechselseitige Dialog von Pfarrer und Gemeinde ist 1535 auf Betreiben des Rates wieder zurückgenommen worden.

21 Vgl. Kunz: Gottesdienst (s. Anm. 4), S. 48.

22 Vgl. Michael Meyer-Blanck: Nachbemerkungen zum Abdruck von Zwinglis «Aktion und Bruch», in: Ders. (Hg): Liturgie (s. Anm. 13), S. 152–158; Kunz: Gottesdienst (s. Anm. 4), S. 150–182; Dorothea Wendebourg: Essen zum Gedächtnis. Der Gedächtnisbefehl in den Abendmahlstheologien der Reformation (BHTh 148), Tübingen 2009, S. 70–100.

23 Joachim von Soosten: Präsenz und Repräsentation. Die Marburger Unterscheidung, in: Dietrich Korsch (Hg.): Die Gegenwart Jesu Christi im Abendmahl, Leipzig 2005, S. 99–122.

schen der fünften Vaterunserbitte «Unser tägliches Brot gib uns heute» und der Wirklichkeit des Hungers in der Welt, zwischen der Seligpreisung der Armen und der Verheissung, dass sie satt werden sollen, zwischen der ungerechten Verteilung des Reichtums und dem Versprechen der Gerechtigkeit – real und symbolisch, also realsymbolisch erhalten und die eucharistische Praxis für die elementaren Lebens- und Überlebensprobleme unserer Zeit geöffnet.[24] Wie aktuell das ist, mag ein Schweizer Beispiel zeigen.

In dem von Kurt Marti herausgegebenen Band «Politische Gottesdienste in der Schweiz» findet sich ein Bericht über eine «politische Pfingstnacht», die 1970 in der Gemeinde Langnau im Emmental zum Thema «Fremde» stattfand.[25] Dort hat die Gemeinde zusammen mit den eingeladenen Gastarbeitern zu Beginn – also noch *vor* den politisch-kritischen Informationen zum Thema – eine Agape mit Brot und Rotwein und italienischer Volksmusik gefeiert. Das heisst: Die Erfahrung solidarischer Gemeinschaft zwischen Einheimischen und Fremden, vorwiegend italienischen Gastarbeitern, und das gemeinsame Hören auf die biblische Botschaft, bildeten die Grundlage für die Wahrnehmung gesellschaftlicher Verantwortung. Das änderte die Atmosphäre und nahm den sozialpolitischen Appellen den gesetzlich-fordernden Charakter. Gerhard Traxel schrieb damals, sie seien vom Kölner Politischen Nachtgebet inspiriert worden, hätten aber auch von Hans-Eckehard Bahr gelernt, dass der «Wärmestrom» der mit Jesus begonnenen Neuschöpfung nicht durch den «Kältestrom» gesellschaftskritischer Analyse und Information in den Hintergrund gedrängt werden dürfe.[26] Die Langnauer Gottesdienste «nehmen bewusst die christliche Gemeinschaftsfeier mit Brot und Wein (als Abendmahl bzw. als Agape) in den gesellschaftlich-öffentlichen Fragehorizont mit hinein»[27].

Wenn wir gegenwärtig sehen, wie nahezu alle ökumenischen Fortschritte in Sachen Abendmahlsgemeinschaft mit den römisch-katholischen und orthodoxen Kirchen durch die ungelöste Frage der Anerkennung der Ämter blockiert werden, mag die Erinnerung an solche Versuche vor immerhin vierzig Jahren neues Nachdenken auslösen. Es gibt heute durchaus so etwas wie einen sozialpolitisch orientierten Ökumenismus. Doch es bleibt – wie Traxel bereits damals feststellte – «die

24 Vgl. dazu Peter Cornehl: Der Evangelische Gottesdienst – Biblische Kontur und neuzeitliche Wirklichkeit, Bd. 1, Stuttgart 2006, S. 21 ff.; ders.: Gemeinschaft beim Herrenmahl? Probleme – Fragen – Chancen, in: Ders.: «Die Welt ist voll von Liturgie». Studien zu einer integrativen Gottesdienstpraxis, hg. von Ulrike Wagner-Rau (PTHe 71), Stuttgart 2005, S. 200–216, bes. S. 212–216.

25 Politische Gottesdienste in der Schweiz. Fünf Beispiele herausgegeben und eingeleitet von Kurt Marti, Basel 1971, S. 13–35.

26 Politische Gottesdienste (s. Anm. 25), S. 33 f. Vgl. dazu Hans-Eckehard Bahr: Kältestrom und Wärmestrom bei der Vermittlung des Christlichen, in: Peter Cornehl/ders. (Hg.): Gottesdienst und Öffentlichkeit. Zur Theorie und Didaktik neuer Kommunikation. FS Hans-Rudolf Müller-Schwefe (Konkretionen 8), Hamburg 1970, S. 197–216; unter Bezugnahme auf eine Unterscheidung von Ernst Bloch.

27 Gerhard Traxel: o.T., in: Politische Gottesdienste (s. Anm. 25), S. 35.

Gefahr, dass diese neue Ökumene ‹sakramentslos› wird». Deshalb ist es in der Tat «an der Zeit, dass Katholiken und Protestanten miteinander auch nach der öffentlich-kritischen Bedeutung der christlichen Mahlfeier fragen».[28]

2. Der Genfer Psalter. Ich nenne einen zweiten Beitrag, den die reformierten Kirchen in die gegenwärtigen Bemühungen um die Erneuerung des Gottesdienstes einbringen könnten und sollten. Das ist der Gemeindegesang in seiner spezifisch reformierten Prägung. Hervorragendes Beispiel ist natürlich der Genfer Psalter. Damit wechseln wir von Zürich nach Genf, von Zwingli zu Calvin. Die Praxis des gemeindlichen Psalmengesangs ist für den evangelischen Gottesdienst und die reformatorische Frömmigkeit insgesamt von kaum zu überschätzender Bedeutung. Wir Lutheraner sind stolz auf Martin Luthers Lieder, die ja zu grossen Teilen Psalmlieder sind. Aber die Konzentration auf den Psalter, wie sie dank Calvins Initiative das gottesdienstliche Leben der reformierten Kirche geprägt hat, ist etwas ganz Besonderes und Eigenes.[29] Das verdient, über respektvolle Traditionspflege hinaus auch gegenwärtig hoch geschätzt und weiter entwickelt zu werden. Der gereimte, vertonte und im Gottesdienst gesungene Psalter bringt das Moment an expressiver Intensität in den reformierten Gottesdienst hinein, das zu Zwinglis und Bullingers Zeiten noch gefehlt hat. Der Gesang der Psalmen stiftet eine Gemeinsamkeit im Ausdruck des Glaubens, die durch nichts anderes ersetzt werden kann. Das andächtige Beten des Einzelnen wird durch das gemeinsame Singen nicht nur verstärkt, sondern verwandelt. Indem die Gläubigen in den Chor der biblischen Beter einstimmen, werden sie über ihre subjektive Befindlichkeit hinaus geführt und mit dem Volk Gottes des Alten und des Neuen Bundes im Lob Gottes vereint. Das reformierte Psalmenlied ist zwar einfach, in seiner Reimgebundenheit schlicht, formal streng, die Melodien massvoll rhythmisch bewegt, die Emotionalität begrenzt, vielleicht karg – aber nicht kärglich. Im Gegenteil.

Das reformierte Psalmenbuch, man spricht ja auch vom «Hugenottenpsalter», hatte eine ganz tiefe existenzielle Bedeutung. Die gesungenen Psalmen gaben Halt in schweren Zeiten, Trost in der Anfechtung. Sie stärkten das Vertrauen auf Gott, der die verfolgten, unterdrückten Gemeinden nicht verlässt. So wie es im gereimten Psalm 68 heisst:

> «Anbetung, Ehre, Dank und Ruhm
> sei unserm Gott im Heiligtum,
> der Tag für Tag uns segnet;

28 Ebd. Dass die Tradition der Agapefeiern in ökumenischem Geist in der Schweiz auch gegenwärtig weiter gepflegt wird, zeigt eine neuere Publikation: Urs Eigenmann/Werner Hahne/Claudia Mennen (Hg.): Agape feiern. Grundlagen und Modelle (Edition Exodus), Luzern 2002.

29 Vgl. Andreas Marti: Singen – Feiern – Glauben. Hymnologisches, Liturgisches und Theologisches zum Gesangbuch der Evangelisch-reformierten Kirchen der deutschsprachigen Schweiz, Basel 2001, S. 20 ff.; Peter Ernst Bernoulli/Frieder Furler (Hg.): Der Genfer Psalter. Eine Entdeckungsreise, Zürich 2001; Eckhard Grunewald/Henning Jürgens/Jan Luth: Der Genfer Psalter und seine Rezeption in Deutschland, der Schweiz und den Niederlanden, Tübingen 2004.

dem Gott, der Lasten auf uns legt,
doch uns mit unsern Lasten trägt
und uns mit Huld begegnet.
Sollt ihm dem Herrn der Herrlichkeit,
dem Gott vollkommner Seligkeit,
nicht Ruhm und Ehr gebühren?
Er kann, er will, er wird in Not
Vom Tode selbst und durch den Tod
Uns zu dem Leben führen.»[30]

Man hat dieses Lied die «Hugenotten-Marseillaise» genannt. Dazu Peter Bukowski in einer Predigt zum Calvinjubiläum 2009 im Berliner Dom: «Gott allein die Ehre – für die Verfolgten und Geschundenen ist dies Theologie der Befreiung. Und deren Botschaft lautet: Die Mächtigen, die Euch jetzt so sehr zu schaffen machen, sie sind begrenzt in ihrer Macht [...] Gott allein die Ehre, das ist ein Protestschrei gegen die Gewalt derer, die sich an seiner Gemeinde vergreifen. [...] Im Verborgenen, aber ungebeugt versammeln [die verfolgten Christen] sich um Gottes Wort und singend klammern sie sich an den, der allein jetzt noch Halt zu geben vermag ...»[31]. Peter Bukowski fügt hinzu, was ich nicht wusste: Viele reformierte Gemeinden singen diese Strophe am Ende jedes Gottesdienstes, bei Beerdigungen, aber auch bei fröhlichen Anlässen und bei wichtigen wie bei einer Synode (vielleicht auch an einem Tag wie heute, bei der Einweihung eines Kompetenzzentrums Liturgik?) – als «gesungenen Trost oder Dank, als Orientierung oder als Ermutigung».

Von daher ist es kaum zu fassen, dass der Genfer Psalter, der in der Übersetzung des preussischen Lutheraners Ambrosius Lobwasser (1573) überall in Deutschland und in der Schweiz grosse Verbreitung gefunden hat, in den konfessionellen Streitigkeiten des 17. Jahrhunderts zu einer Waffe wurde, mit der sich

30 Text nach Matthias Jorissen (1798). Aus: Gesangbuch der evangelisch-reformierten Kirchen der deutschsprachigen Schweiz (RKG), Bern 1952, Nr. 18. Die 3. Strophe entspricht: Gesangbuch der Evangelisch-reformierten Kirchen in der deutschsprachigen Schweiz (RG), Basel/Zürich 1998, Nr. 44, Strophe 2; Evangelisches Gesangbuch. Ausgabe für die Evangelisch-reformierte Kirche (Synode evangelisch-reformierter Kirchen in Bayern und Nordwestdeutschland), die Evangelisch-reformierte Kirche in Niedersachsen in Gemeinschaft mit der Evangelischen Kirche im Rheinland, der Evangelischen Kirche von Westfalen, der Lippischen Landskirche, in Gebrauch auch in Gemeinden des Bundes evangelisch-reformierter Kirchen in der Bundesrepublik Deutschland (EG ref.), Gütersloh/Bielefeld/Neukirchen-Vluyn 1996. Der Psalter, Psalm 68, Strophe 6. Vgl. zum ökumenischen Vergleich der beiden neuen römisch-katholischen und reformierten Gesangbücher auch Hans-Jürg Stefan/Walter Wiesli: Zwei neue Kirchengesangbücher in der Schweiz. Modell eines ökumenischen Aufbruchs?, in: Heiliger Dienst 53/1998, S. 168–181.

31 Pfr. Peter Bukowski, Moderator des Reformierten Bundes: Predigt über Psalm 68 am 12.7.2009 zum 500. Todestag von Johannes Calvin (www.berliner-dom.de > Gottesdienste > Predigten & Gebete). Vgl. Herman J. Selderhuis: Singende Asylanten. Calvins Theologie der Psalmen, in: Der Genfer Psalter (s. Anm. 29), S. 79–95.

die Evangelischen gegenseitig bekämpften.[32] Einige Territorialfürsten, die meist weniger aus religiöser Überzeugung als aus politischem Kalkül vom Luthertum zum Calvinismus konvertiert waren, setzten den Lobwasser-Psalter als Instrument reformierter Konfessionalisierung ein. Das führte im Gegenzug dazu, dass orthodoxe lutherische Theologen ihrerseits einen alternativen lutherischen Psalter in Auftrag gaben, um damit die Rückeroberung der betreffenden Gebiete für das Luthertum zu unterstützen. So in Kursachsen, wo der Gnesiolutheraner Cornelius Becker ebenfalls einen vollständigen Psalter dichtete, den sogenannten Becker-Psalter, der – von Seth Calvisius und Heinrich Schütz vertont – dann als Schul- und Kirchenbuch in lutherischen Gemeinden gebraucht wurde. Die Kontroverse drehte sich um die von Luther entschieden vertretene christologische Interpretation der Psalmen, die alle auf Christus hin gedeutet wurden. Ein beschämendes Kapitel rigider konfessionspolitischer Auseinandersetzung, das Gott sei Dank der Vergangenheit angehört.

Heute könnte der Psalter ein ökumenisches Bindeglied sein und die Christenheit überall anspornen, den Reichtum der biblischen Psalmen für sich neu zu entdecken. Ein Ansporn auch, neue Psalmen zu dichten, gereimt oder nicht gereimt, neue Melodien zu erfinden, einfache mehrstimmige Sätze, die von den Gemeinden gelernt und im Gottesdienst gesungen werden können. Das alte und das neue Gesangbuch der reformierten Kirchen in der deutschsprachigen Schweiz ist hier Vorreiter. Und die reformierte Ausgabe des deutschen Evangelischen Gesangbuchs enthält sogar einen vollständigen Psalter mit alten und neuen Bearbeitungen.[33] Das sind ausgezeichnete Ansätze. Man kann nur hoffen, dass sie in den Gemeinden genutzt und weiterentwickelt werden! Und dass die gesungenen Psalmen auch dem Neuen Geistlichen Lied kräftige Anregungen geben, die leider häufig zu beobachtende theologisch-inhaltliche Dürftigkeit vieler dieser Lieder durch eine kräftige biblische Bluttransfusion zu überwinden. Die Orientierung an den Psalmen ist geeignet, das neue geistliche Liedgut mit biblischer Substanz zu füllen, poetisch mutiger, anspruchsvoller zu machen, theologisch zu schärfen und wider-

32 Dazu ausser verschiedenen Artikeln in Grunewald/Jürgens/Luth (Hg.) den instruktiven Aufsatz von Inge Mager: Zur vergessenen Problematik des Psalmliedes im 16. und 17. Jahrhundert, in: JLH 37, 1998, S. 139–149, am Beispiel der unterschiedlichen Bereimung von Psalm 8. Ferner Jürgen Henkys: Der Reimpsalter von Matthias Jorissen 1798–1998. Anmerkungen zu seiner jüngsten Revision, in: Ders.: Singender und gesungener Glaube. Hymnologische Beiträge in neuer Folge, Göttingen 1999, S. 61–73; ders.: Gottesname und Menschenwürde. Psalm 8 in deutschen Liedern, in: Arbeitsstelle Gottesdienst 22, 2008/2, S. 62–73.

33 S. Anm. 30. Ich erinnere mich, dass ich vor vielen Jahren aus grosser Begeisterung über die zahlreichen mehrstimmigen Choral-Sätze, die erstmals auch den Gemeinden eine einfache Mehrstimmigkeit im Gottesdienst ermöglicht haben, von einer Reise in die Schweiz ein Exemplar des RKG mitgebracht habe. Inzwischen hat das Evangelische Gesangbuch (EG) nachgezogen (sich dabei auf die alte Tradition der Jugendgesangbücher «Der helle Ton» bzw. «Ein neues Lied» aus Kirchenkampfzeiten besonnen) und eine ganze Reihe von vierstimmigen Kantionalsätzen aufgenommen – eine erfreuliche ökumenische Kettenreaktion!

standsfähig zu machen gegen Trivialisierung und allzu gefälligen Schönklang. Das wäre ein willkommener Nebeneffekt ökumenischer Kooperation auf dem Gebiet der Hymnologie. Es geschieht ja auch bereits viel an Austausch, z.B. mit den neuen Liedern, die in den letzten Jahrzehnten in Holland entstanden sind – bei Huub Oosterhuis, Willem Barnard, Sytze de Vries und anderen Liedermachern, wovon wir alle profitieren.[34]

Damit bin ich bei dem zweiten grossen Wunsch, den ich an das neue Zentrum habe. Ich wünsche mir, dass Sie in der Arbeit an der Erneuerung des Gottesdienstes theoretisch, vor allem aber praktisch-liturgisch dem Vorrang der Bibel Raum geben, dass das *sola scriptura* in seiner spezifisch reformierten Akzentuierung, erhalten bleibt und zur Leitperspektive für die Arbeit am «Kunstwerk» Gottesdienst wird.

«Gottesdienst als Textinszenierung»[35] Plädoyer für eine neue Bibelorientierung in Liturgie und Predigt

«Gottesdienst als Textinszenierung»: Als ich anfing, das Buch von David Plüss zu studieren, war ich begeistert, weil ich merkte, das da jemand etwas aus reformierter Sicht etwas aufnimmt, was mich theologisch und praktisch seit langem beschäftigt: nämlich das Anliegen die «biblische Kontur» des evangelischen Gottesdienstes zu stärken.[36] Beim genaueren Durcharbeiten wurde dann auch klar: Der Schwerpunkt liegt auf der Grundlagenarbeit. Der Ansatz einer performativen Liturgik wird von David Plüss fundamentaltheologisch fundiert und in verschiedenen Richtungen entfaltet. Das ist wichtig und notwendig. Grundsätzlich gilt: Im Gottesdienst, und das heisst: im reformierten Gottesdienst: vor allem in der Predigt, werden biblische Texte inszeniert. David Plüss schreibt: «Der reformierte Gottesdienst zeichnet sich [...] durch seine Konzentration auf die Texte der Bibel aus [...].»[37] Sie bilden «das Skript» der Inszenierung. Und weiter: «Der Bibel wird

34 Vgl. die regelmässigen Berichte über die wesentlich von Christa Reich und Dorothea Monninger initiierte und seit vielen Jahren in Kloster Kirchberg durchgeführte Reihe «Seminar Kirchenlied» in der Zeitschrift «Arbeitsstelle Gottesdienst» der EKD, mit entsprechenden Liedern, Texten, Interpretationen und Einführungen – z.B. Heft 2/2002: «Neue Geistliche Lieder. Töne – Texte – Temperamente» (darin bes. Cornelis G. Kok: Die liturgische Dichtung von Huub Oosterhuis, S. 76–83); Heft 2/2008: «Dem NAMEN singen» (darin Sytze de Vries: Dass sein Name daselbst wohne ... Biblisch-theologischer Exkurs über den NAMEN Gottes, S. 17–23; ders.: Litanei vom Namen, S. 90; ders./Christa Reich/René van der Loenen/Jürgen Henkys/Willem Barnard: Drei neue Lieder aus den Niederlanden, S. 91–94); Heft 3/2009: «Von Auferstehung singen» (darin vier neue Lieder aus den Niederlanden, S. 80–85).

35 David Plüss: Gottesdienst als Textinszenierung. Perspektiven einer performativen Ästhetik des Gottesdienstes (Christentum und Kultur VII), Zürich 2007.

36 Vgl. Peter Cornehl: Der Evangelische Gottesdienst – Biblische Kontur und neuzeitliche Wirklichkeit, Bd. 1, Stuttgart 2006.

37 Plüss: Gottesdienst (s. Anm. 35), S. 226.

in den Kirchen der Reformation und insbesondere bei den Reformierten grosses Vertrauen entgegengebracht, gottesdienstliche Feiern so zu durchwirken, dass Menschen berührt und verändert werden. Es wird den Bibeltexten zugetraut, dass sie sich, trotz ihres Alters und sprachlicher Fremdheit, von unseren Zeitgenossen erschliessen lassen bzw. sich ihnen selbst erschliessen.»[38] Soweit das Grundsätzliche. Ich habe allerdings auch gemerkt, dass die homiletisch-liturgische Konkretisierung dessen, was Textinszenierung im Einzelnen bedeutet, noch aussteht. Möglicherweise folgt das in einem nächsten Buch.

So muss ich meinen Wunsch selbständig formulieren. Was heisst: Den Vorrang der Bibel stärken? Wie kann man das *sola scriptura* der Reformation zeitgemäss zur Geltung bringen?[39]

Ich finde es eine lohnende Aufgabe, dabei den reformierten Ansatz weiterzuentwickeln. Was die Textgrundlagen für den evangelischen Gottesdienst betrifft, so haben sich Zwingli und mit ihm die reformierte Kirchen im Unterschied zu Luther bekanntlich von der bis dahin geltenden altkirchlich-frühmittelalterlichen Perikopenordnung abgewandt. Das Motiv war, die Zerstückelung der biblischen Lesungen und ihre Aufteilung in kleine Abschnitte, die dann nach der Logik des Kirchenjahres, der Feste und Festzeiten zu einer neuen Einheit zusammengesetzt werden, zu überwinden und sich bei der Auslegung des Wortes Gottes allein dem Duktus der biblischen Schriften anzuvertrauen. Also *lectio continua* und Predigt über ganze Bücher, um so die Heilige Schrift ohne systematische Filter in ihrem eigenen Zusammenhang als *norma normans* christlicher Lehre und Lebensführung zu erschliessen. Diese Intention ist wichtig. Allerdings hat die Alternative, die sich daraus ergab – freie Textwahl oder fortlaufende Behandlung ganzer biblischer Bücher – ihre Probleme. Völlig freie Textwahl verführt zu Beliebigkeit und liefert die Herde den Lieblingstexten ihrer Hirten aus. Das «Durchpredigen» ganzer Bücher überfordert beide Seiten, die Gemeinden und die Predigenden, und ist unter den heutigen Bedingungen einer weithin diskontinuierlichen Teilnahme an Gottesdienst und Predigt doch wohl eine Illusion, es erreicht sein Ziel nicht (wenn man sich nicht von vornherein auf die Kerngemeinde der ganz Treuen beschränkt).[40] Deshalb plädiere ich für eine Kombination der beiden Modelle, um den Stärken beider Rechnung zu tragen. Als gelernter Lutheraner halte ich es nach wie vor für sinnvoll, die Perikopenordnung, also die Grundausrichtung von Gottesdienst und

38 Plüss: Gottesdienst (s. Anm. 35), S. 227. «Reformierte Gottesdienste sind als *Inszenierungen biblischer Texte* zu konzipieren.» (A. a. O., S. 322).

39 Zeitgemäss heisst für mich: auf der Basis historisch-kritischer Exegese der biblischen Schriften. Cornehl: Gottesdienst (s. Anm. 36), S. 75.

40 Dazu Peter Cornehl: Teilnahme am Gottesdienst. Zur Logik des Kirchgangs – Befund und Konsequenzen, in: Joachim Matthes (Hg.): Kirchenmitgliedschaft im Wandel. Untersuchungen zur Realität der Volkskirche. Beiträge zur zweiten EKD-Umfrage «Was wird aus der Kirche?», Gütersloh 1990, S. 15–53.

Predigt auf das Kirchenjahr beizubehalten.[41] Daneben aber ist es angebracht, immer wieder auch Freiräume zu schaffen, um biblische Zusammenhänge homiletisch und liturgisch wahrnehmen zu können. Das ist ein Plädoyer für Predigt- und Gottesdienstreihen über zusammenhängende Teilstücke der biblischen Überlieferung.[42]

Wir haben in der Zeit, in der ich Universitätsprediger war und die Verantwortung für die Hamburger Universitätsgottesdienste trug, zusammen mit Kolleginnen und Kollegen immer wieder Gottesdienstreihen mit biblischen Themen durchgeführt und dabei gute Erfahrungen gemacht.[43] Einige Beispiele: Es gab mehrmals Reihen über Psalmen, z. B. «‹Du hast meine Klage verwandelt› – Schritte mit Psalmen». Wir haben unter dem Titel «Begegnung mit dem Lebendigen» die Ostergeschichten des Johannesevangeliums behandelt. Eine Reihe hiess: «Von Anfang an – Bilder und Szenen aus der Urgeschichte», eine «Die Kraft in den Schwachen – Versuche über den 2. Korintherbrief des Paulus» (zusammen mit Fulbert Steffensky), eine weitere Reihe war dem Buch Hiob gewidmet: «Einspruch! Hiobs Fragen und die Antwort Gottes» (ebenfalls mit Fulbert Steffensky und Dorothee Sölle).

Dahinter stand die Überzeugung, die ich an anderer Stelle als These so formuliert habe: «Der christliche Gottesdienst gewinnt durch die Aneignung der biblischen Traditionen seine besondere Eigenart, seine Substanz und sein Profil. [...] Hier ist das unausschöpfliche Potenzial der Erneuerung, das in der neuzeitlichen Wirklichkeit und angesichts der aktuellen Herausforderungen der Gegenwart zur Geltung zu bringen ist.»[44]

Gottesdienst als Textinszenierung: Das ist kein bibelkundliches Programm. Es geht um die Gestaltung von Gottesdiensten und auch bei den biblischen Zusammenhängen, die zu entfalten sind, nicht um exegetische Vorträge mit Zwischengesängen. In Hamburg sind wir Lutheraner, haben also eine Agende und sind in der Gestaltung des Gottesdienstes nicht ganz so frei wie Reformierte. Aber wir haben mit dem «Evangelischen Gottesdienstbuch» eine «Erneuerte Agende», die innerhalb einer festen Grundstruktur ein beträchtliches Mass an Gestaltungsfreiheit zulässt und mit ihren mancherlei Varianten zu liturgischer Flexibilität geradezu herausfordert.

41 Eine Revision der Perikopenordnung wird innerhalb der EKD zur Zeit breit diskutiert. Vgl. Kirchenamt der EKD/Amt der UEK/Amt der VELKD (Hg.): Auf dem Weg zur Perikopenreform. Dokumentation einer wissenschaftlichen Fachtagung, Hannover 2010.

42 Über den Umfang solcher Reihen und ihre Platzierung im Kreislauf des Jahres sollte pragmatisch entschieden werden, je nach den gegebenen Umständen.

43 Allerdings hatten wir damals nur jeweils vier Gottesdiensttermine pro Semester. Da muss man auswählen.

44 Cornehl: Gottesdienst (s. Anm. 36), S. 74 f. Vgl. die Zusammenfassung: Die Bedeutung der Bibel für den Gottesdienst, A. a. O., S. 288 ff.

Wir haben uns bei der konkreten Gestaltung der einzelnen Gottesdienste immer wieder von den Texten selbst leiten zu lassen. Es gibt ja auch so etwas wie eine *liturgische Exegese*, die anleitet, auf liturgische Elemente in den Texten, auf Strukturen, Vorgänge, Vollzüge zu achten (und insofern nach wie vor der Formgeschichte einiges zutraut). Dazu gehört, die Bewegungselemente im Text ernst zu nehmen (deshalb «Schritte mit Psalmen»). Dazu gehört die Einbeziehung des Kirchenraumes. Es gab Ortswechsel und Stationen. Dazu gehört die Aufmerksamkeit für Bilder und Metaphern, für die szenischen Abläufe, die sich im Text finden, und die Frage, ob und wie sie sich liturgisch umsetzen lassen. Dazu gehört die Arbeit an der Dramaturgie des Gottesdienstes, die Verknüpfungen zwischen den einzelnen Teilen, zwischen Predigt und Gebet, Lied und Musik. Dazu gehört das Aufspüren innerbiblischer Korrespondenzen, Entsprechungen und Kontraste, etwa zwischen Altem und Neuem Testament, zwischen den Evangelien und den apostolischen Briefen. Es gibt so etwas wie eine liturgische Intertextualität, die man gottesdienstlich entdecken und nutzen kann. Wichtig wäre, die spannungsvolle Vielfalt des biblischen Zeugnisses zu nutzen und die Konflikte und Widersprüche nicht nur zur religiösen Umwelt, sondern auch zwischen den verschiedenen theologischen Traditionen und Textmilieus, zwischen prophetischen Texten, Geschichtserzählungen, Tora, Spruchweisheit, die Besonderheit der benutzten Gattungen – Gleichnisse, Seligpreisungen, Klage und Lob, Bitte und Jubelruf, Trost und Provokation nicht zu nivellieren, sondern für den Gottesdienst und für unser eigenes Glaubensverständnis produktiv zu machen.

Wir haben von den Texten her den Dialog mit der Zeit gesucht und uns bei der Vorbereitung der Reihen immer wieder gefragt: In welche Situation hinein sprechen die Texte? Was fordert Gottesdienst und Predigt heraus? Aber auch umgekehrt: Wo fordern die biblischen Texte die Gegenwart heraus? Das war in der Planung eine Frage der Antizipation. So haben wir nach der «Wende» 1989/90 eine Reihe über Texte der Apostelgeschichte gewählt mit dem Titel: «Aufbruch in die Weite» und ein Jahr später, während des Ersten Golfkriegs, eine Reihe über den Skeptiker und Realisten Kohelet mit dem Titel «Das Ganze ist nicht zu fassen» (zusammen mit dem reformierten holländischen Alttestamentler Ed Noort).

Den Vorrang der Bibel wahren, bedeutet immer auch: Die Texte ausreden lassen, ihnen Raum gegeben, ihre Grösse, Fremdheit, Sperrigkeit aushalten und nicht zu rasch mit unseren eigenen Kommentaren zudecken. Deshalb gab es immer wieder lange Lesungen, Pausen, Schweigephasen. Wir waren langsam, haben uns Zeit gelassen – bei der Vorbereitung und im Gottesdienst. Davon und von den Erfahrungen, die wir dabei gemacht haben, gäbe es viel zu erzählen.[45]

45 Die Versuche sind in drei Bänden mit Predigten und Liturgien aus den Hamburger Universitätsgottesdiensten vorläufig dokumentiert worden. Hamburger Universitätsgottesdienste. Bd. 1: Peter Cornehl/Fulbert Steffensky: Franziskus in Assisi, Seveso und anderswo. Hamburg 1982. Bd. 2: Bilder des Lebens. Biblische Szenen, Symbole und Gestalten. Mit Beiträgen von Peter Cornehl,

Eine letzte Anregung: Gottesdienst als Inszenierung biblischer Texte – könnte das nicht auch für Sie im neuen Zentrum ein praktisches Übungsfeld werden, wo Sie den gottesdienstlichen Umgang mit Texten praktisch ausprobieren, wo homiletisch-liturgische Theoriebildung, empirische Analyse und gottesdienstliche Erprobung sich ergänzen und befruchten?

Ich stelle mir vor: Am Anfang steht methodisch die Analyse konkreter Beispiele, eines gelungenen oder auch nicht so gelungenen Versuchs – auf der Basis von Textdokumentationen, Tonbandaufnahmen, Videomitschnitten, am besten live durch teilnehmende Beobachtung. Sie werden in der Gruppe ausgewertet. Das führt dann zu eigenen Gottesdienstentwürfen, die vor Ort erprobt und dort mit der Gemeinde besprochen werden. So kann sich das Kompetenzzentrum Liturgik selber schrittweise liturgische Kompetenz erwerben.

Ich wüsste auch schon ein Beispiel, mit dem man beginnen könnte: Ich meine den Schlussgottesdienst des Deutschen Evangelischen Kirchentags in Dresden vor einer Woche, ein m. E. überzeugender Versuch, einen zentralen biblischen Text, das Vaterunser, liturgisch in Szene zu setzen.

Wolfgang Grünberg, Matthias Kroeger, Klaus Langer, Eckart Otto, Tim Schramm, Dorothee Sölle, Fulbert Steffensky, Ulrike Suhr, Hamburg 1985. Bd. 3: Vision und Gedächtnis. Gottesdienste zur Zeit 1987–1994. Mit Predigten von Theodor Ahrens, Peter Cornehl, Peter Fischer-Appelt, Traugott Koch, Klaus-Michael Kodalle, Heidemarie Langer, Wulf Volker Lindner, Edward Noort, Helmut Peukert, Heimo Reinitzer, Dorothee Sölle, Hartwig Spitzer, Fulbert Steffensky, Anne Steinmeier, Wolfram Weiße, in zwei Teilbänden, Hamburg 1994.

Replik: Das Charisma der Kargheit und der Vorrang der Bibel

Fulbert Steffensky

Ich gehe auf die beiden Wünsche von Peter Cornehl ein. Der erste: Achten Sie darauf, dass das genuin reformierte Charisma in Sachen Gottesdienst nicht verloren geht – Das Charisma der Kargheit. Sein zweiter Wunsch: Achten Sie darauf, dass der Vorrang der Bibel in seiner besonderen reformierten Akzentuierung erhalten bleibt. Dies sind ebenso meine Wünsche an erträgliche Gottesdienste. Aber wie sieht es aus?

Ich komme damit auf eine Tatsache zu sprechen, die mich schon lange ärgert und welche die Kenntnis der Bibel behindert: die Tatsache, dass die Auslegung der biblischen Texte die Texte selbst überwuchert. Ich nehme einen gewöhnlichen Gottesdienst. Die Psalmen kommen oft nur noch in Häppchenform vor. Ein Häppchen zum Eingang, ein Häppchen nach der Lesung. Die Lesungs- und Evangeliumstexte selbst sind kurz, oft willkürlich herausgeschnitten aus einem Sinnzusammenhangt. Die alte *lectio continua* wird kaum noch geübt, eine andere Leseordnung gibt es kaum. Die Theologen gönnen den Texten selber wenig Stimme, dafür sich selbst umso mehr. Das Evangelium kommt immer schon als ausgelegtes, sozusagen als gebrauchsfertiges. Ich bin immer schon verpflichtet auf die Auslegung der Exegetinnen oder Exegeten. Es ist, als ob man dem Text und seinen Bildern nichts zutraut. Es ist, als sollte eine Shakespeareaufführung durch die Interpretation des Shakespearetextes ersetzt werden. Die Nuss des biblischen Textes muss erst homiletisch geknackt werden, um ans Nussfleisch zu kommen. Einen Text in Ruhe zu lesen, in Ruhe zu hören; dem Text Zeit zu lassen; mir als Hörendem Zeit zu lassen zu hören, zu sinnen, mich in ihn fallen zu lassen, in ihm zu verweilen – das ist seine erste Exegese. Wenn ich einen biblischen Text höre, lege ich ihn aus, indem ich ihn höre. Ich verwickle mich mit meinen Ängsten, mit meinen Sorgen und mit meinem Glück in die Geschichte und werde so zu ihrem Exegeten. Hören ist kein passiver Vorgang. Ich wandere umher im Garten eines Textes und werde zu seinem Ko-Autor, indem ich von meinem eigenen Leben etwas dazutue. Man hört nur richtig, wenn man von sich selbst etwas dazutut. Natürlich fälscht man den Text auf diese Weise ein Stück, dies aber nicht mehr, als es jede Predigt tut. Den Text hören, ist die erste Form der Inszenierung eines Textes. Wer je Gert Westphal gehört hat, wie er Thomas Mann oder Fontane liest, spürt dies. Es gibt natürlich andere Inszenierungen, aber das Hören ist die älteste, die kräftigste und ich möchte sagen: die demokratischste Form der Inszenierung. Demokratisch, weil vor aller Auslegung durch einen anderen die Auslegung des hörenden Subjekts steht.

Es ist kein Glück, dass besonders in evangelischen Gottesdiensten die Auslegung, die Predigt also, eine solche Dominanz hat. Nicht die Bibel dominiert, sondern die Pfarrerinnen oder die Pfarrer mit ihrer Interpretation. Der Text wird verschwiegen. Im Schweizer Radio wird jeweils am Sonntagmorgen eine längere Bibelgeschichte ohne Interpretation vorgelesen. Das sind fünf oder zehn Minuten einer grossen geistlichen Dichte. Gott sei Dank folgt darauf keine Predigt! Natürlich haben Exegese und Interpretation ihr Recht. Texte sind nicht immer hell und klar. Allerdings klarer sind die Predigten und Exegesen auch nicht. Oft erlegen sie den Text eher, als dass sie ihn auslegen. Sie geben ihm den exegetischen Blattschuss. Es geht mir nicht um die Vergötzung der Bibel – die gibt es ja auch. Es geht mir um die Entgötzung der Predigt, noch besser um die Entgötzung der Pfarrerinnen und der Pfarrer. Die klerikalsten Gottesdienste, die ich kenne, sind die reformierten. Der Pfarrer ist nicht an eine Leseordnung gebunden, er bestimmt den Text, er bestimmt damit das Thema des Gottesdienstes und der Predigt. Er ist kaum an agendarische Vorgaben gebunden. Er redet im Gottesdienst vom Anfang bis zum Ende. Er ist Herr des heiligen Geschehens. In seiner Macht steht es, die Einsetzungsworte, die Taufformel, die Segensformeln zu verändern. «Liturgische Dauermoderation» nennt dies David Plüss.

Ich möchte das Schweigen loben. Ich wünsche, dass unsere Kirchen Räume des Schweigens sind, dass unser Gottesdienst ein Raum des Schweigens ist. Wir haben das Schweigen verlernt. Wir haben es verlernt in unseren Gottesdiensten, in unseren Versammlungen und in unseren Räumen. Natürlich bin ich nicht gegen die Rede oder gegen das Wort. Aber ich bin gegen die Rede ohne das Schweigen. Schweigen heisst nicht nur still sein und nicht reden. Das Schweigen hilft dem Wort wahrhaftig zu werden.

Eine Freundin des Schweigens ist die gewahrte Formel bei den zentralen Punkten des Gottesdienstes: Die Einsetzungsworte, die Segensformel, die Taufformel, der Kanzelspruch. Warum ist die Formel wichtig? Die Formel negiert und erübrigt den Verstand und den Glauben des Subjekts nicht, aber sie übersteigt ihn. Die Formel wie der aaronitische Segen ist nicht meine ausschliessliche Sprache, sie ist Kirchensprache, d. h. sie ist die Sprache aller toten und lebenden Geschwister. Ihr Glaube trägt sie, nicht der kümmerliche Glaube eines einzelnen Subjekts. Sich in die Formel flüchten heisst, sich und der eigenen Kargheit entkommen. Wer eine Formel hat, wird mehr als er werden kann. Natürlich kann dies nur gesagt werden, wenn man die eigene Sprache erobert hat und wenn man gelernt hat, Formeln zu zerbrechen. Es muss Stellen im Leben geben, an denen man von sich selber entlastet ist. Es muss Stellen geben, an denen man der eigenen Innerlichkeit müde sein und sich flüchten darf in die Gnade des Allgemeinen.

Die Formel dämpft die Bewusstheit. Die Bewusstheit ist die Signatur des freien Subjekts. Aber es gibt Situationen, wo das Subjekt sich und seine Welt in der gläsernen Selbstbewusstheit verlieren kann. Es muss Situationen geben, in denen man sich selber nicht zuschaut. In allen Situationen personaler Vereinigung ist man am eigentlichsten, wenn man sich vergisst. Ich darf nicht zuschauen, wenn ich jemanden umarme. Ich darf mir nicht zuschauen, wenn ich bete. Es gibt Situationen, in denen die Selbstbewusstheit nicht intensiviert, sondern zerstört. Die Formel nimmt mir die Überbewusstheit. Sie wiegt mich ein in den Geist der Sache. Wenn der Pfarrer jeden Sonntag mit einer frischen Segensformel kommt, wenn er die Formel durch seine eigene elaborierte Sprache ersetzt, dann kommt jene produktive Bewusstlosigkeit nicht zustande. Dann muss ich zu gespannt, zu aufmerksam und zu aktiv sein. Ich kann mich nicht fallen lassen, und so geht die Kraft der Passivität verloren.

Unsere religiöse Phantasie kann auch an der Ausführlichkeit ersticken. Kargheit, Langsamkeit und Leere regen die meditative Phantasie an. Häufung trocknet sie aus. Die Häufung von Gesten, Worten oder Formen verhindert ihre Verdichtung. Geplapper und Intensität schliessen sich aus. Eine Kirche sollte auch ein «leere Raum» sein – ich verwende einen Begriff aus der Theaterarbeit von Peter Brook.[1] Ein Gottesdienst sollte ein karger Raum sein. Erst dieser macht die Sprache möglich. Man kann einwenden: Ist das anzustreben, wenn eine ganze Kultur zu einer Plapperkultur geworden ist? Wir müssen aber bedenken, dass unsere Kirchen nicht nur kulturelle Räume sind. Sie sind auch antikulturelle Räume. Sie sind auch Gegenräume gegen eine Kultur massloser Banalität.

Ich habe noch einen anderen Grund, das Schweigen und die Kargheit unserer Räume und ihrer Gottesdienste einzufordern. Kirchen sind auch Orte der Anbetung. Anbetung hat als höchsten Ausdruck das Schweigen.

> «Gott ist gegenwärtig, lasset uns anbeten
> und in Ehrfurcht vor ihn treten.
> Gott ist in der Mitte, alles in uns schweige
> Und sich innigst vor ihm beuge.»[2]

Anbetung ist ein Fremdwort geworden in unserer Theologie und in unserer Frömmigkeitspraxis. Anbetung soll kein Kastrationsbegriff werden, durch den alles andere in der Kirche verboten oder gedämpft wird. Ich will, dass unsere Kirchenräume Räume der Freiheit, der Revolte, des Witzes, der Schönheit werden, aber eben auch Räume der Anbetung.

1 Vgl. Peter Brook: Der leere Raum, Berlin [10]2009.

2 Gerhard Tersteegen, s. Gesangbuch der Evangelisch-reformierten Kirchen in der deutschsprachigen Schweiz (RG), Basel/Zürich 1998, Nr. 162.

Das Bild im Kirchenraum

Zur Idee einer *liturgy specific art*[1]

Thomas Erne

Uneingelöste Folgen der Reformation für die Kunst der Gegenwart

Die Funktion des Bildes in der Gegenwartskunst
Daniel Birnbaum, Kurator der 53. Biennale, begreift Kunst nicht von ihren Resultaten, sondern von ihren Prozessen her: «A work of art is more than an object and can do more to its audience than a commodity».[2] Das Mehr, das Birnbaum der Gegenwartskunst zutraut, sind imaginative Inventionen, die Weisen des Welterfindens, so der Titel der Biennale. Die Werke der Kunst, ihre visuelle Präsenz und Schönheit, werden dadurch nicht obsolet, aber sie werden zu Knotenpunkten eines Prozesses, eines «ongoing re-readings and misreadings»[3].

Es verläuft eine Bruchlinie mitten durch die Gegenwartskunst. Man sucht auf der Biennale lange nach Kunstwerken, wie man sie in der Dogana della Punta sieht. Der japanische Architekt Tadao Ando[4] hat das alten Hauptzollamt Venedigs in einen auratischen Kunstort verwandelt. Hier wirken die Bilder und Objekte der Sammlung Pinault wie entrückte Kostbarkeiten. Es sind vollendete Kunstwerke in dem formalen Sinn, dass sie beendet und abgeschlossen sind, wenn sie in Pinaults Museum kommen. Das trennt die Dogana della Punta von der Biennale. Das Museum zeigt Werke, die ihre Wirkungsgeschichte entfalten, weil und insofern sie ihre Entstehungsgeschichte, die ihrer *creatio*, wie die ihrer immerhin auch denkbaren *creatio continua*, definitiv hinter sich haben.

Schon in der klassischen Moderne finden sich beide, die vorläufige und die endgültige Ordnung der Bilder. Experiment und Ergebnis gehören zwar zusammen. Von zwei verwandten Familien von Begründern spricht Michel Foucault: «Es gibt die, die aufbauen und den Grundstein legen; es gibt die, die graben und aushöhlen», und Foucault vermutet, dass «wir in unserem ungewissen Raum vielleicht denen näher sind, die aushöhlen: Nietzsche (eher als Husserl), Klee (eher als

1 Teile der folgenden Ausführungen sind bereits erschienen in: Thomas Erne: Ikonische Performanz, in: Luther – Zeitschrift der Luthergesellschaft 1/2011, 5–20.

2 Daniel Birnbaum: We are many, in: Fare Mondi – Making Worlds. Exhibition. La Biennale di Venezia, 53. Esposizione Internationale d'Arte, Venedig 2009, S. 185–191, hier S. 187.

3 A.a.O., S. 187.

4 Francesco dal Co: Tadao Ando per Francois Pinault, Milano 2009.

Picasso).»[5] Aber es ist kein Zufall, dass die Betonung der Biennale auf dem unabschliessbarem Experiment der Kunst liegt und nicht auf ihrer Vollendung. Kaum eine der auf der Biennale vorgestellten künstlerischen Positionen sympathisiert mit dem Ergebnis einer *peinture finie*. Die Mehrzahl der Künstler reagiert auf den «ungewissen Raum», in dem wir leben, mit Kunst als offenem Prozess, einer *peinture sans fin*.

In dieser Fokussierung der Kunst auf den unabschliessbaren Kunstgebrauch und Kunstvollzug bietet die Biennale einen Freiraum für subversive Experimente, die einer zunehmenden Verdinglichung der Gegenwartskunst entgegenarbeiten. Museen scheinen dagegen Bildorte zu sein, die durch das «*noli me tangere*»[6] der ausgestellten Werke diese Subversion verhindern. Giorgio Agamben sieht im musealen Syndrom die Chiffre für eine globale Verdinglichung. Er spricht von der «Museifizierung» der ganzen Welt, sofern sie nichts anderes mehr ist und tut als «die Unmöglichkeit des Benutzens, Wohnens, des Erlebens»[7] auszustellen. In einer «increasingly fetishistic visual industry»[8] fällt es zunehmend schwer «the actual work of art», nicht die «works of art», so die zentrale Differenz bei John Dewey,[9] angemessen zur Darstellung zu bringen.

Zur Frage nach der Funktion des Bildes im Raum der Kirche

Im Horizont einer Transformation, die das Verständnis des Bildes seit Luther durchlaufen hat, lautet meine These zur Bedeutung des Bildes im Raum der Kirche zunächst ganz konventionell:[10] dass der Ort des Bildes im evangelischen Kirchenraum in seinem religiösen Gebrauch zu suchen ist. Der rechte *usus* macht in evangelischer Sicht sowohl einem Raum zu einer Kirche, zu einem Kommunikationsheiligtum und einer *sancta ecclesia*, als auch ein Bild zu einem heiligen Bild und Medium religiöser Erfahrung. Das gilt auch für Kirchenräume diesseits ihrer aktuellen gottesdienstlichen Inanspruchnahme. Die Atmosphäre[11] in Kirchenräumen ist in gebrauchstheoretischer Perspektive ein durch den religiösen *usus* generiertes Angebot den Raum als eine Ausdrucksgestalt religiöser Erfahrung zu verwenden.

Die bildpraktischen und raumpraktischen Folgerungen aus Luthers Einsicht in den Gebrauchscharakter der Sinnzeichen treten aber nur ansatzweise in der Kir-

5 C'était un nageur entre deux mots – Michel Foucault im Gespräch mit Claude Bonnefoy 1966, zit. nach Wilhelm Schmid: Auf der Suche nach einer neuen Lebenskunst. Die Frage nach dem Grund und die Neubegründung der Ethik bei Foucault, Frankfurt a. M. 1991, S. 103.

6 Vgl. Jean-Luc Nancy: Noli me tangere, Zürich/Berlin 2008. Das Kontakt-Tabu kann im Zentrum der intensivsten Bildberührung stehen, wenn es den Punkt betrifft, «den das Berühren nicht rührt, den es nicht berühren darf, um sein Rühren [touche] zu vollziehen». A. a. O., S. 20.

7 Girogio Agamben: Profanierungen, Frankfurt a. M. 2005, S. 82.

8 Birnbaum: We are many (s. Anm. 2), S. 187.

9 John Dewey: Art as Experience, New York (1934) 2005, S. 1.

10 Vgl. Christoph Weimer: Luther, Cranach und die Bilder. Gesetz und Evangelium – Schlüssel zum reformatorischen Bildgebrauch, Stuttgart 1999, S. 30 ff.

11 Vgl. Gernot Böhme: Anmutungen. Über das Atmosphärische, Stuttgart 1998.

chenkunst zur Zeit der Reformation in Erscheinung. Neben Lucas Cranach wird Rembrandt als der Maler angeführt, der «das Erhabene gerade in dem Unscheinbaren, dem Verachteten gezeigt [...] [und] eben das verwirklicht, was Luther gewünscht»[12] hat.

Der zweite, weniger konventionelle Teil der These lautet daher: Einige der Folgen von Luthers Bildkonzept *für* die Kunst zeigen sich erst heute *in* der Kunst. In einer wichtigen Dimension, der einer ikonischen Performanz, zeigen sich die Folgen für die Kunst erst in den Kunst der Gegenwart, und zwar prägnant in deren *performative turn.*[13] Die prozessuale Form der Kunst, die sich an der Interaktion, dem Experiment und dem Effekt orientiert, das ist die Seite der Gegenwartskunst, die einer evangelischen Religionspraxis zugewandt ist. Man denke an Yona Friedmanns *Ville Spatiale* (2009), das Modell einer beweglichen Architektur, die sich aus der Imagination und Improvisation ihrer Benutzer entwickelt.[14]

Da die Reformation keine neuen Zeichen entwickelt, sondern eine neue Einstellung zu den Zeichen, ist die hermeneutisch-pragmatische Ausdifferenzierung von Kunst und Religion die entscheidende Folge Luthers für die Kunst, so die These von die Werner Hofmann: «Was ein Bild ist, was es aussagt, was es bedeutet, entscheidet sich im Betrachter. Das Kunstwerk wird zu einem Angebot, das sich im Rezipienten vollendet, wenn nicht überhaupt erst konstituiert [...] Alles das hat mit Luther begonnen».[15] Diese Freigabe der Bilder, die weder gut noch böse sind und die man haben kann oder auch nicht, verlagert die Beurteilung der Bilder von der Substanz zur Funktion, von der Bildausführung zum Bildgebrauch, vom Bildwissen zum Bildvollzug – und schafft so eine autonome Kunstsphäre prinzipiell bedeutungsoffener Objekte. Offen bleibt dabei, ob und wie der rechte *usus* mit den Kunstwerken selbst zu tun hat: Ob also der religiöse Vollzug der Kunst im Horizont des Unbedingten auch in den Kunstwerken *sinnlich* erscheint oder zumindest einen Anhalt an den sinnlichen Erscheinungen hat.[16]. Ob also der religiöse Vollzug (*usus*) der Kunst ihr aus guten Gründen etwa hinzufügt und also in der religiösen Deutung etwas am Kunstwerk hervorgebracht wird, was zu ihm gehört, aber ohne den religiösen *usus* nicht an dem Kunstwerk zum Vorschein kommt.

12 Karl Holl: Die Kulturbedeutung der Reformation, in: Ders., Gesammelte Aufsätze zur Kirchengeschichte, Bd. 1. Luther, Tübingen 1932, S. 468–543, hier S. 542.

13 Zum *performative turn* in der Kunst, vgl. Erika Fischer-Lichte: Ästhetik des Performativen, Frankfurt a.M. 2004. Zum *performative turn* in der Religion, vgl. Thomas Klie: «Dass Religion schön werde» Die performative Wende in der Religionspädagogik, in: Thomas Schlag/Thomas Klie/Ralph Kunz (Hg.): Die öffentliche Bedeutung der Praktischen Theologie, Zürich 2007, S. 49–63.

14 Vgl. Birnbaum: We are many (s. Anm. 2), S. 58 f.

15 Werner Hofmann: Luther und die Folgen für die Kunst, München 1983, S. 46.

16 Evangelischer Bildgebrauch wird von Wilhelm Gräb als Deutungspraxis im Horizont des Unbedingten entworfen. Vgl. Wilhelm Gräb: Sinn fürs Unendliche. Religion in der Mediengesellschaft, Gütersloh 2002, S. 112.

Diese offene Stelle im bildtheoretischen Konzept Luthers schliesst m. E. nicht Lucas Cranach oder die Kirchenmalerei der lutherischen Orthodoxie, sondern es schliessen sie die vorläufigen Ordnungen des Bildes, die Interaktionen und Installationen der Gegenwartskunst. In diesem Kontext einer performativen Gegenwartskunst hat die Frage nach dem Ort des Bildes im evangelischen Kirchenraum in der Gegenwart ihren sachlichen Ort. Im Folgenden wird zunächst (II.) vor dem Hintergrund der Bildbestreitung in den Kirchenräumen der evangelisch-reformierten Tradition die Orte, der Gebrauch und die Funktion der Bilder in evangelisch-lutherischen Kirchen nachgezeichnet. Luthers Freigabe der Bilder hatte Folgen für das Bild im evangelischen Kirchenraum bis in die Gegenwart (III.), die noch nicht alle eingelöst sind. Eine dieser uneingelösten Folgen für die Kunst zeigt sich im *performative turn* der Gegenwartskunst (IV.), mit dem die Kunst einen neuen Ort im evangelischen Kirchenraum gewinnt, der kurz skizziert wird mit der Performance «Durchzügler» von Thomas Putze in der Reihe «Liturgy Specific Art» in Marburg.

Luther, Zwingli und das Bild im evangelischen Kirchenraum

Bilder im evangelischen Kirchenraum: Wittenberg und Zürich

Das Grossmünster in Zürich und die Stadtpfarrkirche in Wittenberg sind prominente Kirchenräume der evangelischen Kirche. Beide Kirchen waren prominente Predigtorte – in Zürich stand die Kanzel Zwinglis, in Wittenberg die Luthers[17] – aber nur eine Kirche war und ist auch ein prominenter Bildort des Protestantismus. Gerade so machen die Zürcher und die Wittenberger Kirche die innerprotestantische Differenz im Umgang mit Wort und Bild anschaulich. Das Zürcher Grossmünster war bis vor kurzem ein Kirchenraum ohne Bilder, ganz in der reformierten Tradition des Bilderverbotes. 2009 wurde der romanische Kirchenraum mit zwölf Glasfenstern u. a. nach Motiven aus dem Alten Testament von Sigmar Polke ausgestattet.

Die Wittenberger Stadtpfarrkirche dagegen bietet bis heute Teile der erhaltenen vorreformatorischen Kirchenkunst, vor allem aber das neu geschaffene reformatorische Bildprogramm, das aufgrund der pragmatischen Haltung Luthers gegenüber den Bildern in lutherische Kirchen bis ins 18. Jahrhundert selbstver-

17 Beide Kanzeln existieren nicht mehr. Die Reste von Luthers Holzkanzel sind in Wittenberg im Schwarzen Kloster, Luthers Wohnhaus, zu sehen. Zwinglis Kanzellettner, der 1526, nachdem der Zürcher Bildersturm die Bilder im Münster zerstört hatte, mittels Altarplatten aus Zürcher Kirchen neu gebaut worden war – Zwingli stand beim Predigen auf der Altarmensa aus der Predigerkirche –, wurde 1853 durch Ferdinand Stadler abgebrochen. Vgl. Daniel Gutscher/Matthias Senn: Zwinglis Kanzel im Zürcher Grossmünster – Reformation und künstlerischer Neubeginn, in: Hans-Dietrich Altendorf/Peter Jezler (Hg.): Bilderstreit. Kulturwandel in Zwinglis Reformation, Zürich 1984, S. 109–116, hier S. 112.

ständlich war. Trotz der Zerstörung vorreformatorischer Kirchenkunst, die es auch in lutherischen Territorien gab, war der Bestand an vorreformatorischem und reformatorischen Kunstgut in lutherischen Kirchen im 17. Jahrhundert erheblich und beides wäre auch noch heute erheblich grösser, wenn nicht durch «kriegerische Ereignisse und Raublust der Soldateska, durch Diebstähle und Feuersbrünste, durch neues künstlerisches Wollen [!], durch die Nüchternheit des Rationalismus, den ‹bilderstürmerischen Reinigungseifer des 19. Jahrhunderts› [...] noch längst nach der Reformation vieles verloren gegangen wäre».[18]

Das Bild des Protestantismus geprägt haben jedoch die bilderlosen Kirchenräume. Berühmt sind zwei Kupferstiche aus dem Umkreis des flämischen Architekturmalers Hendrick von Steenwijk.[19] Der katholische Kirchenraum ist ein reich geschmückter gotischer Raum mit vielen Bildern und Seitenaltären, einer Fülle an liturgischen Orten und liturgischen «events». Die evangelische Kirche, und zwar deutlich in der reformiert-calvinistischen Tradition, zeigt einen leeren schmucklosen Raum, in der eine andächtige Gemeinde, ohne Ablenkung durch visuelle Zeichen auf die Kanzel und die Predigt ausgerichtet ist. Im Hintergrund findet an einer leeren Mensa, ohne Aufbauten, ein Abendmahl statt. An der Altarwand hängen kein Kruzifix, nur eine Uhr und die mosaischen Gesetzestafeln. Der Prototyp einer evangelischen Kirche ist demnach der calvinistische Betsaal, dessen leerer Tisch, leerer Chor, leere Wände, die Folgen der reformierten Kritik am Bild demonstriert. Der konservative Umgang mit den Bildern in lutherischen Kirchenräumen, die «bewahrende Kraft des Luthertums in Bezug auf mittelalterliche Kunstwerke, für die sich weder in qualitativer noch in quantitativer Hinsicht überzeugende Analogien in den anderen abendländischen Konfessionskirchentümern aufweisen lassen»,[20] fällt in dieser Gegenüberstellung von evangelischer Leere und katholischer Fülle unter den Tisch.[21]

Evangelischer Bildgebrauch

Der theologische Kern dieser innerprotestantischen Differenz im Umgang mit den Bildern zeigt sich im Marburger Religionsgespräch von 1529 zwischen Reformierten und Lutheranern über das Verständnis des Abendmahls. Luther bestand

18 Martin Wandersleb: Luthertum und Bilderfrage im Fürstentum Braunschweig-Wolfenbüttel und in der Stadt Braunschweig im Reformationsjahrhundert, Göttingen 1970, S. 172 ff.

19 Vgl. Wolfgang Brückner: Lutherische Bekenntnisgemälde des 16. bis 18. Jahrhunderts. Die illustrierte Confessio Augustana, Regensburg 2007, S. 24 f.

20 Thomas Kaufmann: Die Bilderfrage im frühneuzeitlichen Luthertum, in: Peter Blickle/André Holenstein/Heinrich R. Schmidt/Franz-Josef Sladeczek (Hg.):, Macht und Ohnmacht der Bilder. Reformatorischer Bildersturm im Kontext der europäischen Geschichte, München 2002, S. 407–451, hier S. 408.

21 Nach Hegel wird «durch den Bildverzicht [...] die protestantische Religion über die anschauliche Vermittlung der Gottesvorstellung in der ‹schönen Religion› des Katholizismus hinausgeführt». Vgl. Annemarie Gethmann-Siefert, Einführung in Hegels Ästhetik, Stuttgart 2005, S. 157.

gegenüber Zwingli darauf, dass sich die Inkarnation des Logos in der Inverbation, in der Kommunikation des Evangeliums in Wort und Sakrament fortsetzt. In ein und demselben geistigen Akt hält Luther daran fest, dass der göttliche Logos in endliche Zeichen eingeht und sie zugleich überschreitet. Der rechte religiöse Gebrauch der Zeichen – «Missbrauch und falsche Zuversicht an bilden habe ich alle zeit verdampt […] Was aber nicht misbrauch ist, habe ich ymer lassen und heissen bleiben und halten, also das mans zu nützlichem und seligem brauch bringe»[22] – besteht für Luther darin, an der Realpräsenz des Logos in den Zeichen festzuhalten und zugleich die Zeichen als Zeichen vom Logos zu unterscheiden. Man hat Gott nur in Bildern, wenngleich ihn kein Bild erschöpfend erfasst. Luthers Position im Abendmahlstreit hat eine darstellungstheoretisch gravierende Konsequenz: Gott ist nur in unabschliessbaren Prozessen darstellbar. Wenn die Gegenwart Gottes sich an konkreten Zeichen zeigt, die zugleich überschritten werden müssen,[23] um den Sinnüberschuss, der mit der Nennung des Namens Gottes verbunden ist, zur Darstellung zu bringen, dann impliziert dies einen offenen Prozess von Formgebung und Formüberwindung. Die Transzendierungsleistung der christlichen Religion ist folglich derjenigen ähnlich, der auch die performativen Formen der Gegenwartskunst verpflichtet sind. Im Glauben, jedenfalls in lutherischer Perspektive, ist Transzendenz der Prozess, der von Zeichen zu Zeichen fortschreitet und der seinen Niederschlag auch in der institutionellen Form der Kirche findet, das *parler sans fin* in einer *ecclesia semper reformanda*. Allerdings ist die Unabschliessbarkeit der ästhetischen Transzendierungsleistung, die *peinture sans fin*, von der des Glaubens dadurch zu unterscheiden, so der Vorschlag von Matthias Jung,[24] dass der Glaube seine Ausdrucksformen überschreitet, weil und insofern er sich in seinen Zeichenprozessen auf eine externen Referenz bezieht, auf Gott als transsubjektive Wirklichkeit. Ästhetische Transzendenz dagegen ist durch eine eigentümliche Suspension des referenziellen Aussenbezugs charakterisiert. Externe Referenz trägt in der Kunst zum Ausdruck bei, während in der Religion der Ausdruck referenziell gebunden ist und umgekehrt zur Referenz beiträgt.

Zwingli löst die Spannung auf, die bei Luther im Festhalten und Überschreiten konkreter Zeichen für die Repräsentation Gottes entsteht. Er votiert für den reinen Hinweischarakter der Zeichen im Abendmahl. Gott ist Geist, auf den die

22 Martin Luther: Ein betbüchlein mit eym Calender und Passional hübsch zu gericht, (1529) Kassel 1982, WA 10/II, 458–470 (nur Text).

23 Dazu Hegel: «[…] wogegen in der lutherischen Kirche die Hostie als solche erst und nur allein im Genusse, d.i. in der Vernichtung der Äusserlichkeiten derselben, und im Glauben, d.i. in dem zugleich freien, seiner selbst gewissen Geiste, konsekriert und zum gegenwärtigen Gottes erhoben wird.» Georg Wilhelm Friedrich Hegel: Enzyklopädie der philosophischen Wissenschaften im Grundrisse (1830), Bd. 10/20, Frankfurt a. M. 1970, S. 357.

24 Vgl. Matthias Jung: Erfahrung und Religion. Grundzüge einer hermeneutisch-pragmatischen Religionsphilosophie, München 1999, S. 385 f.

Zeichen verweisen, aber den sie nicht «real-präsentieren». Statt Transzendenz als Zeichenprozess folgt daraus Transzendenz als das Jenseits der Zeichen. Axiomatisch fasst die reformierte Tradition diese Konsequenz in der anti-lutherischen Kampfformel: *finitum infiniti non capax*[25]. Die Differenz, die sich in Marburg im Abendmahlsverständnis zeigt, ist folgenreich für das innerprotestantische Verhältnis zum Bild. Wenn das Endliche die Gottheit Gottes nicht fasst, dann unterläuft ein Bild Gottes die strikte Scheidung von *signum* und *res* und suggeriert Präsenz, wo es nur Repräsentanz geben kann.[26] Die reformierte Zählung der zehn Gebote (2. Mose 20, 1–17) führt folglich das Bilderverbot als zweites Gebot, während es in lutherischer Zählung wegfällt. Luther hat das Bilderverbot allerdings nie bestritten. Für ihn war es bereits im ersten Gebot enthalten. Er hat es nur auf den Gebrauch, nicht auf das Bild bezogen.

Historischer Rückblick auf die Funktion der Bilder im evangelischen Kirchenraum

Die lutherischen Kirchenräume waren seit der Reformation mit Bildern und Skulpturen ausgestattet: «Im Fortgang des 16. Jahrhunderts wurde die Bildlichkeit in wachsendem Masse als beinahe unverzichtbarer Bestandteil der Kirchenausstattungen empfunden und in profilierter Auseinandersetzung mit den Reformierten verteidigt und empfohlen».[27]

Bilder finden sich als Altarretabeln, obwohl Luther für einen «freistehenden Tisch mit einem versus populum dahinterstehenden Liturgen»[28] plädierte. Prominentes Beispiel ist der Wittenberger Altar von Lucas Cranach, der nach Luthers Tod 1547 eingeweiht wurde. Weitere wichtige Bildorte sind Epitaphe, in denen sich das Bekenntnis der Verstorbenen zum lutherischen Glauben widerspiegelt, die Kanzel, deren Bildprogramm in der Regel Christus und die vier Evangelisten umfasst, der Schalldeckel mit Taube als Symbol des Geistes und umlaufenden Schriftworten, der Taufstein, dessen Stellung verändert wurde und vom Eingang in den Altarbereich ins Angesicht der Gemeinde gestellt wurde, häufig mit der Darstellung des Kinderevangeliums (Mk 10,13–16) und schliesslich die Bemalung der Emporen, auf denen sich umfangreiche Bildzyklen finden, die ganze heilsgeschichtliche Sequenzen vom Sündenfall über die Versöhnung in Christus bis zur

25 Die Formel *finitum capax est infiniti* lässt sich weder bei Luther nachweisen noch die Gegenformel bei Calvin, vgl. Margarete Stirm: Die Bilderfrage in der Reformation, Gütersloh 1977, S. 104.

26 Margarete Stirm sieht das Bilderverbot bei Zwingli im Anliegen begründet «allein um die diesen Bildern entgegengebrachte Verehrung [zu verhindern]». Dies.: Die Bilderfrage in der Reformation, Gütersloh 1977, S. 147. Zwinglis Bildkritik liegt ein quasi magisches Bildverständnis zugrunde: «Diesen ‹Götzenbildcharakter› verliert das Bild nie, auch wenn es eine Zeitlang nicht verehrt wird [...].» A.a.O., S. 144.

27 Thomas Kaufmann: Die Bilderfrage im frühneuzeitlichen Luthertum, 2002, S. 411.

28 Peter Poscharsky: Das lutherische Bildprogramm, in: Ders. (Hg.): Die Bilder in den lutherischen Kirchen, München 1998, S. 21–39, hier S. 22.

Erlösung im Endgericht vor Augen führen. Deckenmalereien dagegen kommen in lutherischen Kirchen «seltener vor als Emporenmalereien, Wandmalereien noch seltener»[29].

Das lutherische Bildprogramm ist christologisch zentriert und biblisch orientiert: «Wo das Luthertum selber bildschöpferisch produktiv wurde, fand es primär in einer biblisch orientierten und christologisch fokussierten Bildlichkeit seinen Ausdruck».[30] Im Wesentlichen konzentriert es sich dabei auf Passion und Auferstehung Christi, Szenen aus dem Leben Jesu, biblischen Szenen zu dogmatischen Topoi und Katechismusdarstellungen: An die Stelle der Heiligen oder der Stifterbilder treten «nun Typen oder Exempel, welche das Amt der Predigt illustrieren»,[31] meist die Reformatoren oder die Ortspfarrer als wahre Lehrer der Kirche. So findet sich im Mittelblatt des Wittenberger Altars ein Bild Luthers als Junker Jörg am runden Abendmahlstisch, während auf der linken Seite Philipp Melanchthon in einer Taufszene und auf der rechten Seite Johannes Bugenhagen bei der Beichte zu sehen sind.

Was aber hat es mit dieser Bildfülle im Gesamtraum und an den einzelnen Bildorten der lutherischen Kirche auf sich? Bilder im Kirchenraum sind nach Luther «zum ansehen, zum zeugnis, zum gedechtnis, zum zeychen»[32]. Entsprechend werden die Bilder des lutherischen Bildprogramms als Bekenntnis-, Erinnerungs-, und Erzählbilder[33] charakterisiert, die gegebenen Inhalten aus Bibel und Bekenntnis dienen. Es ist eine gebundene *deixis*, das Zeigen eines *Was*, eines Inhalts, nicht die «Hintergründigkeit des Zeigens»[34], das *Dass* des Zeigens, das Gottfried Boehm als genuine Leistung der Bildlichkeit des Bildes herausgearbeitet hat. Für dieses gebundene Zeigen ist der Wittenberger Altar ein prominentes Beispiel. Die Predella zeigt ein Bild über den rechten Bildgebrauch. Luther steht auf der Kanzel. Seine Linke ruht auf der aufgeschlagene Bibel, mit der rechten Hand weist er auf den Gekreuzigten in der Bildmitte, während die ihm gegenüber sitzende Gemeinde, diesem Fingerzeig folgend, auf den Gekreuzigten blickt. Das Zeigen auf Christus trifft nicht nur Luthers Predigtverständnis, sondern auch sein Verständnis der Bilder: «Zu den Bildthemen, die ausdrücklich Luthers Gefallen finden, gehört der weisende Täufer».[35] Wort und Bild sind dann richtig konzipiert, wenn sie auf Christus zeigen. Und sie werden von der Gemeinde richtig rezipiert, wenn sie als Hinweis auf Christus gebraucht werden und das bedeutet, wenn der Gebrauch der Bilder und Worte den Hörer und Betrachter nicht an das Bild, sondern an Christus selber bindet.

29 A. a. O., S. 28.
30 Kaufmann: Die Bilderfrage (s. Anm. 27), S. 449.
31 Hans Belting: Bild und Kult. Eine Geschichte des Bildes vor dem Zeitalter der Kunst, München 1990, S. 522.
32 Martin Luther: WA 18, 80,7.
33 Vgl. Brückner: Lutherische Bekenntnisgemälde (s. Anm. 19), S. 30.
34 Gottfried Boehm: Wie Bilder Sinn erzeugen. Die Macht des Zeigens, Berlin [2]2008, S. 19–33.
35 Weimer: Luther, Cranach und die Bilder (s. Anm. 10), S. 114.

Die Bilder im Kirchenraum wollen folglich keine autonome Kunst sein. Es ist religiöse Gebrauchskunst mit illustrativen Charakter, vergleichbar den Bibel-Illustration eines Schnoor von Carolsfeld, der Vorlagen von Rafael nutzte, um in den Bibeltexten «das Gehörte oder Gelesene gewiss veranschaulichen und behaltbar [zu] machen»[36]. Luther beschreibt im Vorwort zu seinem mit Holzschnitten aus der Werkstatt von Lucas Cranach illustrierten Passional die Synästhesie der Künste im Blick auf die Werke Gottes «davon man singet und saget, klinget und predigt, schreibet und lieset, malet und zeichnet» und bestimmt dann die spezifische Aufgabe der Bilder in der Memoria der Ungebildeten, der Kinder und Leseunkundigen: «Umb der kinder und einfeltigen willen, welche durch bildnis und gleichnis besser bewegt werden die Göttlichen geschicht zu behalten, denn durch blosse wort odder lere.»[37]

Der gegenwärtige Ort des Bildes im Kirchenraum

Funktionale Ernüchterung

Luthers Freigabe der Bilder setzt einen komplexen Bildgebrauch in populär-religiöser Absicht frei. Bilder dienen im Raum der Kirche der protestantischen Selbstvergewisserung und der symboldidaktischen Vermittlung des Glaubens. Es sind Erinnerungszeichen, Argumentationshilfen, katechetische Unterweisung und «Early Comicstrips»[38]. Das alles sind bemerkenswerte Formen einer Popularisierung der Religion mit Hilfe illustrativer Bildformate, Flugschriften, Altarbilder, Kanzelbilder, Emporenbilder etc. Sie sorgen für die erfolgreiche Ausbreitung und Akzeptanz lutherischer Lehre und Frömmigkeit in breiten Schichten der Bevölkerung. Aber selbst wenn man in der funktionalen Ernüchterung der verwendeten Bildformate eine Folge von Luthers Kritik an den Kultbildern sieht, weil nun die Bilder im Raum der Kirche «das Heil nicht mehr auf magisch-reale Weise vermitteln, nicht mehr unabhängig vom Glauben, vom Subjekt des Glaubens, seinem Verstehen seiner Deutung»[39], so bleibt ein ambivalenter Eindruck. Denn die Analyse der populären Kultur der Gegenwart zeigt, dass auch die an eine breite Rezeption gebundenen Bildformate ihre «strukturellen Konstanten medienspezifisch und rezipientenorientiert variieren»[40] müssen, um populär zu sein und zu bleiben. Wird den populären Bildformaten die Variation, der Spielraum ästhetischer Tran-

36 Vorwort zur Bibel für Kinder in deutscher und russischer Sprache mit Bildern von Schnorr von Carolsfeld, Erlangen (1890) ³1993.

37 Luther: Ein betbüchlein (s. Anm. 22), WA 10/II.

38 Brückner: Lutherische Bekenntnisgemälde (s. Anm. 19), S. 110.

39 Gräb: Sinn fürs Unendliche (s. Anm. 16), S. 126.

40 Dietrich Korsch: Theologische Hermeneutik populärer Kultur – fundamentaltheologisch, in: Joachim Kunstmann/Ingo Reuter (Hg.): Sinnspiegel. Theologische Hermeneutik Populärer Kultur, Paderborn 2009, S. 37–46, hier S. 44.

szendierung vollständig beschnitten, dann ist es auch um ihre Popularität geschehen. Genau dazu scheint Luthers Freigabe der Bilder im Luthertum geführt zu haben. Der illustrative Charakter der Bilder im Kirchenraum hat die Tendenz,die Kunst im Blick auf die getreue Wiedergabe religiöser Inhalte zu vereindeutigen.

Ein gewisser praktischer «Literalismus»[41] Luthers ist an dieser Entwicklung nicht unbeteiligt. Luther wollte, dass die Bilder der von ihm übersetzten Bibel «wirklich für den Text eintreten, ihn erläutern und unterstützen» und der Künstler deshalb kein «unnütz Ding, das zum Text nicht dienet, sollt dazu schmieren»[42]. Die Dynamik der religiösen Transzendierung, die Unabschliessbarkeit der Prozesse, die Gott vergegenwärtigen, führt zu der umgekehrten Konsequenz im Blick auf die Kunst. Die Unabschliessbarkeit der ästhetischen Formprozesse muss still gestellt werden – «keine unnütz Ding, das nicht dem Text dienet» –, damit die Kunst der Religion dient. Erst an der Eindeutigkeit des Illustrativen kann sich die Dynamik religiöser Zeichenprozesse ungehindert entfalten. Vor diesem Hintergrund steht eine konsequente Freigabe der Bilder, die als bildtheoretische Leistung Luthers gilt, im Raum der evangelischen Kirche noch aus, jedenfalls sofern es sich bei den Bildern auch um die Darstellung von Ereignissen und Prozessen und nicht nur von Zuständen und Resultaten handelt. Immerhin wurde Luther der Vorwurf der Kunstinkompetenz gemacht, weil er die Grenzen der bildenden Kunst nicht beachte und von Bildern keine Zustände, sondern die Darstellung von Ereignissen erwarte.[43]

Populärer Bildgebrauch

Bilder im evangelischen Kirchenraum sind Kunstwerke zum religiösen Gebrauch. Es sind Kunstwerke nicht an sich, sondern es sind Kunstwerke «pro me»[44], Bilder für die Artikulation religiöser Erfahrung aus der Perspektive einzelner Subjekte. Dieser religiöse Gebrauch schliesst die Kritik an einer bestimmten Auffassung von ästhetischer Autonomie ein, für die es konstitutiv ist die Kunst vom (religiösen) Leben zu trennen, «indem sie sich durch eine Grenze gegen die Zudringlichkeit der alltäglichen Wirklichkeit abschirmt»[45]. Ein am *usus* orientiertes evangelisches Bildverständnis, bestärkt durch kirchensoziologische Untersuchungen zu den

41 Jérome Cottin: Das Wort Gottes im Bild. Eine Herausforderung für die protestantische Theologie, Göttingen 2001, S. 264.

42 Hans von Campenhausen: Luthers Stellung zu bildenden Kunst, in: KuKi 17/1940, S. 2–5, hier S. 4.

43 Vgl. Stirm: Bilderfrage (s. Anm. 25), S. 126.

44 Das ist ein Grundzug der Ästhetik Hegels, vgl. Gethmann-Siefert: Einführung in Hegels Ästhetik, (s. Anm. 21), S. 346: «[...] nehmen sich Hegels Überlegungen verblüffend nüchtern und simpel aus. Es wird gefragt nach der Bedeutung der Kunst ‹für uns›.»

45 Bernhard Waldenfels: Architektonik am Leitfaden des Leibes, in: Eduard Führ/Hans Friesen/Anette Sommer (Hg.): Architektur im Zwischenreich von Kunst und Alltag, Münster 1997, S. 45–61, hier S. 55.

Milieus der Kirchenmitglieder,[46] liefert dagegen gute Gründe an den populären Gebrauchsformen des Bildes festzuhalten. Die Frage ist nur, ob die ästhetische Transzendenz still gestellt werden muss, wenn populäre Bilder einen Ort im Kirchenraum bekommen.

Ein Beispiel für ein populäres Altarbild im evangelischen Kirchenraum steht im Adenstedt. Das Adenstedter Altarretabel des ostfriesischen Malers Hermann Buss von 2005 zeigt die Landschaft und die Menschen von Adenstedt in einer realistischen Malweise.[47] Im geschlossenen Zustand ist ein blühendes Adenstedter Weizenfeld zu sehen. Werden die Tafeln geöffnet, ist auf dem Mittelblatt dasselbe Feld abgeerntet, rechts daneben ein Ort der Meditation, die Adenstedter Kuhle, ein Teich mit einer Bank, links sind «verloren wirkende Menschen der Gegenwart dargestellt»[48]. Das Kreuz in der Predella und das mittelalterliche Kirchenfenster im Hintergrund, das den Altar mit einem segnenden Christus überragt, verbindet die «profanen Altarbilder» mit einen religiösen Deutungsrahmen, dem Zeigen auf Christus. Überzeugend ist die Idee einen lokalen und persönlichen Bezug in den realistischen Altarbildern herzustellen. Die Adenstedter Gemeinde erkennt sich und ihre Region in ihrem Altar wieder und zwar im Horizont des Glaubens. Das greift eine Linie des lutherischen Bildprogramms unter gegenwärtigen Bedingungen auf.

Nur lassen sich anspruchsvollere Formen einer Bildsprache im Horizont der Religion denken. Madelon Vriesendorps *MindGame* (2009)[49] ist eine Bühne, auf der symbolische Objekte zur schöpferischen Interaktion einladen. Davor steht auf einer Bank mit der Inschrift, die die an Aufforderung an Moses vor dem brennenden Dornbusch erinnert, und die den Respekt vor der sakralen Atmosphäre mit Pragmatik und protestantischem Reflexionspathos verbindet: «Take off your shoes, create compositions, analyse»[50].

Populär sind nicht solche Formen, die den ästhetischen Spielraum für die individuelle Deutung völlig stillstellen, sondern ihn im Blick auf eine breite Rezeption begrenzen. Das symboldidaktische Erbe des lutherischen Bildprogramms wird im 21. Jahrhundert vermutlich nicht ein Tafelbild wie in Adenstedt antreten, sondern die Bilder des Kinos und des Internets. In den Bildwelten des populären Films werden Ausdrucksformen entwickelt, die mit biblischen Erzählformen kompati-

46 Vgl. Wolfgang Huber/Johannes Friedrich/Peter Steinacker: Kirche in der Vielfalt der Lebensbezüge. Die vierte EKD-Erhebung über Kirchenmitgliedschaft, Gütersloh 2006.

47 Michelle Grund/Hermann Buß: Das Adenstedter Altarretabel, in: Markus Zink/Martin Benn (Hg.): Siehe! Zeitgenössische Kunst in evangelischen Kirchen, (Materialhefte des Zentrum Verkündigung der EKHN, Heft 108), Frankfurt a.M. 2007, S. 15–18.

48 Grund/Buss: Altarretabel (s. Anm. 47), S. 15.

49 Madelon Vriesendorp: Mind Game, in: Fare Mondi – Making Worlds (vgl. Anm. 1), S. 160f.

50 A.a.O., S. 160.

bel sind[51] und zugleich in der Moderne als gültiger Ausdruck der eigenen Lebenserfahrung verstanden werden.

Dass diese inzwischen einen Ort im evangelischen Kirchenraum gefunden haben, zeigt die Rezeption des populären Kinos im evangelischen Gottesdienst und in der evangelischen Filmpredigt.[52] Die religiöse Aneignung der Bildwelten der populären Filmformate hilft nicht nur der religiösen Kommunikation über biblische Texte, sich als gültiger Ausdruck gegenwärtiger Lebenserfahrung zu entfalten. Die religiöse Deutung bringt auch umgekehrt eine transsubjektive Wirklichkeit hervor, die zum Film gehört, aber nur in religiöser Deutung des Films «da» ist.

Die Performanz des Bildes im Raum der Kirche

Allerdings besteht so die Gefahr, dass das Bild im evangelischen Kirchenraum dem Illustrativen verhaftet bleibt. Das Verhältnis von Bild und Wort im Kirchenraum, auch in Predigten, die Filme einbeziehen, wird in der Regel von inhaltlichen Bezügen und Analogien her organisiert, weniger von der Inszenierung, der medialen Form des Bildes, seiner narrativen Struktur und szenische Dramaturgie.[53] Dass sich Bilder nicht erschöpfen in volkspädagogischen und mnemotechnischen Illustrationen religiöser Inhalte, das war auch dem Luthertum bewusst. Bilder schliessen affektiv-ästhetische Momente ein. Für dieses affektive und effektive Potenzial des Bildes öffnet Luthers Kritik an der (kultischen) Macht der Bilder den Blick: «Weil die Macht der Bilder durch das Wort prinzipiell gebrochen war, konnten und sollten sie auf Menschen wirken»[54]. Trotzdem ist die performative Dimension, das Bild als ein Energieträger mit seiner formgebenden Kraft, in der evangelischen Bildtheologie bisher nicht ausreichend gewürdigt worden, nicht zuletzt, weil die theoretischen Mittel dazu fehlten[55]. In diesem *performative turn* der Kunst wie der Liturgie spielt der alte Gegensatz zwischen reformierter Bildkritik und lutherischer Bildbewahrung nur noch eine untergeordnete Rolle.

51 Vgl. Reinhold Zwick: Montage im Markusevangelium. Studien zur narrativen Organisation der ältesten Jesuserzählung (SBB 18), Stuttgart 1989.

52 Vgl. Thies Gundlach: Bilder – Mythen – Movies. Gottesdienste zu Unterhaltungsfilmen der Gegenwart, in: PTh 83/1994, S. 550–563; Hans-Ulrich Gehring/Inge Kirsner: Filmgottesdienste, Jena 2005.

53 Vgl. Martin Nicol: Einander ins Bild setzen. Dramaturgische Homiletik, Göttingen 2002; Reinhold Zwick: Weshalb ein Prediger bisweilen ins Kino gehen sollte. Rezeptionsästhetische Anmerkungen zum Film, in: Erich Garhammer/Heinz-Günther Schöttler (Hg.): Predigt als offenes Kunstwerk, München 1998, S. 82–96.

54 Thomas Kaufmann: Bilderfrage im frühneuzeitlichen Luthertum, München 2002, S. 450.

55 Dieses Theoriedefizit evangelischer Bildtheologie bearbeitet Philipp Stoellger: Das Bild als unbewegter Beweger? Zur effektiven und affektiven Dimension des Bildes als Performanz seiner ikonischen Energie, in: Gottfried Boehm/Birgit Mersmann/Christian Spies (Hg.), Movens Bild. Zwischen Evidenz und Affekt, München 2008, S. 182–217.

Die Kunst in ihrer Performanz im Blick auf alltägliche Erfahrungen verständlich zu machen, ist die Stärke der pragmatischen Erfahrungsästhetik John Deweys,[56] deren Relevanz für die Frage nach dem Bild im evangelischen Kirchenraum abschliessend skizziert werden soll. Für Deweys Ansatz ist das Verhältnis von Alltag und Kunst zentral. Die ästhetische Erfahrung bildet keinen Gegensatz zum Alltag, sondern sie entwickelt und verdichtet bestimmte Aspekte der alltäglichen Erfahrung. Kunstwerke sind Resultate dieser Verdichtungsprozesse. Sie bewahren den alltäglichen Zusammenhang, aus dem sie stammen und sie verstellen ihn zugleich aufgrund ihres Ergebnischarakters: «A wall is built around the[artistic objects].»[57] Aufgabe einer Kunsttheorie ist es daher die Kunstwerke («works of art») wieder vom Werk der Kunst («actual work of art») her verständlich zu machen, vom produktiven Prozess, aus dem das Kunstwerk stammt und für dessen Vollendung es gemacht ist.

Was ist nun dieses Werk der Kunst, das in Kunstwerken manifest wird? Es ist ein bestimmter Rhythmus aus widerstrebenden Momenten, die ein lebendiges Wesen in der Interaktion mit seiner Umwelt durchläuft, Anpassung und Widerstand, Aktion und Reaktion, Ausatmen und Einatmen etc. Wenn dieser Rhythmus eine Form gewinnt, eine Spannung aufbaut, sich anreichert, verdichtet und entwickelt, so dass jedes Teil der Sequenz ins andere hinübergreift und sich am Ende der Kreis schliesst, dann kann die Energie fliessen, die in der Auseinandersetzung des lebendigen Wesens mit seiner Umwelt im Spiel ist. Aus solchen kumulativen Spannungsbögen[58] besteht das ästhetische Moment an jeder Erfahrung, ohne dass deshalb jede Erfahrung eine ästhetische Erfahrung wäre. Ohne ein minimales Moment einer ästhetischen Prägnanz wäre keine Erfahrung eine solche, weil sie sich nicht aus dem Strom des Alltags ins Bewusstsein heben könnte. Die im engeren Sinne ästhetische Erfahrung bringt diese Formprozesse in Kunstwerken an sich und als Selbstzweck und in möglichst grosser Perfektion zur Darstellung und vollendet so den Spannungsbogen von Teil und Ganzem in der Einheit einer einzelnen Erfahrung. Mit Vollendung meint Dewey allerdings keinen Abschluss im Sinn einer «*peinture finie*», sondern die vollendete Integration einer Bewegung, «the closure of a circuit of energy […] the opposite of arrest, of stasis»[59].

Denn *stasis* wäre das Gegenteil, das Misslingen ästhetischer Formwerdung, das Dewey die Anästhesie der Erfahrung nennt, die sich in einer«slackness of loose ends» äussert. Der Bogen, der sich im ästhetischen Formierungsprozess der Erfahrung aufbaut, wird überhaupt nicht gespannt. Die Enden hängen schlaff

56 Den Hinweis auf das Potenzial von Deweys Ästhetik verdanke ich Matthias Jung: Qualitative Erfahrung in Alltag, Kunst und Religion, in: Gert Mattenklott (Hg.), Ästhetische Erfahrung im Zeichen der Entgrenzung der Künste, Hamburg 2004, S. 31–53, bes. 45–53.

57 John Dewey: Art as Experience, New York (1934) 2005, S. 2.

58 A. a. O., S. 41.

59 A. a. O., S. 42.

herab, weil die etablierten Formen nicht aufs Spiel und in eine innere Beziehung gesetzt werden. Man könnte das die «Sünde» der Konventionalität nennen: «arrest, constriction, proceedings from parts having only a mechanical connection with one another». Oder aber es fehlt der Entschluss sich auf bestimmte Formen festzulegen. Das führt zur ‹Sünde› des Eskapismus: «Things happen, but they are neither definitely included nor decisively excluded; we drift.»[60] Anästhetische Erfahrung ist daher entweder mechanisch oder ohne inneren Zusammenhang, langweilig oder oberflächlich.

Damit lässt sich ein spezifisch neuzeitlicher Ort des Bildes im evangelischen Kirchenraum näher umreissen. Dewey denkt die Materialität der Kunst als Träger von formgebender Energie, die dann zu fliessen beginnt, wenn das Kunstwerk die disparaten und fragmentierten Merkmale der Erfahrungswelt in einem Wechselspiel von Teil und Ganzem integriert: «In short, art, in its form, unites the very same relation of doing and undoing, outgoing and incoming energy, that makes an experience to be an experience.»[61]

Das Bild im Kirchenraum hätte in dieser Perspektive seinen Ort nicht primär in der Illustration von Inhalten, sondern als ein Speicher affektiver und effektiver Formierungsenergie. Bilder sind ein Katalysator für eine «clarified and intensified developement of traits»[62], und zwar derjenigen Merkmale, *traits*, die zu einem spannungsvollen und dichten Aufbau religiöser Erfahrung beitragen. Das naheliegende Beispiel für einen durch die ikonische Performanz der Kunst entwickelten Spannungsbogen ist der Gottesdienst selber. Zu denken wäre daher nicht nur an den Raumbezug der modernen Installationskunst, eine «Site-specific Art im Kirchenraum»[63], sondern an den Handlungsbezug, die Performanz der Kunst in einer *liturgy specific art*. Der Gottesdienst selber wäre das «Kunstwerk», das sich in der Interaktion von Kunst und Liturgie in einem performativen Prozess bildet und bei dem die hermeneutisch-pragmatische Beteiligung der Gemeinde von konstitutiver Bedeutung ist.

Zum *performative turn* in der Kunst der Gegenwart und der Idee einer *liturgy specific art*

Der evangelische Kirchenraum könnte und müsste ein Laboratorien sein, ein Ort «permanenter Konferenz», wie das Joseph Beuys forderte, «geistige Forschungsstätte, deren Besonderheit in der Präsenz körperlicher Materialien liegt, die als

60 A. a. O., S. 41.
61 A. a. O., S. 50.
62 A. a. O., S. 48.
63 Frank. Hiddemann: Site-specific Art im Kirchenraum, Berlin 2007.

Katalysatoren des Denkens fungieren»[64] – und des Glaubens. Denn seiner unabschliessbaren Darstellungslogik nach ist das Christentum, jedenfalls in evangelischer Perspektive, eine «noch nicht abgeschlossene Weltreligion», die den «den Stoff ihrer eigenen Überlieferung als Energieträger»[65] behandelt. Im *performative turn* der Gegenwartskunst bietet sich ein neuer Anknüpfungspunkt um die Kunst als Katalysator des Denkens und des Glaubens in der Kirche auf die Liturgie zu beziehen.

In diesem Sinn ist das Projekt einer «Liturgy Specific Art» im EKD-Institut in Marburg zu begreifen. Kunst ist der Ort der Bildererfindung und der Bildüberwindung in einer Kultur. Im Blick auf Gottesbilder könnte man das die religionstherapeutische Arbeit der Kunst an den religiösen Bildwelten nennen. Und so, religionstherapeutisch, sehe ich die Performance «Durchzügler»[66] von Thomas Putze im Rahmen der Reihe «Liturgy Specific Art» im Gottesdienst der Universitätskirche in Marburg.

Auch ein Kirchenraum gibt ein bestimmtes Bild von Gott wieder. Die Atmosphäre in der Universitätskirche ist feierlich und festlich. Sie vergegenwärtigt einen Eindruck von Grösse, Macht und Herrlichkeit Gottes, aber sie hat dabei den Charakter einer starren, hierarchischen Ordnung, die keinen Raum lässt für alternative Spielzüge. Die Bilder der Immobilien Gottes, die Atmosphäre in Kirchenräume, die einst ein lebendiger Ausdruck gelebter Religion waren und oft noch sind, können zum Gefängnis der Religion werden – es sei denn die Räume werden mit Alternativen konfrontiert und die geschlossenen Ordnugen des Raumes wird immer wieder neu aufgebrochen.

Die erste Idee von Thomas Putze, bevor er die Kirche gesehen hatte, war eine passionale Performance, ein dramatischer starker Ausdruck. Als er dann die Kirche sah, sagte er, dass wäre nur eine Verdoppelung dessen, was im Raum schon ist. Und so kam ihm die Idee die Atmosphäre des Raumes mit einer fragilen, leichten Bewegung auszubalancieren. Der machtvollen Glaubensgewissheit ein Suchen und Tasten, immer auf Messers Schneide, zur Seite zu stellen. Und so verstehe ich auch den Titel der Performance «Durchzügler» – als Arbeit des Künstlers an den verfestigten Bilder, die wir von Gott haben. Eine Bewegung, die bei keiner einmal erreichten Gewissheit, keinem festen Stand verharrt, sondern immer weiter balanciert, von dem einmal erreichten Bild zum nächsten Bild, das für diesen Augenblick des bestmöglichen Ausdruck Gottes bietet – und so weiter. Gott haben wir nur in Bildern, aber kein Bild erfasst die Sinnfülle, die wir mit Gott haben.

64 Joseph Beuys, zit. nach Alex Stock: Keine Kunst. Aspekte der Bildtheologie, Paderborn 1996, S. 127.

65 Stock: Keine Kunst (s. Anm. 64), S. 128.

66 www.kirchbautag.de/kirchbauinstitut/ausstellungen-des-instituts/liturgy-specific-art.html (letzter Zugriff 25.4.2012).

Die Schnittmenge zwischen Kunst und Religion liegt bei der «Liturgy Specific Art» im Interesse an formvollendeten Handlungen, der Kunst wie des Glaubens. Es ist die gemeinsame Arbeit an einer lebendigen Form, am Prozess, weniger am Ergebnis, am «work of art», nicht an den «works of art». Und es ist eine gemeinsame Arbeit in einer face-to-face-Situation. Denn in einer solchen «Liturgy Specific Art» muss der Künstler anwesend sein und im Gottesdienst als Künstler agieren so wie der Liturg liturgisch agiert. Im Zusammenspiel mit der performativen Gegenwartskunst könnte so das Potenzial der von Luther und Zwingli, wenngleich mit anderen bildkritischen Akzenten, revolutionierten religiösen Einstellung zum Bild am Ort des Gottesdienstes eingelöst werden.

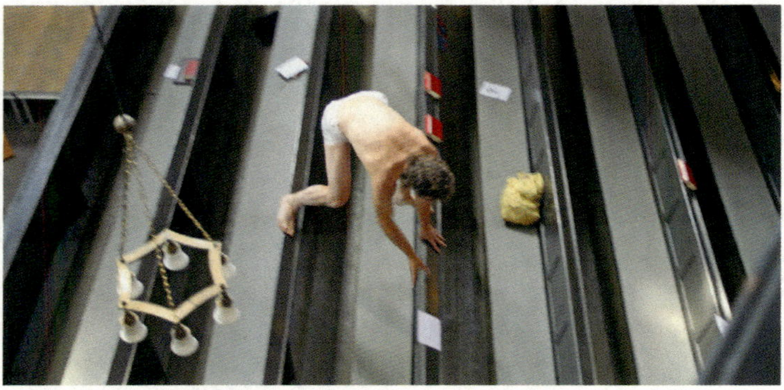

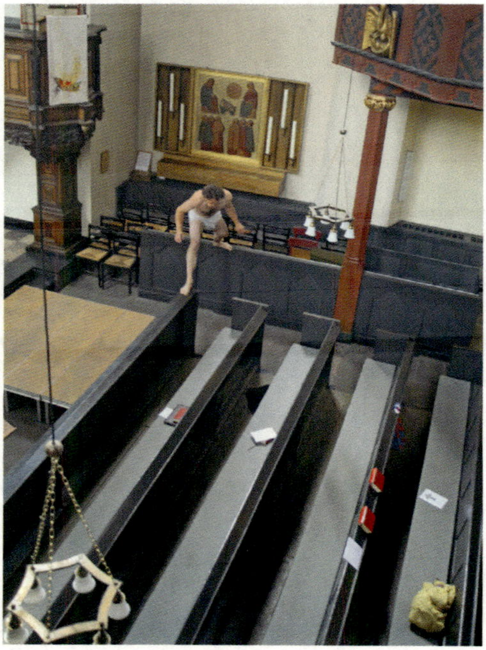

Thomas Putze, Performance «Durchzügler», 2011. Aktion im Rahmen der Reihe «Liturgy Specific Art» in der Universitätskirche in Marburg, Fotos: Kirchbauinstitut Marburg

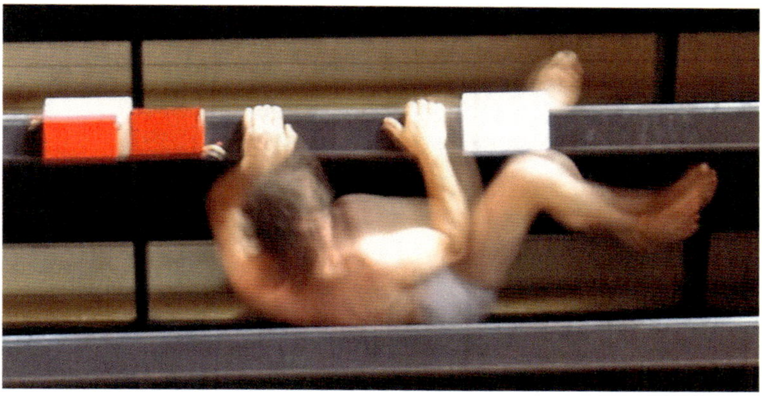

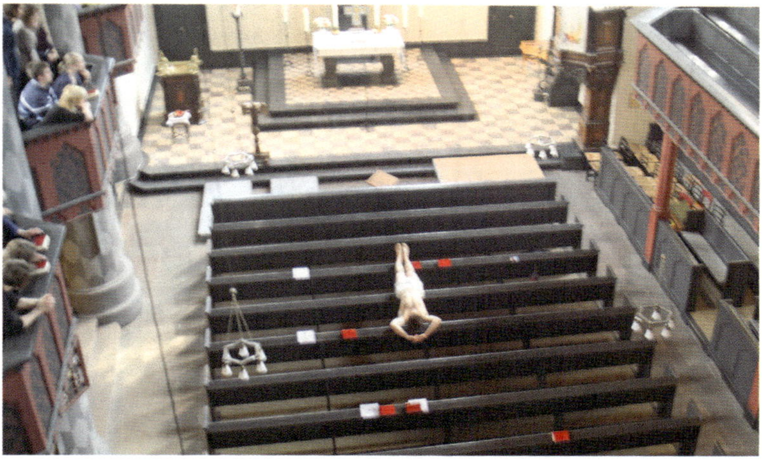

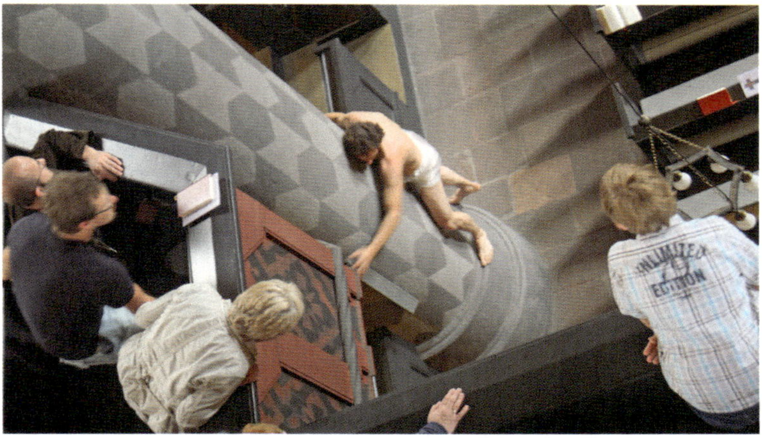

Replik: Ist Gott im Bild?

Von der *liturgy specific art* zur liturgischen Kunstkritik

Ralph Kunz

Peinture finie?

Thomas Erne setzt mich gleich ins Bild. Gegenwartskunst verstehe sich als Produzentin imaginativer Inventionen. Dann werde ich zum alten Zoll entführt, der mit seiner Sammlung alter Gemälde ganz aus dem Rahmen der Biennale fällt. Eine andere Welt! Was in Venedig exemplarisch aufeinander stosse, könne man als zwei Typen der Kunst verstehen, wobei die eine subversiv *auftritt*, weil sie sich gegen die Verdinglichung wehre und die andere konservativ *ausstellt*, was Künstler Bleibendes schaffen. Was für ein spannender und spannungsvoller Auftakt!

Ganz besonders reizvoll finde ich, dass die Funktion des Bildes in der Gegenwartskunst *prima vista* mit einer Schlagseite besprochen wird, die mir als reformiertem Theologen bekannt vorkommt. Jedenfalls ist meine Neugierde geweckt, wenn Erne im zweiten Akt seine Thesen enthüllt. Wenig spektakulär die evangelische Einsicht, dass es der rechte *usus* sei, der sowohl den Raum zur Kirche als auch das Bild zum Medium religiöser Erfahrung mache. Aufregender ist der zweite Teil der These. Was Luther *für* die Kunst losgetreten habe, zeige sich erst heute *in* der Kunst. «In einer wichtige Dimension, der einer ikonischen Performanz, zeigen sich die Folgen für die Kunst erst in den Kunst der Gegenwart, und zwar prägnant in deren *‹performative turn›*.»[1]

Ich lese weiter, kann Ernes Argumentation weitgehend folgen und ihm im Prinzip zustimmen. Mir leuchtet seine Pointe ein. Der gebrauchstheoretische Ansatz von Luthers Hermeneutik lässt sich ohne Verrenkungen mit einer konsequenten Rezipientenorientierung verbinden und man kann in der prozessualen Form der Gegenwartskunst, die sich an der Interaktion, dem Experiment und dem Effekt orientiert, Anknüpfungspunkte für die evangelische Religionspraxis entdecken. Zutreffend ist auch die Beobachtung, dass die Reformation eine neue Einstellung zu den Zeichen begründete, die zu einer Ausdifferenzierung von Kunst und Religion geführt hat.

Für überzogen und übertrieben halte ich hingegen die Behauptung, die im Zitat von Werner Hofmann pointiert zum Ausdruck kommt, wonach alles (!) mit Luther begonnen haben soll.[2] Ist das so? Gerade im reformierten Raum ist es doch

1 Vgl. den Beitrag von Thomas Erne in diesem Band, S. 45–61.

2 Werner Hofmann: Luther und die Folgen für die Kunst, München 1983, S. 46.

zu einer «Freigabe der Bilder» – wenn auch *extras muros ecclesiae*! – gekommen. Man denke an die holländischen Meister. Die differenzierte Darstellung der komplexen Wechselwirkung von Kunst und Konfession von Gerhard May in seinem Artikel in der «Theologischen Realenzyklopädie»[3] widerlegt die etwas gar einseitige Rückführung auf das Wittenberger Original. Warum muss der arme Luther immer alles alleine schultern? Oder um es mit einer Variation des Themas zu sagen, mit dem Erne seine Betrachtung einleitet: Die Marburger Heimholung scheint mir eher das Ergebnis einer konfessionellen *peinture finie* als einer historischen Analyse zu sein. Ich widerspreche mit einer kreativeren *relecture* des zwinglischen Ikonoklasmus. Meine Absicht ist es, dem reformierten Bilderverbot einen *usus* abzulauschen, der einer auf den Prohibitiv fixierten Interpretation entgeht.

Wie die *fruitio dei* (nicht) ins Bild kommt

Folgen wir der Fährte des Marburger Kollegen. Der *spiritus loci* verpflichtet Erne, die unterschiedlichen Haltungen gegenüber der bildenden Kunst mit den Positionen im Abendmahlstreit in Verbindung zu bringen. Er gibt die beiden Positionen in etwa so wieder: Während Luther Gott als in unabschliessbaren Zeichenprozessen darstellbar denke, münde Zwinglis strikte Unterscheidung von *signa* und *res* in einen konsequenten Spiritualismus. Für Zwingli seien Zeichen letztlich nur Hinweis auf die Sache, die sie andeuten und somit prinzipiell referenziell zu verstehen. Die Formel *finitum infiniti non capax* betont konsequenterweise die Nicht-Identität von Gott und Zeichen.

Das ist korrekt gesagt. Was Erne in seiner Gegenüberstellung m. E. zu wenig berücksichtigt, ist die *Intention* der reformierten Position. Sie lässt sich nicht auf eine antilutherische Kampfparole reduzieren. Das Insistieren auf einem Bruch von Deutung und dem, der real hinter dem Gedeutetem lebt, soll nämlich die unendliche Semiose wahren und ihren Abbruch wehren. In der Nomenklatur Zwinglis liegt eben darin der *religiöse Gebrauch* der Zeichen begründet. Um es mit einem Bonmot des israelischen Aphoristikers Elazar Benyoëz zu sagen: «Man richtet nicht sein Gebet an Gott, man richtet sich an Gott im Gebet.»[4]

Versteht man die religiöse Absicht des Zeichenbenutzers so als rechten *usus*, wird auch klar, wogegen sich Zwingli wendet: gegen den *abusus*.[5] Dieser besteht darin, sich an Gebete – seien es gemalte oder gedichtete – zu richten statt an Gott. Hierin unterscheiden sich die beiden Streithähne ja nicht. Nur traut Zwingli den gemalten religiösen Kunstwerken, die er aus eigener Anschauung kennt, keine Transzendierungsleistung zu oder besser: Er misstraut ihrer mystagogischen Kom-

3 Gerhard May: Art. Kunst und Religion VII, in: TRE 12, 274–292.

4 Elazar Benyoëz: Scheinhellig. Variationen über ein verlorenes Thema, Wien 2009, S. 149.

5 Was ich im Folgenden zu Zwingli referiere, findet sich ausführlich in: Kunz Ralph: Gottesdienst evangelisch reformiert. Liturgie und Liturgik in der Kirche Zwinglis, Zürich 2006.

petenz. Sie leisten nicht, was sie zu leisten vorgeben. Vielmehr verkleben sie die Sinne und verhindern Andacht. Vor allem aber verwischen sie, wenn sich der Betrachter am gemalten Heiligen ergötzt, die *Fundamentaldifferenz von Schöpfer und Geschöpf*. Darum gehören alle *peintures finies* in einen alten Zoll oder sonst irgendwohin, aber sicher nicht in einen Kirchenraum.

Nun aber daraus zu folgern, Zwingli fordere für den Gottesdienst eine komplette Bildabstinenz, würde einen wesentlichen Aspekt der szenischen Dimension der Liturgie ausblenden. Die Reformierten feiern ja weiterhin das Abendmahl. Es braucht Requisiten: einen Tisch, Gefässe, Brot und Wein. Diese sind wie die ganze Zeremonie Zeichen. Zwingli macht diesbezüglich dieselbe Unterscheidung wie Luther: Die Zeichen sind *per se* nicht heilig, aber dienen an und für sich der Heiligung. Was bei der symbolischen Kommunikation im Blick auf das Abendmahl wichtig ist, erläutert Zwingli bezeichnenderweise mit einer Unterscheidung von Augustin. Seine Position ist darin weder originell noch hegt der Reformator den Anspruch, mit seiner Interpretation einen Bruch mit der Tradition zu vollziehen. Das Ziel der gottesdienstlichen Feier ist der *Genuss Gottes* (*frui*) und nicht sein *Gebrauch* (*uti*). Vergegenwärtigt man sich dieses Ziel, lassen sich die Gegensätze der beiden Kontrahenten sowohl relativieren als auch differenzieren.

Dass sich Gottes Gegenwart in irgendeiner Weise an Zeichen, die zugleich überschritten werden, zeigt, könnte also auch ein Zwingli sagen. Nur setzt er den Akzent an anderer Stelle. Er betont, dass das, was sich von Gott anzeigt, nur immer ein *inneres Zeichen* sein kann und meint damit, dass Gott im Inneren des Menschen keine anderen Spuren als Gewissheit oder Andacht hinterlässt. Das ist missverständlich formuliert und wirft Licht auf die Schwäche des Spiritualismus: sein wenig raffiniertes Innen-Aussen-Schema. Es ist aber ein Leichtes, mit einer raffinierteren Semiotik dieses innere Zeichen mit dem Sinnüberschuss zu identifizieren, der sich mit der Nennung des Namens Gottes verbindet. Dann wird deutlicher, was Zwingli unter dem Symbol verstand. Der Unterschied zu anderen Zeichen ist darin zu sehen, dass im Gottesdienst verwendete Zeichen *zum Genuss Gottes anleiten* oder semiotisch ausgedrückt, eine Interpretation beim Rezipienten auslösen, die *Gott als den Urheber des Sinnüberschusses* identifiziert. Dass dabei immer Zeichen zwischen Gott und Menschen vermitteln, wird gar nicht bestritten, aber auch nicht eigens betont. Darum geht es ja gerade nicht. Es geht um den göttlichen Sender! Würde man das Zeichen als göttlichen Sender oder umgekehrt den göttlichen Sender als Zeichen *identifizieren*, wäre a) ein Vehikel an die Stelle Gottes getreten und b) auch der Empfänger düpiert. Dann bekäme die Zeremonie ein zu starkes Gewicht bzw. eine Herrlichkeit, die ihr nicht zusteht. Alles würde sich im Kreis drehen, Religion würde verdinglicht und die imaginative Invention der religiös verwendeten Symbole ins Leere laufen. Recht verstanden ist der Gottesdienst eine «*action*» die den Abbruch der Semiose verhindert und eben diesen scheinheiligen Leerlauf unterbricht. Darum zielt der Gottesdienst auf die *Danksa-*

gung, darauf also, dass die Gottesdienstbeteiligten ihrerseits ein Zeichen für Gott setzen und nicht – *horribile dictu* – ihre Zeichen anbeten.

Man kann im reformierten Nachdruck auf die rechte Inanspruchnahme der unendlichen Semiose insofern die Figur der *Überschreitung* erkennen, die dem Transzendenzbezug des Glaubens eignet. Der Bruch wird betont, um den *Übergriff* des Kunstwerks auf die *creatio continua* des Heiligen Geistes abzuwehren. Dass die Kunst aus dem Gottesdienst (scheinbar) ganz herausfällt, ist also nicht der Barbarei geschuldet und daraus zu folgern, die Reformierten kennten Transzendenz nur *jenseits* der Zeichen, verpasst die eigentliche Pointe. Zum Ursprung des Sinnüberschusses, der durch Zeichen ausgelöst wird, kommt man nur, wenn man an der Interpretation der Zeichen partizipiert und weiss: «Die tiefsten Einblicke gewinnt man geschlossenen Auges.»[6] Darum haben die gemalten Bilder im Kirchenraum ausgespielt. Man kann sie – notabene in der Sicht Zwinglis – nur betrachten und kein eigene Zeichen setzen. Sie sind nicht für den liturgischen Gebrauch geeignet, weil sie den Genuss Gottes stören. Hingegen muss, wer Gottesdienst feiert, mitspielen. Nimmt Zwingli also den *performative turn* vorweg?

Liturgiespezifische Kunstkritik: Ikone und Idol

Lust hätte ich ja schon, das zu behaupten und noch eins drauf zu setzen: Alles beginnt mit Zwingli. Luther hat reformiert, Zwingli neu geschaffen.[7] Aber das wäre nun nicht doch etwas einseitig und sicher so plump wie Hofmanns These. Vor allem könnte man mir meinen Widerspruch so auslegen, als ob ich dem grossen lutherischen Bruder sinngemäss – mit der Ricola-Kräuter-Bonbon-Werbung – die Gegenfrage stellen möchte: Wer hat's erfunden?

Das sei ferne! Es sollen ja die unterschiedlichen Zugänge zur Funktion der Bilder in der Kirche gar nicht bestritten werden. Nur darum geht es: Die Rückkehr der Kunst in den Kirchenraum kann auch der Reformierte von Herzen bejahen. Aber er muss dabei über einen anderen Schatten springen als der Marburger meint.

Erstens: Das Kunstvolle – sei es im Bild, im Klang oder im Wort! – hat im Gottesdienst solange nichts zu suchen, als es die Interpreten nicht zum Beten bringt. Und zweitens: Der reformierte Gottesdienst war (und ist immer noch) weiss Gott kein grossartiger Ort für die bildenden Künste, aber er vertritt und verkörpert ästhetische Prinzipien, die der Gegenwartskunst bekannt sind: der Minimalismus der Form, den Rückzug des Sinnlichen zugunsten klarer Konturen, die Anregung der Imagination durch ausgegrenzte Leere, die Konzentration auf das Wesentliche durch Reduktion des Überflüssigen, die Aktivierung des Publikums durch Nivellierung der Bühne und die Elementarisierung der Requisiten.

6 Benyoëz: Scheinheilig (s. Anm. 3), S. 57.

7 Vgl. dazu Fritz Schmidt-Clausing: Zwingli als Liturgiker. Eine liturgiegeschichtliche Untersuchung, Göttingen 1952.

Sinngemäss: Was Zwingli für den Gottesdienst losgetreten hat, zeigt sich heute auch in der Kunst. Schön wäre es, wenn eben diese Kunst – und nicht nur eine künstliche *ars celebrandi*, die dem Reformierten suspekt ist – im Gottesdienst tatsächlich wieder Heimat fände.

Thomas Ernes schöner Essay kommt am Schluss auf die *liturgy specific art* zu sprechen. Die «imaginative Intervention» der Gegenwartskunst wird im Kirchenraum aufgeführt. Gefragt ist im Gottesdienst nicht Kunst, die man ausstellen kann, sondern Kunst, die der Darstellung des Glaubens zudient – frech, provokativ und herausfordernd. Ich würde aus reformierter Perspektive dem gerne hinzufügen, dass es auch zur Aufgabe der Theologie gehört, die Rückkehr der Kunst in den Gottesdienstraum durch eine liturgiespezifische Kunstkritik zu ergänzen. Diese richtet sich einmal gegen eine inflationäre Verwendung des Kunstbegriffs. – Herrgott, was ist heute nicht alles Kunst! Das Sterben und das Leben, der Glauben und das Feiern sowieso. Eine ‹art›-gerechte Rede von Kunst verwahrt sich gegen diese Inflation und fragt nach dem gottesdienstspezifischen Beitrag der Interpreten, die ein Werk in der Kirche aufführen.

Ich will zum Schluss bewusst auf stehende und nicht auf bewegte Bilder verweisen, weil es einen Typus von religiöser Bildkunst gibt, der dem Reformierten Eindruck macht. Um noch einmal meinen Zeugen aufzurufen: «Ferner sagte Rabbi Chija bar Abba im Namen Rabbi Jochanans: Man bete nur in einem Raum, in dem Fenster vorhanden sind.»[8] Es ist kein Zufall, dass die religiöse Glasmalerei bei den Reformierten heute wieder einen hohen Stellenwert hat. Die Malerei, die das Licht durchscheinen lässt, das Fenster, das einen Blick in den Himmel erlaubt, der Schein, der durchsichtig macht, was Religion ist, Transzendenz, die sich als Transparenz zeigt, hat schon als Zeichenträger eine tiefe Symbolik. Die Erneuerung der Glasfenster des Zürcher Grossmünsters durch Sigmund Polke mag als Beispiel dafür dienen, dass die Kunst in den Fenstern des Kirchenraums auch die Begrenzung des Zeremonialen anzeigt. Die fünf Glas- und sieben Achatfenster sind Ikon und nicht Idol. Diese Unterscheidung, die Jean-Luc Marion seiner theologischen Entfaltung von Christus, dem Bild des unsichtbaren Gottes (Kol 1,15), zugrunde legt, erlaubt, ein zentrales Kriterium der liturgischen Kunstkritik zu benennen.[9]

Ein Zeichen, das zum Idol wird, verliert die Transparenz. Es wird scheinheilig, weil es eine Transzendierungsleistung demonstriert, die letztlich nur dem Geist zugesprochen werden kann. Ein Zeichen, das Ikon ist, hat die Oberflächlichkeit und Geschlossenheit des selbstreferenziellen Zeichens verloren, indem es sich zu dem hin öffnet, der den Betrachter anschaut, annimmt und hineinnimmt. Das entspricht dem Gottesdienst. So wie die religiöse Rede als Predigt zum Wort wer-

8 Berachot 34b, zit. nach: Benyoëz: Scheinhellig (s. Anm. 3), S. 114.

9 Vgl. Jean-Luc Marion: Fragments sur L'idole et l'icone, in: Revue de Métaphysique et de Morale 84/1979, S. 433–445.

den soll, das nach Gott ruft und Gottes Ruf hören lässt, so soll auch das Abendmahl als szenisch aufgeführte Erinnerung jenes Nachtmahl, in der Jesus sein Kommen verspricht, ein Zeichen für die Gemeinschaft der Heiligen setzen. In diesem Verständnis der Liturgie ist Raum für das religiöse Bild. Es ist das Bild, das als Ikone Christi zum Bild wird, das den unsichtbaren Gott so vorstellt, dass der Betrachter angeschaut wird.

Letztlich entscheiden die Betrachter, ob sie sich beteiligen lassen, um sich selbst als Menschen, wie sie im Ebenbild Gottes aufbewahrt sind, durchsichtig zu werden. Ob das geschieht, bleibt – *ubi et quando visum deo est* – Sache des Geistes. Dieses kritische Verständnis setzt sowohl der Kunst als auch der Liturgie Grenzen. Ich meine, diese Kritik sei ein Charisma der reformierten Liturgie. Sie schärft das religiöse Bewusstsein dafür, dass keine Kunst der Welt die Ikone davor bewahren kann, zum Idol zu werden.

Teil 2 Perspektiven der Gegenwartsliturgik

Gottesdienste erneuern – Gemeinde entwickeln

Alfred Aeppli

Gottesdienste erneuern heisst vermehrt, mit Freiwilligen zusammenzuarbeiten. Diese wollen ihre Ideen einbringen und auch traditionelle Grenzen sprengen. Dabei zeigt sich, wie eng der Gottesdienst mit der Gemeindeentwicklung verflochten ist. In der Spannung zwischen Innovation und Tradition sind Pfarrpersonen gefordert, die Liturgie des Gottesdienstes und das übrige Gemeindeleben zu einem Ganzen zusammen zu fügen. Die folgenden Thesen beruhen auf langjährigen Erfahrungen im Kirchenkreis Jegenstorf.[1] Sie wollen Perspektiven für eine hoffnungsvolle Entwicklung in volkskirchlichen Gemeinden vermitteln.

Jesus Christus ist der Lebenskeim für das Aufblühen von Gottesdienst und Gemeinde

Der Gottesdienst gehört zu den sichtbarsten Zeichen christlich-kirchlicher Identität. Die Lebendigkeit einer Gemeinde wird in der öffentlichen Wahrnehmung daran abgelesen, wie gut ihre Gottesdienste besucht sind. Doch gerade dieses Hauptereignis steckt an einem gewöhnlichen Sonntag in mancher Gemeinde in einer Krise.[2] Wie sollen wir dem fortschreitenden Trend von Mitgliederschwund und Finanzknappheit in reformierten Gemeinden begegnen? Eine Erneuerung des Gottesdienstes erscheint unumgänglich. Doch in welche Richtung soll die Entwicklung gehen?

Die kirchlichen Angebote sind den Strömungen des religiösen und spirituellen Marktes unterworfen. Es werden sich nur jene Anbieter behaupten, die marktfähig auftreten. Eine erste Strategie zielt auf eine möglichst weite Öffnung. Auf diesem Weg wird vieles, was sich wie Religion anfühlt, in das Programm der Kirche integriert. Diese Offenheit erlaubt kreative Experimente auf neuen Wegen der Spiritualität, doch das christliche Profil wird dabei unleserlich.[3] Ein anderer Weg

1 Jegenstorf befindet sich in ländlicher Umgebung in der Agglomeration von Bern. Der reformierte Kirchenkreis umfasst rund 4700 Gemeindeglieder. Zwei Pfarrämter, zwei Sozialdiakone, eine Erwachsenenbildnerin, eine Mitarbeiterin für Kinder, das Katechetikteam, Sigristen und Organisten, Hauswartung und Verwaltungspersonal sowie rund dreihundert Freiwillige bilden zusammen mit den Behördenmitgliedern das Netzwerk im Kern der Gemeinde.

2 «An vielen Orten der Schweiz kommt es zum Schrumpfen und manchmal gar zum Verlust der reformierten Kerngemeinde […].» Jörg Stolz/Edmée Ballif: Die Zukunft der Reformierten. Gesellschaftliche Megatrends – kirchliche Reaktionen, Zürich 2010, S. 67.

3 «Die beiden für die Geschichte der Schweiz prägenden Grosskirchen haben den Marsch in die Unleserlichkeit angetreten.» Roland J. Campiche: Die zwei Gesichter der Religion. Faszination und Entzauberung, Zürich 2004, S. 280.

besteht darin, die zentralen Inhalte des christlichen Glaubens in verdichteter Form, verständlicher Sprache und ansprechenden Bildern neu aufzuarbeiten.[4] Das Gemeindeleben folgt höchstens in äusseren Belangen der Dynamik des Marktes. Der innere Pulsschlag beruht auf einer anderen Grundlage, nämlich auf Christus selbst, dem Anfänger und Vollender der Kirche.[5] Das Vertrauen auf das Leben von Christus ist ein unerlässlicher Baustein einer positiven Gemeindeentwicklung.

Das Gemeindeleben lässt sich mit dem Gedeihen einer Pflanze vergleichen. Jede Pflanze trägt das Leben in sich selbst. Doch der Standort, das Klima und die Pflege prägen das Wachstum. So trägt auch die christliche Gemeinde in Jesus Christus den Lebenskeim in sich selbst. Dieses Leben ist nicht machbar, menschlich nicht verfügbar. Doch wir können durch unser Tun und Lassen das Aufblühen einer Gemeinde fördern oder hindern. Gottesdienste erneuern und Gemeinde entwickeln heisst darum weiten Lebensraum für Christus bieten.

Gottesdienste erneuern heisst Innovation und Tradition miteinander verbinden

Die Krise des Gottesdienstes fordert heraus zu einer grundsätzlichen Besinnung über das Wesen der Kirche. Als *ecclesia semper reformanda* könnten die reformierten Kirchen Spezialisten der Erneuerung sein. Doch bei aller Veränderung sollten wir uns nicht von den Wurzeln lösen, die uns tragen. In der Reformation wurden diese gefasst in die Formel «allein Christus – allein die Bibel – allein der Glaube – allein durch Gnade». Die Mitte der Kirche ist Christus; in der Bibel ist Gottes Wort überliefert; durch den Glauben finden wir Zugang zum dreieinigen Gott; nur durch Gnade werden wir angenommen. Durch die Taufe werden wir in die Kirche eingegliedert. Im Abendmahl feien wir die Gemeinschaft untereinander und mit Christus.

Diese traditionellen Bausteine sind zu beherzigen. Doch Erhaltung der Tradition heisst nicht, dass wir an alten liturgischen Formen festhalten müssen. Die Welt ändert sich, also kann auch die Kirche nicht bleiben, wie sie ist. Ein Kennzeichen postmoderner Entwicklung ist die Aussage: «Es muss für mich stimmen.» Menschen gehen dorthin, wo sie sich angesprochen fühlen. In diesem Umfeld gibt

4 Kurz fordert von einer zeitgemässen Kirche: «Es ist notwendig, dass Kirche im Umfeld des Marktes ihr christliches Profil behält (oder wieder findet) und Wege erschliesst, ihre Wahrheit verständlich und plausibel werden zu lassen.» Alex Kurz: Zeitgemäss Kirche denken. Analysen und Reflexionen zu einer postmodernen kirchlichen Erwachsenenbildung, Stuttgart 2007, S. 276.

5 Mostert beschreibt die Grundlage der Kirche ausgehend von Hebr 12,2 als die «Gemeinschaft derjenigen, die sich gegenseitig helfen, Gemeinschaft mit Gott zu haben». Walter Mostert: Jesus Christus – Anfänger und Vollender der Kirche. Eine evangelische Lehre von der Kirche, Zürich 2006, S. 35. Diese «Gemeinschaft der Glaubenden untereinander geht nicht von den Glaubenden aus, sondern von Gott.» A. a. O., S. 39. Dieses Gottesverhältnis ist begründet im Leben und Sterben, Sprechen und Handeln von Jesus Christus.

es keinen Gottesdienst mehr, den *alle* Gemeindeglieder gerne besuchen. Darum sind Feiern in verschiedenem liturgischem Stil zu entwickeln, so zum Beispiel Gottesdienste mit Musikband und einem Akzent auf Lobliedern, andere zusammen mit Musik- und Gesangsvereinen des Dorfes, «Fiire mit de Chliine» für Familien mit Kleinkindern, besinnliche Feiern am Werktag, peppige Jugendgottesdienste oder Abendmahlsfeiern mit Segnung und Salbung. Diese Vielfalt erfordert das Mitwirken von vielen Freiwilligen. Vorbereitungen mit den mitarbeitenden Teams gehen den Gottesdiensten voran. Auf diesem Weg greifen erneuerte Gottesdienste hinein in das übrige Gemeindeleben während der ganzen Woche.[6]

Wo eine Gottesbegegnung möglich wird, entsteht eine anziehende Dynamik

Gottesdienste erneuern bedeutet auch das Ziel der Feier neu zu bedenken. Wer bloss eine höhere Besucherzahl anstrebt, wird bald enttäuscht sein. Wichtiger ist die innere Ausrichtung, das Erleben der Mitwirkenden und Teilnehmenden, das «Klima des Heiligen», die Gottesbegegnung. Wo Menschen persönlich berührt werden und dabei etwas von Gott erfahren, stellt sich eine anziehende Dynamik ein. Der Gottesdienst bekommt einen evangelistischen Zug. Etwas von der ursprünglichen Anziehungskraft von Christus wird erfahrbar. Er hatte zur Zeit seines Auftretens eine unvergleichliche Ausstrahlung. Wenn die Kirche wirklich sein Leib[7] ist, so dürften wir auch heute im Gottesdienst etwas von dieser Wirkung erwarten. Durch den Einbezug von Gemeindegliedern, die Einblick in ihr eigenes Suchen und in ihre Erfahrungen gewähren, können sich auch für andere Teilnehmende neue Türen auf dem Weg des Glaubens öffnen. Mit lebensnahen Interviews, künstlerischen Elementen und symbolischen Handlungen können dabei hilfreiche Brücken gebaut werden.

Die Entwicklung in dieser Richtung beschreibt Martin Reppenhagen als den «Weg zu einer missionalen Kirche». Er braucht diesen aus dem englischen Sprachraum eingeführten Begriff für eine Gemeinde, die nicht nur im klassischen Sinn missionarisch handelt durch ihre ausgesandten Missionare, sondern die sich selbst in ihrem Sein als «missional» versteht.[8] Die missionale Kirche konkretisiert sich in der lokalen Gemeinschaft der Christen vor Ort. Engagierte Christen im Kern der Gemeinde leben ihren Glauben so, dass auch andere daran teilhaben, die bisher

6 «Jede Kultur braucht ihren Gottesdienst». Christian Schwarz/Michael Herbst (Hg.): Praxisbuch neue Gottesdienste, Gütersloh 2010, S. 21. Das «Praxisbuch» enthält eine Fülle von Anregungen für ein fruchtbares Zusammenspiel von freiwilligen Teams bei der Entwicklung von anziehenden Gottesdiensten.

7 «Er ist das Haupt des Leibes, der Kirche» (Kol 1,18). Vgl. auch: Eph 1,22; 5,23; Kol 1,24.

8 «Mit dem Neologismus ‹missional church› wird dabei ein Paradigmenwechsel benannt, der mit der traditionellen Vorstellung; dass Mission eine kirchliche Tätigkeit unter anderen ist, bricht und dafür von Mission als dem Wesen der Kirche spricht.» Martin Reppenhagen: Auf dem Weg zu einer missionalen Kirche, Neukirchen-Vluyn 2011, S. 4.

mit mehr oder weniger Distanz am Gemeindeleben teilnahmen. Ein Netzwerk von vielfältigen Beziehungen unter Menschen mit verschiedener Verbundenheit zur Gemeinde weitet sich zunehmend aus. Pfarrpersonen, kirchliche Angestellte und freiwillig Mitarbeitende verstehen ihre Sendung so, dass sie ihren Glauben im Alltag bescheiden und echt leben und bezeugen und ihre Erfahrungen auch in den Gottesdienst einfliessen lassen.

Die Beteiligung von Freiwilligen führt zu einem neuen Verständnis des Pfarramtes

Anziehende Gottesdienste sind nicht das Werk von Einzelkämpfern. Die Beteiligung von Gemeindegliedern ist ein grundlegendes Element der Erneuerung. Eine vielfältige Zusammenarbeit in Teams ist nötig, damit verschiedene Begabungen eingebracht werden können. Die Feier am Sonntag ist dann das Ergebnis dessen, was die Gemeinde während der Woche lebt. Die herkömmliche Pfarrerzentriertheit wird ersetzt durch das Bewusstsein, dass der Gottesdienst durch die ganze Gemeinde getragen wird. Freiwillige übernehmen Verantwortung und bekommen Kompetenzen. Mit ihren Beiträgen schlagen sie eine Brücke zum Alltag der übrigen Teilnehmenden.

Das Mitwirken von Freiwilligen erfordert den Aufbau verschiedener Dienstgruppen. Pfarrpersonen sind dabei nicht nur *Verbi Divini Ministri*, sondern zunehmend auch Spezialistinnen und Spezialisten für Leitung, Begleitung und Motivation der freiwilligen Teams. Sie werden dabei nicht Manager im Sinne der gewinnorientierten Geschäftswelt, sondern Leiter mit einer Vision, wie Gottes Handeln und das Handeln der Menschen sinnvoll miteinander verbunden werden können. Michael Herbst nennt diese Aufgabe «Geistliche Leitung».[9] Er versteht darunter eine Integration von gemeinschaftsbildender, organisatorischer, theologischer und visionärer Dimension der Leitung. Gemeinde entwickeln und Gottesdienste erneuern stellt darum auch neue Anforderungen an die Ausbildung zum Pfarramt.

Die Gottesdienst- und Gemeindeentwicklung beeinflussen sich gegenseitig

Gottesdienste mit Ausstrahlung stehen in einer engen Wechselbeziehung zum übrigen Gemeindeleben. Wilfried Härle und sein Team haben in der Untersuchung von wachsenden Gemeinden in Deutschland festgestellt, dass Veränderungen an man-

9 «Damit beides nicht auseinander bricht, das Handeln Gottes und das Handeln der Menschen, gehört es zu den vornehmsten Aufgaben von Geistlicher Leitung, die Verbindung zu Gott und den Menschen zu halten und zu fördern.» Peter Böhlemann/Michael Herbst: Geistlich leiten. Ein Handbuch, Göttingen 2011, S. 23.

chem Ort durch ein neues Gottesdienstkonzept beginnen.[10] Sofort werden aber auch andere Bereiche des Gemeindelebens erfasst. Wo der Gottesdienst eine starke Ausstrahlung entwickelt, entsteht nicht selten der Wunsch nach einer weiteren Vertiefung. Neue Projekte werden angegangen. Eine längerfristige Schulung der Freiwilligen, diakonische Dienstgruppen, Glaubenskurse, neue Angebote für Kinder, Sing- und Musikgruppen sind Beispiele von solchen Weiterentwicklungen. Solche neue Arbeitsgebiete eröffnen wiederum neue Möglichkeiten der Gottesdienstgestaltung. Gemeindeleben und Gottesdienste entwickeln sich Hand in Hand.

Wo ein solches Klima der Erneuerung entsteht, geschieht die Verkündigung im Gottesdienst nicht nur durch eine gut vorbereitete und ansprechende Predigt, sondern auch durch Interview und Theater, Tanz und Lobpreis, Meditation und Segnungshandlungen, kreative Elemente und stimmige Rituale mit Handlungen der Teilnehmenden. Eine liebevolle und den Teilnehmenden zugewandte Liturgie stärkt die Gemeinschaft im Gottesdienst. Die Liturgie muss nicht neu erfunden, aber von der Gemeinde wirklich gefeiert werden. Dazu gehört viel Gesang und Musik, eine alltägliche Sprache und immer wieder die Beteiligung von Gemeindegliedern. Persönlich gestaltete Taufen und auf die Gemeinschaft ausgerichtete Abendmahlsfeiern verleihen auch den traditionellen Sakramenten einen innovativen Zug.

Auch vielfältig gestaltete Gottesdienste brauchen eine erkennbare Liturgie

Die Erneuerung des Gottesdienstes erfordert einen Freiraum für Experimente. Doch dabei besteht die Gefahr, dass man nicht mehr weiss, was im Gottesdienst zu erwarten ist. Auch bei aller Offenheit für neue Gestaltungsformen sollte der Gottesdienst durch eine wiederkehrende Struktur Geborgenheit vermitteln können. Ein liturgischer Aufbau auf der Grundlage von bewährten Traditionen kann als Grundmuster dienen. Die Gestaltung der einzelnen Teile ist dann durchaus frei, aber die einzelnen Schritte im Verlauf der Feier folgen einer inneren Logik. Die Tradition der reformierten Liturgie[11] kann dabei aufgenommen und zugleich offen gestaltet werden. Die Orientierung an den folgenden vier Schritten dient dieser Zielsetzung.

Bereit für Gott

Die Eröffnung hebt die Feier aus dem Alltag heraus. Ein trinitarisch formulierter Gruss kennzeichnet den Anlass als Gottesdienst und führt die Teilnehmenden in den Raum der Gottesbegegnung hinein. Die trinitarische Formel kann auch in eine

10 Wilfried Härle/Jörg Augenstein/Sibylle Rolf/Anja Siebert: Wachsen gegen den Trend. Analysen von Gemeinden, mit denen es aufwärts geht, Leipzig 2008, S. 319.

11 Traditionelle Gottesdienstordnungen finden sich im Reformierten Gesangbuch der Evangelisch-reformierten Kirchen in der deutschsprachigen Schweiz, Basel/Zürich 1998, Nr. 150–153.

lockere Anmoderation eingebaut werden. Die leitende Person wird ihren Redestil dem jeweiligen Anlass anpassen. Gebete und den Teilnehmenden angepasste Lieder dienen zur Sammlung und Gemeinschaftsbildung. Auch ein Schuldbekenntnis, ein Anbetungsteil mit Lobpreisliedern oder eine Taufe können in diesem ersten Teil der Feier vorkommen.

Berührt vom Wort

Das Kernstück des zweiten Teils ist die lebensnahe und zeitgemässe Verkündigung. Das Bibelwort gehört zum reformierten Grundbestand. Je nach Anlass wird es jedoch sehr verschieden inszeniert. Eine einfühlsame Schriftlesung, ein passendes Interview, eine künstlerische Einstimmung sind berührende Elemente der Verkündigung, welche die Bibelauslegung, Erzählpredigt oder Bildmeditation ergänzen.

Bewegt zur Antwort

Der Schritt in den Alltag wird durch Gebet und Fürbitte vorbereitet. Die Umsetzung des Wortes soll im Alltag eines jeden Gemeindegliedes erfolgen. Eine Stille ermöglicht eine persönliche Besinnung. In der Kollekte kommt die Verbundenheit der feiernden Gemeinde mit der weltweiten Kirche und ihre Solidarität zum Ausdruck. Auch das Abendmahl gehört in diesen Teil hinein. Die Feier der Gemeinschaft untereinander und mit Christus ist eine verbindliche und verbindende Antwort auf Gottes Einladung.

Begleitet vom Segen

Der Gottesdienst wurde trinitarisch eröffnet und wird mit dem Innehalten vor dem dreieinigen Gott abgeschlossen. Damit wird die Klammer geschlossen, welche diese Feier aus dem übrigen Alltag heraus hebt. Wurde im Antwortteil das Unservater noch nicht gesprochen, so gehört es hier in den Sendungsteil. Mitteilungen, Schlusslied und ein musikalischer Abschluss können eingefügt werden. Der Zuspruch des Segens verdient besondere Sorgfalt. Es gibt Gemeindeglieder, die vor allem wegen des Segens gekommen sind. Alle Anwesenden sollen als Gesegnete die Feier verlassen.

Die vier liturgischen Teile ermöglichen eine vielseitige Gestaltung, worin traditionelle und innovative Formen je ihren Platz finden. Diese Gliederung kann auch beibehalten werden, wenn der Gottesdienst auf eine bestimmte Zielgruppe konzentriert oder auf das Elementare reduziert wird.[12] Kirchlich beheimatete Gemein-

12 Ein solches Beispiel ist das «Fiire mit de Chliine»: Eine halbstündige Feier für Kinder von drei bis fünf Jahren mit ihren Angehörigen. Die vier Schritte sind die folgenden: 1. Bereit für Gott: Musikalisch einstimmen, Kerze anzünden, Gruss und Eröffnungslied. 2. Berührt vom Wort: Geschichte mit Bildern und kleinen Szenen erzählen, die ein Element des Glaubens hervorheben und den Kindern nahebringen. 3. Bewegt zur Antwort: Kinder basteln ein kleines «Bhaltis» mit Bezug zur Geschichte. Hier oder schon bei der Geschichte ist ein Gebet harmonisch eingefügt. 4. Begleitet von Segen: Schlusslied, Abschiedsritual, kindergerechter Segen in Mundart.

deglieder werden die gesuchte Geborgenheit finden. Distanziert Teilnehmende nehmen die Feier als Gottesdienst wahr, sind aber durch die zeitgemässe Gestaltung mehrheitlich positiv angesprochen.

Die Komm-Struktur ist zu ergänzen durch eine Geh-Struktur

Traditionell beruht das reformierte Gemeindeleben auf einer Komm-Struktur. Es wird erwartet, dass die Menschen kommen und an Anlässen der Gemeinde teilnehmen. Doch der erwünschte Funke kann im Gottesdienst nur springen, wenn die Menschen auch wirklich kommen. Das geschieht dort, wo das Gemeindeleben auch während der Woche eine starke Anziehungskraft entwickelt.[13] Eine Vernetzung der Gemeinde mitten im Leben der Dorf- oder Quartierbevölkerung ist nötig, um Menschen in grösserer Distanz zur Gemeinde anzusprechen.

Die herkömmliche Komm-Struktur ist zu ergänzen durch eine Geh-Struktur. Diese wird getragen durch Angebote für verschiedene Zielgruppen sowie von Gemeindegliedern, die im Alltag ihren Glauben überzeugend leben und eine weitläufiges Beziehungsnetz aufbauen. Das beste Beispiel dafür hat Jesus Christus selbst gegeben. Er war für die anderen Menschen da, konnte zuhören und verstehen, trösten und korrigieren, ermutigen und ermahnen. Dabei begegnete er jedem Menschen mit Respekt und Verständnis. Auf wichtige Lebensfragen fand er treffende Antworten.

Diese Geh-Struktur lässt sich am einfachsten den täglichen Beziehungslinien entlang aufbauen. Gemeindeglieder, die im Netzwerk der Gemeinde verknüpft sind, stellen die Brücke zu denen her, welche sich in einer grösseren Distanz zum Gemeindekern befinden. Die deutsche Untersuchung «Wie finden Erwachsene zum Glauben?» hat gezeigt, dass die alltäglichen Beziehungen den persönlichen Weg des Glaubens wesentlich beeinflussen.[14] Einzelne niederschwellige Anlässe können eine Tür öffnen zu einem schrittweise wachsenden Engagement in der Gemeinde. Auf diesem Weg ergänzen sich ansprechende Gottesdienste und lebensdienliche Angebote in den vielfältigen Arbeitsgebieten der Gemeinde als wachstumsfördernde Faktoren.

13 Vgl. Alfred Aeppli/Iwan Schulthess: Kirche mit Anziehungskraft – das Beispiel Jegenstorf, in: Hans Schmid (Hg.): Angebot der Volkskirchen und Nachfrage des Kirchenvolks, Wien/Berlin 2009, S. 203–215. Die Autoren beschreiben am Beispiel von Jegenstorf die Vision und die praktischen Schritte einer Kirche mit Anziehungskraft.

14 «Wichtig sind dabei engagierte Christen, die Beziehungen und Kontakte über den kirchlichen Kontext hinaus knüpfen. […] Schliesslich wird es darauf ankommen, das Christen nicht unter sich bleiben, sondern sich für andere öffnen, etwa am Arbeitsplatz.» Johannes Zimmermann/Anna-Konstanze Schröder (Hg.): Wie finden Erwachsene zum Glauben?, Neukirchen-Vluyn 2010, S. 111.

Qualitätssicherung im Gottesdienst – ein Denkanstoss

Ralph Kunz, Christina Aus der Au, Thomas Schlag

Als Verantwortliche des Zürcher Zentrums für Kirchenentwicklung (ZKE) – Schnittstelle von Forschung, Lehre und kirchlicher Praxis –, liegt uns im Interesse der theologischen Sache unbedingt an der Qualitätsfrage. Wo gegenwärtig im Rahmen von Kirchenentwicklung und Gemeindeaufbau viel von Reformdynamik die Rede ist und sich dies nicht selten mit einem eher bewusstseinsarmen Reformpragmatismus verbindet, plädieren wir für reflektierte Entschleunigung und eine klare Konzentration auf das Wesentliche – um der Qualität denkerischer und praktischer kirchlicher Arbeit willen. Grundsätzlich halten wir es für an der Zeit, zuerst einmal die richtigen Fragen zu stellen, bevor man meint, auf alle offenen Probleme sogleich passgenaue, Eindeutigkeit suggerierende Antworten geben zu können.

Wie die kirchlichen Dinge beschaffen sind und zukünftig beschaffen sein sollen, steht zum Glück nicht von vornherein fest, sondern bedarf der aufgeklärten Rückfrage und der theologischen Rückbindung. Schon gar nicht kann es aus unserer Sicht um eine Theologie des Messens und Vermessens gehen, wenn von Qualitätsaspekten die Rede ist – wenn schon, dann ist eher eine Theologie des *reflektierten Er-Messens* das Gebot der Stunde; alles andere wäre tatsächlich vermessen.

Dass es höchste Zeit ist, sich für diese Reflexionsarbeit die notwendige Zeit zu nehmen, dürfte all denen in der kirchlichen Praxis unmittelbar einleuchten, die bei der Bearbeitung ihres Kerngeschäfts oftmals gerade den zeitlichen Freiraum vermissen und eher reaktiv als proaktiv mit den tagtäglichen Herausforderungen umzugehen haben. Die Qualitätsfrage beginnt also ganz elementar mit der Zu- und Anmutung, sich Zeit zu nehmen – und sei es auch nur schon für belebende Denkanstösse.

Dazu kommt ein Weiteres: Dass sich die Qualitätsfrage durch alle praktisch-theologischen Diskurse zieht und ziehen muss, halten wir für so selbstverständlich wie notwendig. Im Folgenden spielen wir unsere Qualitätsüberlegungen, die wir im Zusammenhang unserer eigenen systematisch- und praktisch-theologischen Reflexion angestellt haben, bewusst auf dem Feld des Gottesdienstes durch.

Modetrend oder Paradigmenwechsel?

Dass es langweilige und kurzweilige Predigten gibt, ist hinlänglich bekannt. Dass man sich mehr oder weniger geschickt im liturgischen Raum bewegen kann, stellt ebenfalls kein Novum dar. Und dass man am Zielpublikum vorbei oder ganz nah bei den Menschen eine Feier leiten kann, ist eine Einsicht, die jeder Gottesdienstteilnehmer und jede Gottesdienstteilnehmerin – so oder so – gewinnen kann. Aber was nimmt eigentlich das kulturelle Umfeld wahr?

Wenn Journalisten irgendwo aufschnappen, dass in der Pfarrerweiterbildung Kurse unter dem Titel liturgische Präsenz angeboten werden, sind sie erstaunt und interessiert. Aber auch misstrauisch. Geht es da um Verkaufstricks? Will sich eine Institution, die angeblich mehr und mehr Alteisen produziert, mit Lack und Legierung besser auf dem Markt positionieren?

Immer wieder taucht denn auch einmal eine Gottesdienst- oder Predigtkritik in einer Sonntagszeitung auf. Ein Journalist verkleidet sich als Christ und nimmt an vier aufeinander folgenden Sitzungen vier verschiedene Gottesdienste zur Kenntnis. Um dann einen Bericht zu schreiben unter dem Titel: «Das Wort zum Gähnen» oder «Vollmundiges vor leeren Bänken». Solche Kritik ist nicht gut fürs Image.

Da sind doch solche Rückmeldungen schon hilfreicher, wie sie sich etwa auf der Internet-Plattform «ship of fools.com» finden: Nach einem ausgeklügelten Kriterienkatalog können alle geeigneten und weniger geneigten Gottesdienstteilnehmenden ihre individuelle Gottesdiensterfahrung niederschreiben und dies von einem «beliebigen» Gottesdienst, wo auch immer auf der Welt dieser stattfindet. Neben den klassischen Fragen etwa nach dem Thema der Predigt, dem Einsatz von Schrift und Musik oder dem Eindruck der Gesamtinszenierung finden sich hilfreich-unkonventionelle Aspekte, die natürlich ihrerseits einen dezidierten Anspruch der global ausgerichteten Plattform-Macher zum Vorschein bringen:

Es wird etwa danach gefragt, ob man persönlich begrüsst wurde, ob man in der Kirchenbank angenehm sass und wie denn überhaupt die Atmosphäre zu Beginn des Gottesdienstes war. Noch interessanter sind aber die Fragen danach, welche Passagen der Predigt «himmlisch», welche das Gegenteil davon waren. Und damit nicht genug: Auch das gleichsam gottesdienstliche Nachspiel soll mit in die Gesamtbeurteilung einfliessen: So können die Teilnehmenden Auskunft darüber geben, ob sie nach dem Gottesdienst angesprochen wurden und wie der «Kaffee danach» war. Schliesslich aber mündet alles in die Zentralfragen ein: «How would you feel making this church your regular?» (mit Bepunktungsmöglichkeiten von «0 = tödlich» bis «10 = ekstatisch»), «Did the service make you feel glad to be a Christian?» und «What one thing will you remember about all this in seven day's time?».

Deutlich ist jedenfalls das hier aufleuchtende breite Qualitätsverständnis des Gottesdienstes: Es wäre wesentlich zu kurz gegriffen, wollte man diese Qualität an seinen predigtbezogenen oder selbst den liturgischen Kernbestandteilen festmachen. Vielmehr, so die subkutane Botschaft, hängt alles mit allem zusammen: Willkommen geheissen zu werden, sich wohlzufühlen, von der Botschaft und den kirchlichen Botschaftern im übertragenen und im direkten Sinn gut angesprochen zu werden, für eine bestimmte Zeit als Teil des Ganzen mitzuagieren und schliesslich konkrete Beziehungen miterleben zu können.

Wie auch immer man eine solche Kriterienliste beurteilen mag, die vielfältigen Antworten sind so spannend und launig wie lesenswert und seien für die individuelle Gottesdienstvorbereitung als unbedingt inspirierend empfohlen.

Es ist jedenfalls auffällig und sicher kein Zufall, dass sich die Sensibilität für Qualitätsfragen – in diesem spezifischen Sinne – in den letzten Jahren im Raum der Kirche merklich erhöht hat. Zuerst hat es die Diakonie und die Bildung im guten Sinn «getroffen»: die Werke, die Studienhäuser, die Dienstleistungen der Kirche. Qualitätsmanagement war und ist «in». Q-Labels sorgen für ein gutes Image, flicken die ramponierte Reputation, machen gutes Wetter in einem kirchenkritischen Klima.

Es ist nur logisch, kommt da die Sprache auf das Aushängeschild und stellt man auch im Gottesdienst die Frage: Was kommt gut an? Was zieht an? Und: Wie können wir dafür sorgen, dass Gottesdienste schön, tiefsinnig, geistreich gefeiert werden?

So fragen heute vermehrt auch die Kirchenleitungen. Man kann das kritisch kommentieren und vom Zeitgeist reden, kritisch auf Ökonomisierung und Medialisierung verweisen: Tatsache ist, dass Qualität kein Pfui-Wort ist und nach Mitteln und Wegen gesucht werden muss, Qualität zu verbessern.

In Deutschland war das Impulspapier «Kirche der Freiheit» ein Startschuss. Dem folgte die Gründung der Kompetenzzentren: eines für Gemeindeaufbau in Greifswald, eines für die Predigt in Wittenberg und eines für Gottesdienstqualität in Hildesheim.

Noch ist alles frisch und neu. Was diese Zentren für die Qualitätsverbesserung leisten können bzw. ob sie mehr und Besseres leisten als die schon bestehenden Gremien und Ausschüsse, wird sich weisen. In der Schweiz ist alles ein wenig verzettelter und zerstreuter. Aber auch hier regt sich und zeigt sich mit der Gründung eines Kompetenzzentrums Liturgik doch der Wille, an der Qualität des Gottesdienstes zu arbeiten. Was kann dies konkret bedeuten?

Von den Qualitäten der Qualität

Versteht man nun z. B. den Gottesdienst als Kommunikation, differenziert sich Qualitätsforschung in verschiedene Fragerichtungen aus. Die Aspekte des *Wer*, *Wem* und *Worüber* können und müssen nämlich immer auch auf ihr *Wie* hin befragt werden.

Qualität kommt von *qualis* und meint zunächst nur die Beschaffenheit. Wie etwas ist, zielt auf die Form und die Erscheinung. Aber wir verwenden «Qualität» meistens in einem erweiterten und wertenden Sinn als *Gut*-Sein. Wenn etwas Qualität hat, so ist es gut. Das sagt der Stempel «gut» beim Warentest: Geprüft und für gut befunden. Wenn wir qualifizieren, bewerten und skalieren wir. Und disqualifizieren und entwerten damit gleichzeitig anderes. Aber womit wertet man das *Wie*? Welche Kriterien kommen zur Anwendung? Oder im Jargon: Welche Qualitätsmassstäbe? Vor allem: Wie kommt man vom *Gut*-Sein auf das *Wie*-Sein?

Die Parameter lassen sich nicht ohne theologische Grundsatzreflexion ermitteln. Sie sind im Spannungsfeld von Ästhetik, Ethik und Dogmatik anzusiedeln, aber weder auf den einen noch den anderen Aspekt hin eindeutig festzulegen. Wahr, schön und gerecht soll ein Gottesdienst sein.

Aber da startet die nächste Runde an Rückfragen. Soll man im Gottesdienst schön reden? Soll am Ende Gott schöngeredet werden? Kann das dann wahr sein? Oder muss das Wahre hässlich, sperrig sein? Die Aufregung rund um die Qualität hat damit zu tun.

Mit anderen Worten: Die Qualität hat unterschiedliche Qualitäten. Der Versuch, von der Wirkung auf die Beschaffenheit und von da auf die Machart zu schliessen – also vom *So* auf das *Wie* auf das *Was* zu schliessen – ist ein legitimer Weg, solange er nicht absolut gesetzt wird. Best Practice könnte man diese Strategie nennen. Man schaut, was gut läuft, und fragt nach dem Erfolgsrezept, adaptiert es, wendet es an und prüft erneut die Wirkung. Problematisch könnte dann allerdings sein, dass man mit einem solchen Verfahren am Ende bei zwar mächtiger Rede endet, die aber letztlich kaum mehr als einen phänomenal wirkungsvollen Event darstellt.

Die Frage nach dem wahren Gottesdienst hat die Reformatoren zur Lösung geführt, das eine, was nottut, festzulegen und die Frage nach der Gestaltung offen zu lassen. Wenn die Predigt wahr ist und die Sakramente ordentlich verwaltet werden, dann ist das Entscheidende gesagt und getan. Vom *Was* zum *Wie*. So ist es gut. Aber auch das lässt sich hinterfragen. Wer so reduziert, vergisst den Zusammenhang von Form und Inhalt. Ein anderes Wort für diesen Zusammenhang ist *Stil*.

Damit ist aber eine dritte Variation von Qualität angesprochen. *Stil* ist ein bestimmtes *Wie*-Sein, das eigene Bewertungsskalen mitkonstituiert. Um es im Bild zu sagen: Guter Jazz ist jazzig und guter Rock rockig. Wer stilistische Differenzen überspielt, überhört und übersieht, *was* für *wen* gespielt wird. Und um die Kurve zum Gottesdienst zu nehmen: Wer in einem Familiengottesdienst mit Kind und Kegel den Ernst und die Würde der klassischen Liturgie vermisst, hat eine falsche Skala kopiert, aber nicht unbedingt auch schon verstanden, was hier abläuft.

Von der Qualität der Qualitätsinstrumente

Der Gottesdienst ist eine Aktion, die die Interaktion Gottes mit den Menschen so zur Darstellung bringt, dass der Glaube der Beteiligten interaktiv gestärkt wird. Wie man Liturgie macht und wie man Glauben misst, steht darum weder festgeschrieben noch ist es x-beliebig. Das *Wie* muss erfunden, erörtert und erfragt werden – im Gespräch mit dem, was einem jemand (Adressat) mitgeteilt werden soll (Text). Ein gutes Instrument der Qualitätsprüfung führt auf die Spuren der originären liturgischen Intention: vom *Wie* zum *Was* zum *Wie* zurück. Das ist die Losung und so lautet die Forderung.

Das bedeutet für die Qualitätsprüfung kritisch:

- keine hirnlosen Anwendung mechanischer Skalen
- keine herzlosen Urteile, die Menschen mit Herzblut disqualifizieren
- keine Fragebogen ohne Hand und Fuss, die die Beurteilten als geohrfeigte oder gelobhudelte Idioten stehen lassen

Und es heisst konstruktiv, dass stilbewusste und kontextsensible Kataloge von Fragen entwickelt werden müssen, die Respekt für das Nichtmachbare und Nichtmessbare – soll heissen, das Unverfügbare – erkennen lassen und im engen Bezug zu den vermittelten Inhalten stehen.

Von der Qualität des Was

Aus dogmatischer Sicht ist es dann aber bei aller Sympathie für den Stil eines Gottesdienstes zentral, bei der Frage nach seiner Qualität noch einmal das *Was* besonders in den Blick zu nehmen, nämlich das Evangelium «recht» zu verkündigen und die Sakramente «recht» zu verwalten.

Ist denn nicht hier in der Confessio Augustana wie auch bei Calvin[1] in diesem «*recte*», dem «recht», auch schon die Form mitbedacht? Es steht natürlich weder bei Melanchthon noch bei Calvin etwas davon, wie dies in einem Familiengottesdienst, in einem Bikergottesdienst oder in einem Münstergottesdienst zu geschehen habe. Aber es ist damit auch noch etwas anderes gemeint als der Stil. Etwas, was dazu nötigt, das *Was* der rechten Evangeliumsverkündigung und Sakramentsausteilung genauer zu bedenken, was es dann erst ermöglicht, dieses auf seine Qualität hin zu befragen.

Was heisst es denn, das Evangelium recht oder, wie es Calvin sagt, rein zu verkünden? Recht und rein heisst doch nichts anderes, als «der Sache angemessen», so, dass die Sache selbst darin zur Sprache kommt.

Und was ist nun die Sache des Evangeliums? Worin besteht die gute Botschaft? Das ist nun inhaltlich ein weites Feld – je nach theologischer Ausrichtung besteht diese in ihrem Kern im Rechtfertigungsgeschehen, in der Menschwerdung Gottes, in der Tröstung der Mühseligen und Beladenen, im Kommen des Reiches Gottes

1 «Nos contra asserimus: et ecclesiam nulla apparente forma constare posse, nec formam externo illo splendore, quem stulte admirantur, sed longe alia nota contineri, nempe: pura verbi Dei praedicatione et legitima sacramentorum administratione.» («Wir behaupten dagegen: Nicht nur kann eine Kirche durch keine sichtbare Form bestehen [bleiben], sondern auch nicht eine Form durch jenen äusseren Glanz, den sie einfältig bewundern, sondern bei weitem wird sie zusammengehalten durch ein anderes Kennzeichen, natürlich: durch die reine Verkündigung des Wortes Gottes und die rechtmässige Verwaltung der Sakramente.» Übers. d. Hg.) Johannes Calvin: Widmungsschreiben der Institutio (1536), in: CStA, Bd. 1.1, Neukirchen-Vluyn 1994, S. 92f.

oder in der Befreiung der Unterdrückten – die Aufzählung ist kaum abzuschliessen. Der inhaltliche Schwerpunkt kann also durchaus unterschiedlich gesetzt werden, nicht aber das strukturelle Charakteristikum dieses Evangeliums. Als was es nämlich auch immer inhaltlich gesehen wird, immer ist es ein Geschehen, sei es zwischen Gott und Mensch, zwischen Jesus von Nazaret und Mensch oder auch zwischen Mensch und Mensch. Es ist ein Geschehen, und wenn dieses Geschehen nicht als ein solches deutlich – und das heisst: wirksam – wird, dann ist das Sachgemässe des Evangeliums verfehlt. Und damit eben auch das Sachgemässe der Sakramente, die als die sichtbare Seite der unsichtbaren Gnade (Calvin, Institutio IV, 14, 1) Gottes Zuwendung zum Menschen in einer sinnlich erfassbaren Weise sichtbar machen.

Gottesdienst als Geschehen

Evangeliumsverkündigung und Sakramentsausteilung sind Ereignisse, die sich im Gottesdienstgeschehen manifestieren müssen. Gottesdienst ist damit nicht nur Aktion, sondern Interaktion zwischen denen, die reden, singen, lesen, «performen» und denen die zuhören. Die gelingende Interaktion hängt zwar von der Wirkung des Heiligen Geistes ab, so bezeugen es im Anschluss an Paulus auch Luther, Schleiermacher, Barth und Bohren, um nur einige zu nennen. Aber es liegt an den menschlichen Arbeiterinnen und Arbeitern im Weinberg, die Voraussetzungen dafür zu schaffen. Es ist nur halb richtig (und damit ganz falsch) zu sagen, dass mit einer rechten Predigt und einer ordentlichen Verwaltung der Sakramente das Entscheidende gesagt und getan wäre. Und so wäre es unsachgemäss, hier aufzuhören und Qualität messen zu wollen.

An diesem Punkt wird – im besten Fall – eine Tür aufgestossen, ein Geschehen eingeleitet, das sich in der Gemeinde weiter manifestieren muss, das Interaktion anstösst und weitertreibt, und das heisst, Beziehung und Begegnung ermöglicht, zwischen den Menschen und Gott, und auch zwischen Mensch und Menschen, kirchgemeinde-intern und kirchgemeinde-extern.

Das heisst weiter, dass Qualität nicht an isolierten Kriterien wie Gottesdienstbesuch oder Kirchenaus- bzw. -eintritten gemessen werden darf. Damit würde sich nämlich ein sehr statisches Verständnis von Qualität manifestieren, das lediglich diejenigen Dinge und Produkte messen könnte, die in dieser Form schon vorhanden sind. Ein solches Denken aber ist nicht offen für Neues, Geschehendes, Unvorhergesehenes. Wir plädieren deswegen für einen Blick, der sich auf eine Interaktionsqualität und nicht auf eine Produktqualität richtet.

Kriterien für Interaktionsqualität

Die Frage nach den Kriterien für eine Interaktionsqualität im Blick auf das Geschehen des Gottesdienstes könnte lauten:

Ermöglicht dieser Gottesdienst Interaktionen, in denen Gott hier und jetzt Beziehung und Begegnung geschehen lassen kann? Vor dem Hintergrund einer solchen Fragestellung bleibt die Qualitätsanalyse gerade nicht im immer schon Vorhandenen stecken, sondern es eröffnet sich ein weiter Raum für noch Ungedachtes und Unverwirklichtes – ganz in dem Sinne, dass der Geist weht, wo er will (Joh 3,8). Genau diesen Punkt haben die oben genannten «Ship of fools»-Macher deutlich erkannt und deshalb eben auch mit ins Zentrum gestellt.

Natürlich macht es eine solche Kriteriologie der Sache nach schwieriger, Qualität zu quantifizieren. Denn es können nicht einfach isolierte Faktoren gemessen, Noten vergeben und Spinnengraphiken erstellt werden. Sondern auf dem Prüfstein stehen die Bedingungen für die Möglichkeit konkreter und fruchtbarer Interaktionen vor, im und nach dem Gottesdienstgeschehen. Was muss gegeben sein, damit Menschen andere Menschen mit der Botschaft Gottes erreichen? Was muss geschehen, damit Menschen befähigt und befreit werden, mit anderen Menschen so zu interagieren, dass dort Evangelium sichtbar wird?

So gesehen wird die Qualität eines Gottesdienstes nicht nur daran gemessen, was am Sonntagmorgen «zwischen halb zehn und halb elf» geschieht. Sondern auch daran, wie befreit und befähigt sich die Pfarrperson daran macht (und wie befreit sie in ihrem Amt dazu ist), diesen Gottesdienst vorzubereiten. Wie offen und hörend die Pfarrperson schon im Vorfeld mit anderen Menschen interagiert, dem Sigristen, der Organistin, den Lektoren. Wie eingeladen sich die Gottesdienstbesucherinnen fühlen, anschliessend am Kirchenkaffee (oder an dem Namen und der Sache nach möglichst stilvollen Begegnungsmöglichkeiten) teilzunehmen. Aber auch daran, wie angesprochen oder wie ausgeschlossen mögliche Gottesdienstbesucherinnen sich von der Ästhetik des Kirchenraums fühlen, von der Musik und dem Predigtstil. Welche Alternativen sie hätten, an anderen, für sie attraktiveren Gottesdiensten teilzunehmen.

Schliesslich und im Wesentlichen umfasst die Frage nach der Interaktionsqualität eines Gottesdienstes nicht nur die Frage nach dem *Wie* der Verkündigung des Evangeliums und der Austeilung der Sakramente, sondern die Frage nach dem gemeinsamen Leben im und ausserhalb des Gottesdienstes, mit den Mitchristen und -christinnen und den anderen, nach dem gemeinsamen Leben der Kirche in ihrer religiösen und säkularen Ausstrahlung. Genau genommen zielt die Frage nach der Interaktionsqualität des Gottesdienstes auf die Reflexion der Rolle des Gottesdienstes für unser Christsein in und mit der Welt. Man könnte auch sagen: Qualität hat es mit vielen Qualitäten und vielen Öffentlichkeiten zu tun, und damit mit einer programmatischen Vieldeutigkeit, deren nachhaltige Bedeutung im Letzten in der Sache des eigenen Ermessens und Ermessen-Werdens liegt. Mehr kann qualitätsvoll nicht inszeniert werden – weniger sollte es aber auch nicht.

Performative Körperkonzepte und ihre Bedeutung für die Gemeindearbeit

Brigitte Enzner-Probst

Einführung

Was verstehen wir unter einem performativen Körperkonzept? Und inwiefern ist das für den Gottesdienst wichtig? Beide Fragen haben mit der dramatischen Veränderung unserer gegenwärtigen gesellschaftlichen und kulturellen Situation zu tun. Damit wir diese Veränderung nachvollziehen können, werde ich zuvor einen kurzen geistesgeschichtlichen Input geben, um die Rahmenbedingungen liturgischen Feierns früher und heute verstehen zu können.

Körperkonzepte

Leib- Geist-Dualismus

Die christliche Liturgiegeschichte des Westens ist geprägt von einer schleichenden, dafür aber umso wirksameren Spaltung zwischen Leib und Geist. Der Geist war gottnäher und deshalb wichtiger als alles Leibliche, Sinnliche. Alles Materielle, mit Materie Behaftete führte potenziell vom Geistigen, vom Göttlichen weg. Die Einübung in den christlichen Glauben, die Askese, wie sie in den Klöstern und Mönchsorden geübt wurde, bestand deshalb vornehmlich in der Eindämmung des Sinnlichen, der Zügelung des Körperlichen.

Diese Spaltung spiegelte sich auch ab dem 3. Jahrhundert in der zunehmenden Kluft zwischen Klerus und Laien wider. Asketisch lebende Männer und Frauen, ob nun als Anachoretinnen und Anachoreten in der Wüste oder in Klöstern, führten, so dachte man, ein Gott wohlgefälligeres Leben als die anderen Christinnen und Christen.

Ebenso war es für den Klerus zunächst erwünscht, ab dem 12. Jahrhundert Pflicht, enthaltsam, zölibatär zu leben. Nur in dieser besonderen Nähe zu Gott, in der Abwendung von allem Leiblich-Sinnlichen, war es möglich, das Heilige zu verwalten, die Sakramente zu spenden, z.B. der Eucharistie vorzustehen. Gottesdienst war eine Widerspiegelung dieser hierarchisch geordneten Realität. Er gab Anteil – jetzt schon – an einem Leben, das als himmlisches nach dem Tod erhofft wurde. Insofern dabei mehr und mehr auch die weltlich-politischen Hierarchien mit dieser transzendenten Vorstellung verschmolzen, integrierte der Kult, die Messe, immer stärker auch Elemente des kaiserlichen Hofzeremoniells. Die Trennung zwischen dem «Volk», den Laien, und den eigentlich Agierenden, dem Klerus, wurde durch die Liturgie immer stärker zementiert. Dem Volk war das Zuschauen vorbehalten.

Dualismus zwischen Reden und Hören

Die reformatorischen Kirchen wollten diesen Dualismus zwischen Klerus und Laienvolk aufbrechen. Der Grundsatz des Allgemeinen Priestertums sollte gelten. Alle waren berufen und aufgefordert, ihre Stimme zu erheben, den Gottesdienst mitzugestalten.

Dies wird deutlich durch die Aufwertung und Bedeutung des Singens, gerade im reformierten Gottesdienst. Der Genfer Psalter ist ein bis heute gültiges Beispiel für die Weise, wie durch dieses gemeinschaftliche Singen sowohl die Aneignung der biblischen Botschaft wie auch die Mitwirkung und Mitgestaltung des Gottesdienstes durch die Gemeindeglieder erfolgte.

Allerdings wurde auch hier im Lauf der Zeit eine Spaltung immer stärker wirksam; die Spaltung zwischen Redenden und Hörenden. Da sind auf der einen Seite die Ordinierten, die das Recht zur Auslegung und zum Reden haben. Und da sind auf der anderen Seite diejenigen, die gekommen sind, um zu hören. Der Gottesdienst, vor allem in der reformierten oberdeutschen Tradition, ist ausgerichtet auf die Auslegung der Heiligen Schrift, des Wortes Gottes. Singen und Beten ist gemeinsames Antworten auf das Gehörte. Beides war gemeint als ein lebendiges, überraschendes Sprachgeschehen, als *viva vox evangelii,* wie Luther diese Übersetzungsarbeit nannte. Albrecht Grözinger hat zu Recht auf den Aspekt des Neuen und Überraschenden im Hören dieses lebendig verkündigten Evangeliums hingewiesen. Dies hat Anhalt an der Gestalt der Bibel. In ihr sind die unterschiedlichsten Erzählweisen und -gattungen vertreten. Das ganze menschliche Leben kommt in ihr vor.

Mehr und mehr hat sich allerdings auch in der reformatorischen Tradition eine Verflachung dieses lebendigen, erfahrungsgesättigten Sprachgeschehens eingeschlichen. Mehr und mehr konzentriert sich Reden und Hören auf die Ebene des mentalen Verstehens. Die heiligen Texte werden als Texte wahrgenommen. Sie werden vorgelesen und verbal ausgelegt. Sie werden gehört und innerlich aufgenommen.

Alle weiteren Kommunikationsmöglichkeiten wurden deshalb lange Zeit als unwichtig angesehen, ja sogar als störend ausgeschaltet. Nichts sollte abhalten von diesem konzentrierten Reden und Hören. Diese Fähigkeit zum Hören, zum konzentrierten Zuhören ist ein besonderes Kennzeichen des reformierten Gottesdienstes und fällt mir bei jedem Gottesdienstbesuch als etwas Besonderes auf. Und obschon nicht so intendiert, fällt wiederum Leib und Geist, fallen Redende und Hörende (statt Schauende) auseinander. Zwar muss das Sitzen in der Kirche, als Vorbereitung auf das Hören, in einer bäuerlichen Gesellschaft als Möglichkeit zum Ausruhen, zum Absitzen verstanden werden. Es war in sich eine Erfahrung von Evangelium in einer arbeitsreichen und kräftezehrenden Welt. Es war auch Privileg der Reichen in der ausserkirchlichen Gesellschaft.

Dies wird in einer zunehmend bürgerlichen Gesellschaft nun aber zu einer immer strengeren Reglementierung von Stillsitzen, eine Erziehung zur Konzentration auf den mentalen Bereich. Das Oben (Kanzel) und Unten (Kirchenbänke) wird klar markiert und macht diese hierarchische Teilung deutlich. Manfred Josuttis hat in seiner Gottesdienstlehre dazu anregende Beobachtungen und Überlegungen beschrieben. Wir haben hier wieder den Dualismus von stillgestelltem Körper und einer Überbewertung des Mentalen!

Dualistisches Körperkonzept

Was hat das aber nun mit dem Körperkonzept zu tun? Oder anders gefragt: Welche Form von Körperkonzept steckt dahinter? Damit wir selbst erfahren, was damit gemeint ist, möchte ich Sie zu einer kleinen Übung einladen.

Übung I

Bitte setzen Sie sich mit Ihren Stühlen in Omnibus-Form, d.h. nach vorn auf eine Person ausgerichtet hin. Ich selbst werde die Pfarrperson darstellen. Ich lese als Pfarrperson einen biblischen Text, nämlich 1 Kor 6,19 vor: «Wisst ihr nicht, dass euer Leib ein Tempel des heiligen Geistes ist?» Sie hören zu, haben aber nicht die Möglichkeit, sich zu äussern.

Erster Durchgang

Der Austausch erfolgt im Kreis mit folgenden Fragen: Wie war das für Sie? Welche Gedanken gingen Ihnen durch den Kopf, als ich die Lesung beendet hatte und mit der Auslegung beginnen wollte? Wie habe ich mich, meine Nachbarinnen und Nachbarn, die Gruppe erlebt?

Einige Stimmen aus dem Workshop:

- Das ist für mich vertraut. Ich bin aufgehoben in einer klaren Struktur. Da gibt es neben, vor mir, hinter mir noch andere Leute.
- Ich mochte diese erwartungsvolle Stille, bis die Person, die den Text vorzulesen hat, anfängt zu sprechen. Welche Gedanken sie wohl aufgreifen wird?
- Jede und jeder von uns macht sich ja Gedanken. Das kann ja in der Stille geschehen. Ich muss mich nicht aufspreizen dabei.

Zweiter Durchgang

Das Setting ist das gleiche wie vorher. Ich beginne wieder mit der Lesung und breche nach «Liebe Gemeinde …» ab. Nur werden andere Fragen vorgegeben: Bitte achten Sie auf Ihren Körper, auf die Nähe zu denen, die neben, hinter, vor Ihnen sitzen.

Wiederum einige Stimmen dazu:

- Ich habe gemerkt, dass ich nur auf die Worte geachtet habe, nicht aber auf meinen Körper. Ich habe ihn überhaupt nicht wahrgenommen!
- Die anderen habe ich nur so als Begleitung, als Umgebung wahrgenommen.
- Dabei wird im Text ja von «Leib» geredet. Dass das mit uns hier was zu tun hätte, ist mir nicht aufgefallen.

Durch die Übung haben wir selbst erfahren, wie wir in dieser Rede-Hör-Situation den Leib, unseren Körper, aber auch die Wahrnehmung der Körperlichkeit der anderen ausblenden. Er war nicht wichtig. Er wird nur dann bemerkt, wenn die Andacht und Hörkonzentration gestört wird.

Warum meine ich nun, dass ein solches Rede- und Hörkonzept und damit auch das Körperkonzept nicht mehr hinreicht? Ich bin davon überzeugt, dass sich die Rahmenbedingungen, unter denen heute Reden und Hören angeboten werden, so tiefgreifend verändert haben, dass Kirche darauf reagieren muss!

Das Wort Gottes und das Kommunikationsgewirr heute

Bis vor 200 Jahren war die Welt noch still. Es gab keine Maschinen. Das Tempo des Lebens war langsam. In der Regel gab das Gehen zu Fuss das Mass der Schnelligkeit vor. Nur reiche Menschen konnten sich Pferde leisten, die etwas schneller waren. Der Gottesdienst war gerade für Frauen die eine Stunde in der Woche, in der einmal keine Arbeit zu tun war, in der sie nicht aufspringen mussten, sondern sich hinsetzen konnten. Zum Gottesdienst gingen die Leute zu Fuss, hatten Zeit, sich vorzubereiten, sie konnten den Hof, die Freuden und Sorgen ihres Lebens hinter sich lassen.

Es war aber auch eine Zeit, in der es im Vergleich zu heute wenig zu lesen gab. Bildung war rar und ebenfalls den Privilegierten vorbehalten. Der Gottesdienst hatte mit seinem Reden und Hören zugleich einen Bildungsauftrag. Und die Reformation war in ihrem Kern gerade auch eine Bildungsbewegung der Menschen an der Basis. Durch die Erfindung des Buchdrucks bekamen sie Zugang zu Flugschriften und Büchern. Die Menschen waren neugierig, zu lesen und sich zu informieren.

Heute dagegen? Wir werden überflutet von Informationen, zugemüllt von Worten, genervt von flackernden Werbebannern auf den Bildschirmen der Computer. Unsere Aufmerksamkeit wird angezogen von Werbetafeln, von Schlagworten, von Parteiplakaten, wo immer wir hinschauen.

Und zugleich: Das Bildungsniveau der Menschen ist, trotz aller Lücken, enorm gestiegen. Bildung ist zwar für bestimmte Gruppen von Menschen, etwa solche mit Migrationshintergrund, immer noch schwer zu erreichen. Grundsätzlich aber ist das Angebot überwältigend. Es gibt genug zu lesen. Über das Internet gibt es einen raschen Zugang zu wichtigen Informationen. Es gibt auch die Möglichkeit, bei Facebook, in Chatrooms selbst zu schreiben, sich interaktiv einzuklinken in verschiedene Netzwerke.

Das heisst, dass der reine Rede-Hör-Prozess mächtige Konkurrenz bekommen hat. Es ist schwerer geworden, im Gewirr der vielen Worte die lebenswichtigen herauszuhören. Es ist immer mehr ein Akt der Entscheidung, was genau ich hören, wem ich zuhören will – und wem nicht.

Performatives Körperkonzept

Dies alles zwingt uns neu nachzudenken, wie Reden und Hören beschaffen sein muss, damit überhaupt noch eine Botschaft übermittelt und gehört werden kann. Auf das Thema des Gottesdienstes bezogen ist zu fragen, wie die Aufgabe des Gottesdienstes – nämlich das Evangelium auf allen Ebenen zu kommunizieren – erfüllt werden kann. Gibt es neben Reden, Hören, Singen vielleicht noch andere Bereiche zwischenmenschlicher Kommunikation, die uns heute neue Möglichkeiten des Verstehens eröffnen? Will das lebendige Wort Gottes vielleicht ganz lebendig, mit unserem ganzen Leib aufgenommen, dargestellt, verstanden werden?

Hier sehe ich die Chancen des performativen Körperkonzepts. Was heute in aller Munde ist, nämlich das performative Gestalten, ist dabei nicht nur ein bemühter Ausweg, kein apologetischer Trick, weil die bisherigen Methoden nicht mehr ziehen. Vielmehr sehe ich darin in der gegenwärtigen Zeit eine grosse Chance, das Evangelium eben als «lebendiges Wort Gottes», als leibhaftes, erfahrungsgesättigtes, vielschichtiges Wort neu zu verstehen, neu zum Klingen zu bringen.

Einssein von Leib und Bewusstsein

Was bedeutet es nun, den Körper «performativ» aufzufassen? Zunächst bedeutet es, den Dualismus zwischen Leib und Seele/Geist gar nicht erst zuzulassen, sondern sowohl in der eigenen Vorstellung wie in unserer Sprache diese lebendige Synthese-in-Aktion, die wir sind, auch auszudrücken. Es gibt nicht zwei oder gar drei Ebenen im menschlichen Leben. Wir sind vielmehr in jeder Sekunde unseres Lebens eine leib-seelisch-geistige Einheit. Geist und Materie, Bewusstsein und Körper sind zwei Seiten einer Medaille, die sich erst im Tod voneinander trennen.

Prozesshaftigkeit

Zugleich ist diese Einheit von Leib und Geist im menschlichen Leben weder starr noch fest, geschweige denn zu definieren. Sie ist vielmehr ständig im Entstehen und im Vergehen. Sie ist nur im Prozess vorhanden. Wir selbst sind in und durch unser Leben, durch diese geistig-leibliche Einheit immerzu wirkend unterwegs. Wir lösen Wirkungen aus und reagieren auf Wirkungen anderer, die auf uns treffen.

Resonanz

Indem alle Ebenen zwischenmenschlicher Kommunikation aktiviert werden, wird «Verstehen» deshalb zu einem vieldimensionalen Prozess. Wir befinden uns in Resonanz mit anderen Menschen. Ihre Bewegung steckt uns an, uns zu bewegen. Ihre Gefühle spüren wir. Sie nehmen unsere Impulse auf und verstärken sie.

Einen Gottesdienst auf diese Art zu feiern, bedeutet, eine gemeinschaftliche «Sinngeburt» zu wagen, wie dies Michail Bachtin so genial ausgedrückt hat.

Ich möchte dazu ein Beispiel erzählen: Es war auf einer Tagung des Theologinnenkonvents in Bayern. Eine Performancekünstlerin lud uns in die nahe gotische Kirche ein. Wir hatten nacheinander – alles Pfarrerinnen! – die Möglichkeit, auf die Kanzel zu gehen. Diese war hoch über der Gemeinde an einer Säule befestigt. Mindestens fünfzehn Stufen waren hinaufzugehen. Sie wanden sich um die Säule herum.

Für uns selbst mit unseren fränkischen Dorfkirchen war das eigentlich nichts Besonderes. Das Besondere daran war, dass genau diese Wendeltreppe zur Kanzel so verhängt war, dass wir nur kriechend die Treppen hinaufkamen. Eine nach der anderen begann diesen mühsamen Aufstieg. Oben erwartete uns eine Frau, die uns die letzten Stufen im wahrsten Sinn des Wortes ans Licht zog. In einem Herzschlag, im Augenblick, als ich «ans Licht gezogen» wurde, habe ich so viel über das Wort Gottes und das Predigen begriffen, wie in vielen homiletischen Seminaren nicht, nämlich – dass wir «Hebammen des Wortes», sind, dass Predigen ein «Geburtsvorgang» ist. Das Wort will erwartet werden, wird «geboren» und ist nicht einfach so zu Händen wie eine Tageszeitung.

Präsenz

Für uns als Pfarrerinnen und Pfarrer bedeutet dies – auch wenn wir einen sehr traditionellen Gottesdienst halten – dass wir besonderes Augenmerk darauf legen, selbst ganz präsent zu sein. Nur wenn ich ganz im Hier und Jetzt, wenn ich mit allen Sinnen da bin und mich in die feiernde Gemeinschaft einfüge, kann ich meiner Leitungsaufgabe gerecht werden. Ich kann mich fragen:

- Wie betrete ich den Kirchenraum? Wie stehe ich am Altar?
- Von woher spreche ich?
- Bin ich zugewendet oder in Gedanken wo anders?
- Wie bereite ich mich auf den Gottesdienst vor?

Jede Schauspielerin bereitet sich auf ihren Auftritt gewissenhaft vor. Sie weiss, dass dies zum Handwerkszeug gehört. Niemals könnte sie einfach auf die Bühne stolpern, weder körperlich noch innerlich auf das vorbereitet, was sie sagen, was sie nicht sagen und wie sie es sagen will. Sie arbeitet mit ihrem Körper performativ. Sie weiss, dass er nur als ganze leib-geistige (bzw. leib-seelische) Einheit-im-Prozess durchlässig wird für die Botschaft, die an diesem Theaterabend mit dem Publikum zusammen gestaltet werden will.

Wie gehen wir in die Gottesdienste, die wir zu «halten» haben? Wie «halten» wir die Aufmerksamkeit, die Energie so, dass eine ganze Gemeinschaft bis zum Ende innerlich mitgehen kann? Wie ist unser Herz, unser Innerstes mit dabei? Sind die Worte, die wir sprechen, durch uns hindurch gegangen, mit unseren Lebens- und Leidenserfahrungen getränkt?

Präsenz meint eben dies: Durchlässig zu werden für eine grössere Botschaft, für mehr als nur das, was ich selbst mir ausgedacht habe. Durchlässig zu werden für einen Geist, der grösser ist als mein Geist, für eine Kraft, die grösser ist als meine Kraft. Sich dieser Kraft, diesem Geist aber vorher zu stellen, ist die Arbeit der Vorbereitung.

Diesen veränderten Zugang wollen wir ebenfalls durch eine Übung in die Erfahrung holen.

Übung II

Bitte räumen Sie die Stühle auf die Seite. Alle gehen durcheinander und rezitieren einen Satz aus dem vorher gelesenen Bibeltext: «Wisst ihr nicht, dass euer Leib ein Tempel des heiligen Geistes ist?» Sie sprechen ihn für sich, den anderen zu, gegeneinander, wie auch immer. Laut und leise, bewegt oder stehend, rufend oder klagend. Es entsteht ein lebendiger Klangteppich, unterschiedliche Gefühlsstränge werden hörbar, fühlbar, laut und leise schwillt an, ebbt ab.

Beim Austausch im Kreis stellen wir uns folgende Fragen: Wie ist es mir ergangen? Wie habe ich mich gefühlt? Wie habe ich die anderen wahrgenommen? Wie die Gruppe? Wie die Dynamik, die Energie?

Einige Stimmen dazu:

- Ich habe den Raum ganz anders wahrgenommen, als einen lebendigen Raum.
- Das ist wie ein Marktplatz, auf dem die Menschen hin und her gehen und sich etwas Wichtiges erzählen. Aber was hat das mit einem Gottesdienst zu tun?
- Die Menschen darin haben den Raum geschaffen durch die Bewegung.
- Ich selbst kam mir erst verloren vor. Wo ist eigentlich mein Platz in diesem Durcheinander? Ich war es nicht gewohnt. Aber dann konnte ich mich darauf einlassen. Wie auf einer Schlittschuhbahn, erst noch unsicher, aber dann hat es mehr und mehr Spass gemacht.
- Begegnung war möglich. Viele Perspektiven, unterschiedliche Orte. Auch das Bibelwort hörte ich sehr unterschiedlich. Von unterschiedlichen Orten her, mit unterschiedlicher Betonung.
- Ich dachte: Was ist jetzt wahr?

Konsequenzen für die gottesdienstliche Gemeindearbeit

Wo gibt es in unserer ganz normalen Gottesdienstgestaltung Möglichkeiten, dass das performative Körperkonzept, besser gesagt, die vielschichtige, leib-seelisch-geistige Einheit unserer menschlichen Existenz zum Tragen kommt?

Aus dem Workshop wurden folgende Vorschläge notiert:

- Mehr Vorbereitungszeit vor dem Gottesdienst. Abschalten. Sich auf das Bibelwort einschwingen. Sich auf die Menschen einstellen. Sie innerlich willkommen heissen.
- Gottesdienst miteinander gestalten: Menschen einmal im Vierteljahr zu einer Gottesdienstvorbereitungsgruppe einladen. Gottesdienst als «gemeinschaftliche Sinngeburt» erleben.
- Segnen, berühren, salben: Neue Möglichkeiten, auf vielen Ebenen miteinander zu kommunizieren.
- Neue Bedeutung der Stille. Einen «Tempel» in sich entdecken, in dem das Wort wirkt, sich entfaltet, Gestalt bekommt, mit meinem Leben verwächst.
- Mehr offene Stellen im Gottesdienst einbauen, wie z.B. bei einer Thomasmesse. Nach der Predigt gibt es vier Möglichkeiten: für zwanzig Minuten etwas in ein Fürbittebuch zu schreiben, ein Predigtnachgespräch zu besuchen, sich salben und segnen zu lassen oder etwas an einer Klagewand abzulegen.

Schluss

Das Achten auf die vielschichtigen Möglichkeiten, die uns als Menschen mit unserer leib-seelisch-geistigen Einheit-im-Prozess gegeben ist, ist eine grosse Chance, aus dem Gefängnis einer erstarrten Wortkultur auszubrechen. Sie ist eine grosse Gelegenheit, mit kleinen Anfängen, in achtsamen Schritten, hier und da und doch bewusst und inmitten der Überfülle von Worten, von verbalen und visuellen Impulsen das Evangelium neu, lebendig, auf allen Ebenen, mit Leib und Seele und Geist, im Prozess und miteinander in Resonanz, wirksam und wirkend weiterzugeben und zu empfangen.

Gottesdienst mit anderen Augen: Videobasierte Ausbildung und Forschung

Matthias Grünewald, Christian Walti

Videoaufnahmen in Gottesdiensten waren lange Zeit ein Tabu. Zu gross erschien die Gefahr, die intimen oder gar «heiligen» Vorgänge des Gottesdienstes durch eine Dokumentation in bewegten Bildern blosszustellen oder zu profanisieren. Wir sind demgegenüber zur Überzeugung gelangt, dass das Medium Video sowohl in der liturgischen Ausbildung als auch in liturgischen Forschungsprojekten sinnvoll zum Einsatz kommen kann. Insbesondere verhilft es uns dazu, den Gottesdienst «mit anderen Augen» anschauen zu lernen.

Wie wir das jeweils verstehen, möchten wir in den folgenden zwei Beiträgen erläutern.

Videobasierte Ausbildung im Bereich Gottesdienst an der Theologischen Fakultät der Universität Bern

Matthias Grünewald

An der Universität Bern hat sich in den vergangenen zwei Jahrzehnten ein Modell der liturgischen Praxisausbildung etabliert, das den Einsatz von Videoaufnahmen vorsieht. Im Folgenden möchte ich diese bewährte Form vorstellen und diskutieren. Nach einer kurzen Erwägung von Vorteilen und Herausforderungen des Videoeinsatzes in Bezug auf die liturgische Ausbildung (1.) möchte ich unser konkretes Vorgehen präsentieren (2.) und schliesslich einige grundsätzliche Überlegungen zur Rolle von Videoaufnahmen in der Ausbildung anstellen (3.).

Der medienspezifische Mehrwert von Videoaufnahmen

In videobasierten Gottesdienstbesprechungen nutzen wir gezielt den *spezifischen Mehrwert* des Mediums Video. Videoaufzeichnungen ermöglichen Anschaulichkeit, präsentieren Informationsdichte und Realitätsnähe – zumindest für die gewählte Kameraeinstellung. In Videoaufnahmen wird ein Gottesdienst «als multimediale und performative Handlungssequenz ansichtig und reflektierbar: Raum, Licht, Klang, Bewegungen und Dramaturgie zeigen sich als relevante liturgische Dimensionen»[1].

1 David Plüss: Video-Analyse, in: Ders./Michael Rahn (Hg.): Gottesdienste ins Gespräch bringen. Eine Sammlung von Feedbackmethoden, Zürich 2008, S. 57–60, hier S. 58.

Videodokumentationen sind eine Art «objektives» Gedächtnis, dessen Inhalte sich in vielfacher Art und wiederholbar abrufen lassen. Sie ermöglichen so als Fenster zum Gottesdienst eine authentische Auseinandersetzung mit dem realen Gottesdienstgeschehen und haben den Vorteil, dass man beim Betrachten des Videos im Gegensatz zur realen Situation nicht unter Handlungsdruck steht. Man kann über viele Bezüge und Handlungsalternativen nachdenken.

Überdies verhelfen Videos dazu, die Aufmerksamkeit auf den Zusammenhang von Inhalt, liturgischer Gestaltung und liturgischem Verhalten zu richten. Die mögliche wiederholte Visionierung und Beobachtung dessen, was sich abgespielt hat, ermöglicht die Trennung von Grunddaten und Interpretation oder genauer: einen reflektierenden Rückbezug der Interpretation auf die entsprechende gottesdienstliche Sequenz. Ausserdem geben Videoaufzeichnungen den liturgisch Handelnden die Möglichkeit, sich selbst zu beobachten, zu analysieren und die Selbstwahrnehmung zu erweitern. Schliesslich eignen sie sich als Grundlage für eine kollegiale, intersubjektive Reflexion gottesdienstlichen Handelns.

Nebst diesem Mehrwert, müssen aber auch die spezifischen *Herausforderungen* beim Einsatz von Gottesdienstvideos bedacht werden. Insbesondere muss der engere und weitere Kontext des Gottesdienstes geklärt werden, bevor die Videoaufnahme adäquat analysiert werden kann. Ausserdem ist die Analyse durch den vorgegebenen Fokus der Kameraführung vorstrukturiert. Zudem entbindet sie nicht von der subjektiven Wahrnehmung des aufgenommenen Gottesdienstes. Vielmehr zeigt sich bei Visionierungen oft eine verstärkte Tendenz zur wertenden Beurteilung dessen, was man sieht, weshalb eine gute Moderation, die auf ein respektvolles und konstruktives Gespräch achtet, unablässig ist. Schliesslich ist die Arbeit mit Videos sehr zeitintensiv. Die Analyse sollte sich daher auf bestimmte Aspekte des Gottesdienstes beschränken.

Die Videoaufnahmen von Gottesdiensten als angeleitete Feedback- und Reflexionsgrundlage in Kleingruppen

Gottesdienstvideos von Praktikantinnen und Vikarinnen[2] sind im Curriculup der liturgischen Ausbildung an der Universität Bern fest verankert. Sie sind aber keine Selbstläufer. Ihr Einsatz bedarf einer sorgfältigen Gestaltung des Aufnahme- und Lernsettings. In der an der Universität Bern etablierten Praxisausbildung gehen wir nach klar definierten Schritten vor, die ich im Folgenden ausführen möchte.

Die Position der Kamera: Standort, Fokus und normative Besetzung

Aufnahme und Zweck werden zu Beginn des Gottesdienstes bekanntgegeben. Der Kamerastandort und Fokus bleiben fixiert; wir verzichten weitgehend auf eine aktive Kameraführung. Der Fokus der Kameraeinstellung ist auf die handelnde

2 In diesem Artikel wird durchgehend die feminine Nominalform als inklusive für alle Geschlechter gebraucht.

liturgische Person gerichtet und unvermeidlich auf das, was in der Blickschneise erfassbar ist. Auch wenn die Kamera meistens versteckt auf der Empore[3] aufgestellt ist, verstärkt das Wissen um den dauernden Kamerablick die Situation des Beobachtens. Diejenigen, die im Fokus des Kamerablicks stehen, werden audiovisuell wiedererkennbar in ihren Handlungen und Äusserungen dokumentiert. Und: Die Kamera ist direkt oder indirekt Interaktionspartnerin. Sie wird im liturgischen Handeln als Bewertungs- und Kontrollinstanz adressiert. Mehrheitlich wird sie im Laufe des Gottesdienstes vergessen, selten wird sie ganz ignoriert. Wenn die aufgenommenen Liturginnen es nicht ohnehin thematisieren, fragt die Ausbildnerin nach, welchen Einfluss die Kamera auf das liturgische Verhalten hatte und welche Instanzen sie repräsentierte.

Die Gottesdienstgruppe

Die Videoaufnahmen der Gottesdienste von Praktikantinnen und Vikarinnen sind freiwillig; im Praktischen Semester (PS) sind es nahezu alle, die eine videobasierte Besprechung ihres Gottesdienstes nutzen, im Vikariat ca. 90 %. Im PS wird die Videoaufnahme in von einer Ausbildungsperson geleiteten Gruppen von vier oder fünf Personen besprochen. Im Vikariat bilden wir Tandems für den Gottesdienstbesuch und die videobasierte Besprechung. Gelegentlich kommen auch Ausbildungspfarrerinnen zur ebenfalls durch eine Ausbildungsperson geleiteten Besprechung dazu. Es sind also jeweils verschiedene Perspektiven auf das gottesdienstliche Handeln von Praktikantinnen oder Vikarinnen präsent. Im PS nehmen die Praktikantinnen an vier bis fünf videobasierten Gottesdienstbesprechungen teil, im Vikariat an deren zwei. Ein Gruppen- oder das Tandemmitglied besucht den Gottesdienst und nimmt ihn auf.

Vorvisionierung und Begleitmaterial zur videobasierten Besprechung des Gottesdienstes

Das Tandem- oder Gruppenmitglied, das den Gottesdienst aufnimmt, beschreibt in einem Atmosphärenprotokoll seine Eindrücke vom Gottesdienst aus der Perspektive einer Gottesdienstteilnehmerin nach eigenen Kriterien. Hier geht es darum, diese Perspektive auch in das Analysegespräch einzubeziehen. Die gottesdienstleitende Akteurin visioniert den Gottesdienst vor, entwickelt Fragestellungen und Fokussierungswünsche für die Besprechung und teilt so direkt und indirekt auch ihre Ziele für ihre liturgische Entwicklung mit. Sie mailt der Gesprächsleitung und den Gruppenmitgliedern das Gottesdienstmanuskript (bzw. «Drehbuch»). Die gesprächsleitende Ausbildungsperson visioniert im Vorfeld

3 Auf der Empore ergeben sich nicht selten informelle Gespräche zwischen der Person, die das Video aufnimmt, und Kirchenmusikerin über die Gottesdienstgeschichte der Kirchgemeinde, über die Zusammenarbeit mit den liturgisch Handelnden, über ihre Auffassungen von angemessener Liturgie und darüber, was in der liturgisch-homiletischen Ausbildung unbedingt bedacht werden sollte.

ebenfalls das Gottesdienstvideo, markiert Sequenzen für Echtzeit, verlangsamte oder beschleunigte Abspielungen sowie Standbilder und klärt das sich für sie ergebende Vorverständnis des visionierten Gottesdienstes.

Die videobasierte Gottesdienstbesprechung – Vorgehen und Fokussierungen

Die videobasierte Gottesdienstbesprechung findet meistens in der dem Gottesdienst folgenden Woche statt. Vorgesehen ist ein Zeitrahmen von drei bis vier Stunden.

Die liturgische Akteurin hat das erste Wort – Selbstbeobachtung, Selbstreflexion, subjektive Bewertung

Die liturgische Akteurin bestimmt die Inhalte des Gesprächs mit, indem sie ihre Themen- und Fokussierungswünsche mitteilt und ihre Beobachtungen am Videoausschnitt zur Verfügung stellt. Die Videoaufzeichnung ist für sie eine Chance zur Selbstbeobachtung und Selbstreflexion. Insofern nehmen ihre Wahrnehmungen und das Gespräch darüber den grössten Raum ein. Für ihre Beobachtungen schlagen wir eine beschreibende, dann reflexive und schliesslich bewertende Interpretation vor. Dieser methodische Dreischritt gilt auch für die Gruppenmitglieder. Die Teilnehmenden der Analysegruppen teilen so reihum ebenfalls ihre Wahrnehmungen zur Videosequenz mit. Viele Beobachtungen und ihre Bewertungen, vor allem die aus der Selbstwahrnehmung der liturgischen Akteure, sind unstrittig, wenn auch für sie oft überraschend. Sprechtempo und Sprechmodulation, Deutlichkeit der Aussprache, Stimmhöhe, Bewegungstempo, Pausen, liturgische Stillezeiten, Mimik und Gestik und Raumbezüge werden am Video oft anders wahrgenommen als intendiert und anders als in der inneren Wahrnehmung während des Vollzugs der liturgischen Handlungen.

Segmente und Sequenzen

Die Videoaufzeichnung bietet eine Überfülle von Wahrnehmungsofferten.[4] Zum ersten Teil der Videoauswertung gehört eine gezielte Segmentierung. Anfangs sind grössere Einheiten hilfreich. Dazu wird in der Regel der gesamte Gottesdienst mit Unterbrechungen entsprechend den liturgischen Schritten abgespielt. Diese werden unter ausgewählten Aspekten besprochen. Zunehmend sind kleinere Einheiten (Sequenzen) erhellend, z. B. allein die Eröffnung oder nur das Eingangsgebet. Über die Jahre sind aus diesem Vorgehen halbstandardisierte Fokussierungsaspekte hervorgegangen. Im Folgenden sollen einige davon beschrieben werden.

4 Eine differenzierte theoretische und Einzelheiten der praktischen Durchführung berücksichtigende Einführung in die Videographie von Unterricht bieten Jörg Dinkelaker/Matthias Herrle: Erziehungswissenschaftliche Videographie. Eine Einführung, Wiesbaden 2009.

Die mimetische Orientierung der liturgischen Akteure
Für unsere Praktikantinnen und Vikarinnen ist die Begegnung mit den traditionellen liturgischen Formen und Stücken des reformierten Gottesdienstes vielfach eine Neu-, wenn nicht eine Erstbegegnung. Um es in ihren ersten Gottesdiensten gleich recht zu machen, mobilisieren sie Nachahmungsressourcen aus ihrer Gottesdienstgeschichte, auch wenn sie noch so rudimentär war, aus der liturgischen Praxis ihrer Ausbildungspfarrerinnen und über geliehene liturgische Texte verschiedener Herkunft. Und sie entwickeln unter Handlungsdruck ein grosses Interesse an Bedeutungs- und Gestaltungsklärungen zu liturgischen Stücken, Formen und Dramaturgien. Videobasierte Gottesdienstbesprechungen sind unter diesem Aspekt Rekonstruktionen der mimetischen Orientierung, ihres Potenzials über die Kopie hinaus, ein «Repetitorium» zu den liturgischen Formen, Inhalten und Dramaturgien und eine erste Erkundung der Spielräume der überlieferten Formen, ihres Freisetzens und Vergegenwärtigens.

Liturgische Stücke vergegenwärtigen[5]
In der Wahrnehmungsperspektive «liturgische Stücke» sind drei Aspekte im Blick. Erstens achten wir auf die Differenzierungen der unterschiedlichen Sprech- und Verhaltensakte und Zuwendungsweisen bei den verschiedenen liturgischen Stücken und an den Übergängen. Schon im Eingangsteil sind unterschiedliche Ausdrucksgestaltungen gefordert: Liturgisches Grüssen als Segen, mit einem trinitarischen Votum oder mit einem biblischen Bekenntniswort; Eingangsworte als Verheissung, Lob oder Klage; und evtl. sogar noch eine Moderationsbegrüssung, der Übergang zum ersten Lied und das erste gottesdienstliche Gebet in Inhalt und Haltung. Zweitens geht es um die Rekonstruktionen der impliziten Beterin, der Gottesdienstteilnehmerin und der Gemeinde in Bezug auf deren vorausgesetzte Befindlichkeit, deren Erfahrungen und ihre jeweilige Situation. Und drittens nehmen wir Rückbezüge aus der Wahrnehmung der äusseren liturgischen Handlungsvollzüge auf die Art des inneren Mitvollzugs der liturgischen Akteure im Gespräch mit ihnen in den Blick.

Durch den Gottesdienst führen
Unter dem Wahrnehmungsaspekt «Durch den Gottesdienst führen» werden die verbalen und nonverbalen Gestaltungen fokussiert, durch welche die liturgische Akteurin durch den Gottesdienst führt und ihre Wirkungen auf den gottesdienstlichen Prozess, u. a. auch die Erkundung von Transformationen von Moderationsanweisungen in liturgisches Verhalten: z. B. «Wir sammeln uns zum Gebet» in: Die Liturgin sammelt sich zum Gebet und orientiert so die Gottesdienstgemeinde.

5 Diese und mögliche weitere Fokussierungen sind in pastoralästhetischen Modellen im Gespräch mit massgebenden Schauspieltheorien diskutiert in: Markus A. Friedrich: Liturgische Körper. Der Beitrag von Schauspieltheorien und -techniken für die Pastoralästhetik, Stuttgart 2001.

Das liturgische Wahrnehmen
Unter dem Gesichtspunkt des liturgischen Wahrnehmens beobachten wir die Aufmerksamkeit der liturgischen Akteurin für die Bedingungen des Raumes und den Raumbezug, für ihre Bewegungen und Positionierungen im Raum, ihre Orientierung an Personen, Gegenständen und an der Musik und die Art und Weise, wie sie als liturgische Partnerinnen kontaktiert werden.

Subtexte hören und sichten
Schliesslich geht es darum, sich an «unbewusst» vorhandene Vorstellungen und Annahmen der liturgischen Akteure anzunähern. Diese «Subtexte» entstehen aus der empfindenden Auseinandersetzung der liturgisch Handelnden mit dem gottesdienstlichen Vorgang und den Gestaltungs- und Erschliessungsaufgaben. Durch sie bereichern, neutralisieren oder dementieren sie «Texte», Stücke und Szenen des Gottesdienstes und dirigieren die Rezeption des Gottesdienstes, seine Wahrnehmung. Die Wahrnehmungen zu den Subtexten werden «gesprächsfähig» durch Rückbezüge auf die mentale Hinterbühne der liturgisch Handelnden und die Szenen, die sich dort in der Vorbereitung oder während des gottesdienstlichen Vollzugs abspielten, auf die Vorbereitung des Gottesdienstes insgesamt, auf Vorerfahrungen mit Liturgien, Predigten und «gottesdienstlichen Atmosphären», die den Zugang zum eigenen liturgischen Handeln öffnen oder Widerstände verankert haben.

Nacharbeit
Nach der Besprechung erstellt die Praktikantin oder die Vikarin ein Protokoll, in dem sie die besprochenen Aspekte festhält, die eigenen Beobachtungen und die Rückmeldungen der Teilnehmerinnen erfasst, Stellung dazu bezieht, nächste Erprobungsschritte notiert und Aspekte sowie Fragestellungen, die sie weiterverfolgen will. Mit diesem Abschlussprotokoll der videobasierten Gottesdienstbesprechung wird die gesamte Anlage als Evaluationsgespräch markiert und das Video als Werkzeug für Aus- und Weiterbildungszwecke von der evaluierten Person bestätigt.

Ein praxisbezogenes Impuls-Werkzeug
Ich verstehe die Videobesprechungen im Sinne des «forschenden Lernens» als Impuls-Werkzeug für eine praxisbezogene Diskussion über den Gottesdienst. Für mich steht es im Zusammenhang mit Phasen der Erprobung und Veränderung des eigenen liturgischen Wahrnehmens und Handelns. Das gemeinsame Diskutieren von eigenen und fremden Gottesdienstaufnahmen unter relevanten Gesichtspunkten und aus unterschiedlichen Perspektiven sowie der Einbezug theoretischer Erkenntnisse und weiterer Erprobungsformen erweitern das eigene Denken und Wissen über das gottesdienstliche Handeln. So wird der Gottesdienst unter veränderter und erweiterter Perspektive vorbereitet und gefeiert.

Videobasierte ethnographische Liturgik – eine Disziplinierung

Christian Walti

In der Wissenschaft braucht man zur methodisch kontrollierten Arbeit «Disziplin» – so haben die Exegese, die historischen Fächer und die Sozialwissenschaften jeweils ihre Disziplin, die das Gespräch unter den Wissenschaftlerinnen an bestimmte Formen der Wissensproduktion anbindet und somit reguliert. Ich möchte im Folgenden meinen Wissenschaftszweig, die videobasierte ethnographische Liturgik, «disziplinieren»: ihr eine Disziplin auferlegen. Dies ist besonders wichtig, weil wir Videos vor allem von Freizeitaktivitäten her kennen: Videos drehen und visionieren macht in erster Linie Spass. Aber kann der Einsatz von Videos auch wissenschaftlich sein? Wie kommt man überhaupt darauf, mit einem solchen Medium in der Forschung zu arbeiten? Und, wieso ausgerechnet in der Gottesdienstforschung? Diese Fragen möchte ich Folgenden erörtern.

Videobasierte Forschung

Liturgien sind geregelte Verhaltensabläufe, d. h. institutionalisierte Interaktionen. In Deutschland spricht man von der «Agende», «das zu Handelnde» wird vorgegeben. Aber auch in einem Gottesdienst ist «das zu Handelnde» nie vollständig determiniert, sondern höchstens eingespurt bzw. vorgeformt. Mit anderen Worten: Ich kann keinen Gottesdienst hundertprozentig vorausplanen, sondern muss ihn mit einer Musikerin, einem Raum, einer Gemeinde jeweils inszenieren.

Wenn wir Gottesdienste von ihrer performativen Gestalt her erforschen wollen, dann müssen wir diese Offenheit auf irgendeine Art und Weise zu dokumentieren versuchen. Am offensten wäre da ein Zugang mittels teilnehmender Beobachtung: Der Gottesdienst wird von einem Forscher besucht und mitgefeiert. Dabei oder danach wird das Geschehen formal (Was geschieht?) und sinnbezogen (Welchen Sinn ergibt das Handeln?) schriftlich protokolliert. Teilnehmende Beobachtung hat den Vorteil, alle Sinneseindrücke zugleich zu berücksichtigen. Eher nachteilig ist, dass sie vom beobachtenden Subjekt stark geprägt ist und es deshalb schwierig wird, die gemachten Beobachtungen im Nachhinein zu überprüfen. Ausserdem sind komplizierte und mehrschichtige Interaktionen – von denen es im Gottesdienst nur so wimmelt – oft zu schnell, als dass sie von einem Beobachter *en détail* festgehalten werden könnten. Der Beobachter geht dann beim Notieren der Abläufe direkt zu einem pauschalen Urteil über das Beobachtete über, anstatt genaue Abläufe und Muster erkennen zu können.

Mit einer auf digitalem Video aufgezeichneten Handlung hingegen, die beliebig wiederholt werden kann, ist detaillierte Beobachtung möglich. Auf dem Video dokumentieren sich die Sequenzialität (In welcher Reihenfolge wird gehandelt? Welche Handlungen schliessen an welche Handlungsimpulse an?), zusätzlich aber auch auf der synchronen Ebene die Gestaltung (Was wird wie zusammengestellt?

Welche Bildhaftigkeit, Räumlichkeit oder Körperlichkeit hat das Geschehen?). Da sich so viele Abläufe und Gestaltungen zugleich abbilden lassen, ist es besonders wichtig, festzulegen, worauf man achten will. Diese Frage bestimmt nicht nur die Analyse des Bildmaterials, sondern auch die Ausrichtung der Kamera (Was gehört auf das Bild und was nicht?).

Die erfahrenen videographischen Forscher Hubert Knoblauch und Bernt Schnettler vergleichen den Einsatz von Video in der Forschung mit dem Gebrauch eines Mikroskops: Das Video fokussiert einen kleineren Ausschnitt der Wirklichkeit, ermöglicht aber grössere Detailtreue.[6] Oder um einen beliebten konstruktivistischen Kritikpunkt an der Videographie vorweg zu nehmen: Das Video rekonstruiert die Realität des Gottesdienstes neu. Wir dürfen das auf ihr Dokumentierte nicht mit der Realität verwechseln.

Ethnographische Forschung

Das Phänomen des Gottesdienstes wird uns fremd durch die videographische Dokumentation: Es wird zu einem «Gegen-Stand»,[7] wird seinem Kontext entrissen. Wir sehen darin nur einen kleinen Ausschnitt der Gottesdienstrealität. Ohne Kontextwissen sind viele Äusserungen und Verhaltensweisen auf dem Video nicht mit Sinn zu versehen. Es ist daher unabdingbar, dass zur Deutung des Videos auch Kontextwissen herangezogen wird.

Die Aufzeichnung eines Gottesdienstes muss daher durch teilnehmende Beobachtungsnotizen des Feldforschers begleitet werden. In ihnen notiere ich alles, was mir rund um den Gottesdienst auffällt. Ausserdem werden Flyer, Ankündigungen, Aushänge im Umfeld des Gottesdienstes dokumentiert. Und besonders wichtig ist die Situierung des Gottesdienstes im Kirchenjahr und im gesamten Gemeindeleben. Das Gespräch mit den Pfarrpersonen oder Vertretern des Kirchgemeinderates im Vorfeld der Aufnahme ist also besonders wichtig. Es gilt eine klare Vereinbarung über den Standort der Kamera, den Umgang mit den Daten und die Ankündigung der Videographie zu treffen.

Videographische Forschung ist somit ein Exemplarfall für das, was Hubert Knoblauch «fokussierte Ethnographie» nennt: Eine Methode zur Erforschung von «mikrosoziologischen» Lebenswelten. Wie die klassische Ethnographie wendet sich auch die fokussierte Ethnographie einer «unbekannten» Kultur zu. Allerdings wird das «Unbekannte» nicht bei einem Naturvolk oder einem folkloristischen Brauch, sondern mitten in der modernen Gesellschaft gesucht. Unsere Gesellschaft

6 Vgl. Bernt Schnettler/Hubert Knoblauch: Videoanalyse, in: S. Kühl/P. Strodtholz/A. Taffertshofer (Hg.): Handbuch der Organisationsforschung. Quantitative und Qualitative Methoden, Wiesbaden 2009, S. 272–297.

7 Vgl. Hubert Knoblauch, Fokussierte Ethnographie, in: Sozialer Sinn 1/2001, S. 123–141, hier S. 135.

zeichnet sich dadurch aus, dass sie in verschiedenste parallel existierende Lebenswelten differenziert ist, die voneinander nur minimale Kenntnisse haben.

Eine ethnographische Videographie trägt dieser ausdifferenzierten Welt Rechnung, indem sie einzelne Lebensszenen detailliert untersucht und anschliessend in ihrem Kontext verortet. Für den Gottesdienst ist dies besonders interessant: Menschen, die am Gottesdienst teilnehmen, verfügen über ein spezifisches Hintergrundwissen und bestimmte (religiöse oder weltanschauliche) Motivationen. Bei den Beobachtungen am Video gilt es, genau diese spezifischen, auf die «Szene» des Gottesdienstes zugeschnittenen Motivationen am sichtbaren Verhalten zu zeigen. Es geht also nicht darum, eine bestimmte, einzigartige und einmalige Situation zu dokumentieren. Ganz im Gegenteil, so der Religionssoziologe Hubert Knoblauch:

> «Die fokussierte Ethnographie beschränkt sich vielmehr auf das Hintergrundswissen hinsichtlich des Ausschnitts, der von den aufgezeichneten Daten abgedeckt wird.»[8]

Videobasierter ethnographischer Forschung geht es also um das nur teilweise bewusste, praxeologische Wissen[9], das Menschen in wiederkehrenden Situationen anwenden können.

Videobasierte ethnographische Liturgik

Ich verstehe Liturgik als theologischen Gesprächspartner der *Ritual Studies*. Die *Ritual Studies* sind mitte der 1970er Jahre im Rahmen der vergleichenden Religionswissenschaft entstanden, die sich bekanntlich einer wertneutralen und anthropologischen Sicht auf religiöse Phänomene verschrieben hat.[10] Liturgik hingegen ist eine theologische Disziplin und somit auf bestimmte Glaubensüberzeugungen und bestimmte Traditionsbestände bezogen. Auf den Gottesdienst angewandt bedeutet dies insbesondere, dass sie ästhetische und ethische Fragen direkt zulässt: Sie klammert Fragen nach dem Richtigen, Schönen und Guten nicht aus, und bleibt nicht auf der Ebene einer von aussen kommenden Beschreibung stehen, sondern nimmt gegenüber den beobachteten Vorgängen eine kritische Haltung ein, die Werturteile miteinschliesst.

Der Ritualforscher Ronald Grimes hat durch zahlreiche ethnographische Forschungsprojekte eine Form der Ritualstudien entwickelt, die wie die theologische Liturgik ethische und ästhetische Fragen nicht ausschliesst, sondern sie sogar als konstitutiven Bestandteil solcher Studien festhält.[11] Grimes sieht im

8 A. a. O., S. 133.

9 Vgl. Theodore W. Jennings: Rituelles Wissen, in: Andrea Belliger/David J. Krieger (Hg.): Ritualtheorien. Ein einführendes Handbuch, Wiesbaden 2008, S. 157–172.

10 Vgl. dazu Paul Post: Überfluss und Unvermögen – Ritualkompetenz oder Kompetenzverlust. Rituell-liturgische Erkundungen im Lichte der Ritual Studies, in: Benedikt Kranemann (Hg.): Wiederkehr der Rituale. Zum Beispiel die Taufe, Stuttgart 2004, S. 47–71.

11 Zum Konzept vgl. Ronald L. Grimes: Ritual Criticism. Case Studies in its Practice, Essays on its Theory. Columbia 1990.

«Kritisieren» einen inhärenten Bestandteil von rituellen Handlungen. Er führt diesen Umstand auf die Tatsache zurück, dass Rituale stets Plattformen sind, auf denen unterschiedliche Interessen miteinander in Konkurrenz stehen und sich daher auch – meistens versteckt – Machtspiele vollziehen.[12] Wenn sich zum Beispiel ein Konfirmand der freundlichen Aufforderung der Pfarrerin «zum Singen bitte aufzustehen» widersetzt, dann interpretiert er damit die rituelle Vorgabe auf kritische Art und Weise.

Aber nicht nur bei den Gottesdienstteilnehmenden gehört «Kritisieren» zum Ritual hinzu. Gerade auch bei den Ritualexperten ist die Auseinandersetzung mit rituellen Abläufen mit dem Ritual selbst untrennbar verbunden. So überlegen sich Pfarrerinnen bei der Vorbereitung von Gottesdiensten jeweils, wie sie bestimmte Feierformen der Situation anpassen können, welche Handlungen oder Ausdrücke sie den anderen Gottesdienstteilnehmenden erklären müssen, wo sie bewusst, explizit oder stillschweigend traditionelle Teile der Liturgie weglassen oder wo sie in gleicher Weise neue Stücke importieren können.

Weil in einem Ritual immer unterschiedliche Wertvorstellungen (ästhetische und ethische) aufeinanderprallen, es keinen neutralen Ritualteilnehmer gibt, gibt es nach Grimes auch so etwas wie eine wertneutrale Forschung am Ritual nicht. Zugleich ist *Ritualkritik* nicht mit beliebigem Herumkritisieren am Ritual zu verwechseln. Gottesdienstnachgespräche wie sie oft beim Kirchenkaffee nach dem Gottesdienst stattfinden ergeben noch keine ritualkritische liturgische Diskussion. Sie verlaufen ohne offengelegte Kriterien und ohne gezielte Fragestellungen und sind somit nicht intersubjektiv validierbar. Ritualkritische Liturgik muss demgegenüber explizit sagen, mit welchen Fragestellungen sie von welchen Überzeugungen und Weltanschauungsinhalten ausgeht und wie sie diese auf ihre empirischen Beobachtungen bezieht. Wissenschaftlich kann ich beispielsweise nicht sagen, ob ein Gottesdienst «gut» oder «schlecht» war, sondern lediglich, ob die Formen, Abläufe und Inhalte den Vorstellungen und Glaubensüberzeugungen seiner Teilnehmerinnen entsprochen haben oder nicht, und vor allem, wie sie diese Entsprechung herstellen.

Genau für eine solche Form von Liturgiekritik ist die Nachbesprechung anhand eines Videos besonders hilfreich.[13] Beim videobasiertem «In-Erinnerung-Rufen» kann ich mit Gottesdienstteilnehmenden über ihre Vorstellungen und Glaubensüberzeugungen ins Gespräch kommen. Da wir die Sequenzen beliebig oft ansehen können, gewinnen die Beobachtungen mehr Detailtreue und gehen

12 Vgl. dazu Catherine Bell: Ritual Theory, Ritual Practice, New York 1992, S. 197: «[R]itualization is first and foremost a strategy for the construction of certain types of power relationships effective within particular social organizations.»

13 In der qualitativen Sozialforschung spricht man von «Video-Elizitation»: Das Video wird in Interviewsituationen als Impulsgeber eingesetzt, anhand dessen Beteiligte ihre Überzeugungen und Eindrücke zur Sprache bringen können.

über spontane Eindrücke hinaus. Beobachterinnen können überdies am Videomaterial ihre Werturteile mit bestimmten Aktionen und Handlungen verbinden. Die «Vergegenständlichung» der Handlungen durch das Video gibt ihnen die nötige Freiheit zur Kritik. Letztlich ermöglicht das Video, körperliche, gestische, mimische Komponenten des Gottesdienstes gemeinsam mit anderen zu besprechen und so gemachte Beobachtungen direkt intersubjektiv zu verifizieren. Es ist dabei – gerade für Nicht-Theologen – von grossem Wert, dass sie direkt auf den Bildschirm zeigen können, ohne auf einen bestimmten Begriff rekurrieren zu müssen («Das meine ich!»). So ermächtigen Videobesprechungen auch Menschen, denen das begriffliche Instrumentarium fehlt, zur Mitsprache in der Liturgik.

Wenn Liturgik nicht auf der idealistischen Ebene der «Agende» stehen bleiben will, sondern ein Interesse an gelebter gottesdienstlicher Performanz hat, dann kann sie das Potenzial von Videoaufnahmen nicht ausser Acht lassen. Die Leichtigkeit im Umgang mit Videomaterial, die viele Menschen heute an den Tag legen, ist eine Chance für eine von den Gottesdienstteilnehmenden, ihren Erfahrungen und ihrem körperlichen Wissen her begründete Liturgik. Liturgiewissenschaftlerinnen können durch Forschung mit Videomaterial besser verstehen, wie das Verhaltensrepertoire und die Gestaltungsmöglichkeiten im Gottesdienst mit den religiösen und profanen Überzeugungen und Gewohnheiten der an ihm teilnehmenden Menschen zusammenhängen.

Die Liturgie als heilige Handlung: Zur Dramaturgie liturgischer Feiern

Birgit Jeggle-Merz

Einführung: Dramaturgie – das dem gottesdienstlichen Geschehen innewohnende Spannungsprinzip

Auf den ersten Blick ist der Workshop mit einem sehr katholischen Titel überschrieben. Da kommen Begriffe vor wie «Liturgie» und «heilige Handlung», die zunächst mit einem katholischen Gottesdienstverständnis verknüpft werden und nicht so sehr mit dem, was in den Kirchen der Reformation unter dem Stichwort «Gottesdienst» gefasst wird. So könnte der Eindruck entstehen, dass es dem Workshop vorrangig um die Darstellung einer katholischen Position ging. Aber weit gefehlt: Ziel des Workshops war es aufzuzeigen, dass evangelisch-reformierte und katholische Liturgiewissenschaft sich – trotz unterschiedlicher Sprachspiele – thematisch anzunähern beginnen und sich dem Phänomen «Gottesdienst» auf ähnliche Weise zuwenden. Diese Beobachtung schafft eine gute Basis für gemeinsames Forschen und Disputieren.

Gerade wenn man von der Liturgie als einer heiligen Handlung spricht, so weckt dies sogleich Assoziationen an ein Liturgieverständnis, das in der katholischen Kirche mit dem Zweiten Vatikanischen Konzil (1962–1965) überwunden worden ist. An dieser Stelle sei dieses eigentlich überholte Verständnis aber noch einmal eigens genannt, weil es immer noch in den Köpfen nicht weniger Zeitgenossinnen und Zeitgenossen gerade in dieser verkürzten Form herumschwirrt: Nach über viele Jahrhunderte geltendem Verständnis war es allein der Priester als Kultdiener, der das Messopfer nach Regeln und mit Texten vollzog, die in liturgischen Büchern niedergelegt und wortgetreu gemäss den Rubriken vorzutragen waren. Diese Darbringung des Messopfers entzog sich der Mitwirkung der Gläubigen, die der Handlung nur stumm und im Gebet versunken beiwohnen konnten, dafür aber in den Genuss der Messopferfrüchte gelangten.[1] Bei einem solchen Gottesdienstverständnis gibt es wenig Anknüpfungspunkte für ein Gespräch zwischen katholischer und evangelischer Liturgiewissenschaft.

1 Dass «Liturgie als heilige Handlung» im katholischen Verständnis anderes meint als das Persolvieren von Riten und Texten, wird später ausgeführt werden.

Anders wird der Eindruck, wenn man den zweiten Teil des Titels hinzunimmt, der sowohl für katholisches als auch für reformiertes Gottesdienstverständnis gilt. Dieser expliziert den Focus des Workshops: Es ging um das dem gottesdienstlichen Handeln innewohnende Spannungsprinzip. Wenn man den aus der Theaterwissenschaft stammenden Begriff «Dramaturgie» für gottesdienstliches Geschehen verwendet, ist damit die Kunst der Inszenierung gemeint, wobei nicht das möglichst geschickte Mischen von Wort, Musik und Zeichenhandlungen damit intendiert ist, sondern die Kunst, über die Gestalt dem Gehalt des Gefeierten Ausdruck zu verleihen. Deutlich wird: Liturgie/Gottesdienst ist mehr als ein Aneinanderreihen von einzelnen Elementen. Es ist eine dramatische Handlung, die einem bestimmten Rhythmus von Aufbauphasen und Höhepunkten folgt mit dem Ziel, die Begegnung zwischen Gott und Mensch zu ermöglichen.

Dramaturgie – heilige Handlung aus dem Blickwinkel evangelischer Liturgiewissenschaft

Im Fächerkanon evangelischer Theologie hatte die Reflexion gottesdienstlichen Handelns lange keinen profilierten Platz. Dies hat sich in jüngster Zeit deutlich gewandelt. Liturgik oder Liturgiewissenschaft tritt als eigenständige theologische Disziplin hervor, die nur noch wenig gemein hat mit dem alten Verständnis der Liturgik als reiner Anwendungswissenschaft. Klaus Raschzok zeigt dies am Beispiel der Kontroverse um das Eucharistiegebet im Vorentwurf der *Erneuerten Agende* von 1989 auf. Die Kirchenhistorikerin Dorothea Wendebourg wollte aus ihrer Arbeit am historischen Material unmittelbare Konsequenzen für die gegenwärtige liturgische Praxis ziehen. Dagegen Raschzok: «Die Praktische Theologie [...] hat in einem eigenständigen, auf die Praxisgestalt des Glaubens bezogenen Reflexionsakt Klärung darüber zu vollziehen, wie historische und dogmatische Sachverhalte angemessen auf die Feiergestalt des Glaubens im Gottesdienst zu beziehen sind.»[2] Gegenüber einer dogmatisch-historischen Lektüre der Abendmahlsordnungen Luthers müsse – so Raschzok – die Feier des Abendmahls sachgerecht als performatives Geschehen beschrieben werden, «das verschiedene Akte des Redens und Handelns im Vollzug der Aufführung vereinigt, die dogmatisch jedoch voneinander zu trennen sind».[3] Dieser

> «performative Charakter des Gottesdienstes und damit dessen modellhafte Beschreibung als Akt der Verkörperung der Gottesbegegnung in der Feiergestalt des Glaubens stellt für die gegenwärtige kulturwissenschaftlich orientierte evangelische Liturgiewissenschaft eine konstitutive Grundannahme dar. Performativität als Schlüsselkategorie einer an zeitgenössischen Theatralitätsdiskursen orientierten kulturwissenschaftlichen Theorie-

2 Klaus Raschzok: Dramaturgie und Theologie im gottesdienstlichen Vollzug. Performativität als Akt der Verkörperung, in: Liturgie und Kultur 1/2010, S. 9–29, hier S. 21.

3 A. a. O., S. 22.

> bildung bezeichnet dabei die grundlegende Einsicht in den korporal vermittelten Ereignischarakter des gottesdienstlichen Feiergeschehens und vollzieht einen Interessenwandel vom Werk zur Aufführung bzw. von der Werk- und Rezeptions- zur Produktionsästhetik.»[4]

Dieser Begriff der Performativität begegnet in der evangelischen Liturgiewissenschaft allerorts. Geht man dem Ursprung des Wortes nach (forma = Form, Gestalt, Figur, Beschaffenheit, Modell; formare = gestalten, bilden, darstellen, verfestigen; formatio = Gestaltung) wird deutlich, dass im Fokus des Interesses der «Akt der Verkörperung» steht, genauer die Frage, wie dieser Akt der Verkörperung die Sinnzuschreibung beeinflusst. «Die Perspektive des Performativen rückt die Inszenierungs- und Aufführungspraktiken sozialen Handelns, deren wirklichkeitskonstitutive Prozesse sowie den Zusammenhang von körperlichem und sprachlichem Handeln, Macht und Kreativität in den Mittelpunkt»,[5] so Christoph Wulf und Jörg Zirfas.

Diese grundlegenden Überlegungen der evangelischen Liturgiewissenschaft fallen jedoch nicht vom Himmel, sondern begegnen schon früher in evangelischer Gottesdiensttheorie, worauf Klaus Raschzok hinweist.[6] So versteht z. B. Wilhelm Löhe (1808–1872) Gottesdienst als dramatisch-poetisches Geschehen voller innerer Schönheit, als «dramatisch inszeniertes Geschehen», «das einen Raum des Erlebens für die Gottesbegegnung der Feiernden eröffnet».[7] Die Liturgie des Hauptgottesdienstes ist für ihn einem zweigipfeligen Berg vergleichbar,

> «dessen einer Gipfel, wie etwa bei Horeb oder Sinai, niedriger ist als der andere. Der erste Gipfel ist die Predigt, der zweite das Sakrament des Altares, ohne welches ich mir einen vollendeten Gottesdienst auf Erden nicht denken kann. Man ist bei dem Hauptgottesdienste immer im Steigen begriffen, bis man bei dem Tisch des Herrn angelangt ist, wo man nicht Höheres mehr über sich hat als den Himmel und deshalb nur im Nunc dimittis einen entsprechenden Ausdruck für das inwendige Sehnen findet.»[8]

Ein weiteres gutes Beispiel dafür ist Hans Asmussen (1898–1969), der in seiner Gottesdienstlehre aus dem Jahr 1937 von der Notwendigkeit der Entzeichnung der Heiligen Schrift im Gottesdienst durch den Körper der Feiernden spricht:

4 A. a. O., S. 9; vgl. auch Klaus Raschzok: Gottesdienst und Dramaturgie. Eine Einführung, in: Irene Mildenberger/Klaus Raschzok/Wolfgang Ratzmann (Hg.): Gottesdienst und Dramaturgie. Liturgiewissenschaft und Theaterwissenschaft im Gespräch, Leipzig 2009 (Beiträge zu Liturgie und Spiritualität, 23), S. 15–45.

5 Christoph Wulf/Jörg Zirfas: Bild, Wahrnehmung und Phantasie. Performative Zusammenhänge, in: Ders.: Ikonographie des Performativen, München 2005, S. 7–32, hier S. 8.

6 Vgl. Raschzok: Dramaturgie (s. Anm. 2), S. 14–17.

7 A. a. O., S. 15.

8 Wilhelm Löhe: 1. Agende für christliche Gemeinden des lutherischen Bekenntnisses (1852), in: Gesammelte Werke, hg. v. Klaus Ganzert, Bd. 7: Die Kirche in der Anbetung, Neuendettelsau 1953, S. 13.

> «Die Gemeinde bleibt einfältig bei der Erwartung und bei dem Glauben, dass überall dort, wo die Heilige Schrift laut wird, etwas geschehen will. Gott will zu Wort kommen. Darum ist Schöpfungszeit, wo die Schrift gelesen wird.»[9]

> «Den Christen trifft die Aufgabe der Gestaltung, indem Gott das geistliche Leben in ihm Gestalt werden lässt.»[10]

In der aktuellen evangelischen Liturgiewissenschaft besteht Konsens darüber, dass Gottesdienst sich sachgerecht nur als Geschehen beschreiben lässt.[11] So stellt für Martin Nicol Liturgie die eigentümliche Weise dar, sich im Geheimnis Gottes zu bewegen. Die Aufgabe der Liturgiewissenschaft ist die Erschliessung ihrer Feiergestalt.[12] Für Thomas Klie gelangt in der Liturgie «das Evangelium leiblich-expressiv zur Darstellung». Ja, für ihn existiert Liturgie nur im «Modus eines dramaturgisch geordneten Ausdrucksverhaltens»[13]. Michael Meyer-Blanck verwendet den Begriff der Inszenierung als Beschreibung des Ineinanders von Verheissung Gottes und menschlicher Gestaltungskunst.[14] Auch die Überlegungen von David Plüss wurzeln im performativen Verständnis: Gottesdienst wird als komplexe, Produktion und Rezeption integrierende körperlich-sinnliche Vollzugs- und Integrationsgestalt verstanden, die eine dynamische, durch empirische Methoden nur schwer zugängliche performative Vollzugseinheit darstellt.[15]

Insgesamt wird deutlich, dass aus evangelischer Perspektive gottesdienstliche Dramaturgie zu verstehen ist als «die Kunst des eigenständigen Wahrnehmungsmodus der Praktischen Theologie für die Feiergestalt des Glaubens».[16] Gottesdienst wird so verstanden als Ort in dem die feiernden Menschen die Gegenwart Gottes erfahren können.

9 Hans Asmussen: Gottesdienstlehre, Bd. 1: Die Lehre vom Gottesdienst, München 1937, S. 31.

10 A.a.O., S. 113.

11 Ich folge hier weitgehend Raschzok: Dramaturgie (s. Anm. 2), S. 12f.

12 Vgl. Martin Nicol: Weg im Geheimnis. Plädoyer für den Evangelischen Gottesdienst, Göttingen 2009, S. 15. Vgl. auch ders.: Dramaturgische Homiletik, Göttingen 2002.

13 Thomas Klie: Präsenz und Präsentation. Liturgie als performatives Handeln, in: Artheon-Mitteilungen 24/2006, S. 12–18, hier S. 12.

14 Vgl. Michael Meyer-Blanck: Inszenierung des Evangeliums. Ein kurzer Gang durch den Sonntagsgottesdienst nach der Erneuerten Agende, Göttingen 1997.

15 Vgl. David Plüss: Gottesdienst als Textinszenierung. Perspektiven einer performativen Ästhetik des Gottesdienstes, Zürich 2007; vgl. auch ders.: Die Grundgesten der Liturgie. Oder: Wie kommt der Körper in den Gottesdienst hinein?, in: Susanne Dungs/Heiner Ludwig (Hg.): profan – sinnlich – religiös. Theologische Lektüre der Postmoderne. FS Uwe Gerber, Frankfurt a.M. u.a. 2005, S. 189–208.

16 Raschzok: Dramaturgie (s. Anm. 2), S. 19; vgl. auch Raschzok: Gottesdienst und Dramaturgie (s. Anm. 4). Als ein Vertreter evangelischer Liturgiewissenschaft, der den Diskurs mit den katholischen Fachvertretern unermüdlich gesucht hat, ist Karl Heinrich Bieritz zu nennen. Er hat sich bereits mit der Thematik der Dramaturgie des Gottesdienstes auseinandergesetzt, als dies noch nicht unbedingt Konsens war. Deshalb sei es an dieser Stelle erlaubt, mit einigen Beispielen auf seine umfangreichen Schriften hinzuweisen: Karl Heinrich Bieritz: Gottesdienst als «offenes Kunstwerk»? Zur Dramaturgie des Gottesdienstes, in: PTh 75/1986, S. 358–373; ders.: Erlebnis Gottes-

Dramaturgie – heilige Handlung aus dem Blickwinkel katholischer Liturgiewissenschaft

Will man dem Begriffspaar «Dramaturgie – heilige Handlung» aus der Perspektive katholischer Liturgiewissenschaft näher kommen, so muss man bei zwei Altvätern der Liturgiewissenschaft beginnen, ohne deren Vorarbeiten auch die lehramtlichen Ausführungen in der Liturgiekonstitution *Sacrosanctum Concilium* (SC) über das Wesen der Liturgie[17] nicht denkbar gewesen wären. Die Rede ist von Odo Casel (1886–1948) und Romano Guardini (1885–1968). Einige Zitate aus ihren Schriften vermitteln einen ersten Einblick in ihr Denken.

Odo Casel eröffnete in der ersten Hälfte des letzten Jahrhunderts durch einen Rückgriff auf antike Mysterienkulte einen neuen Weg zum Verständnis des Gottesdienstes.

> «Die Götter als ‹Festgenossen› und ‹Mitspieler› – darin ist der Sinn des kultischen Spiels am tiefsten ausgesprochen. Es ist ein gemeinsames Wirken von Gott und Mensch, das von seiten des Menschen der unsichtbaren Gottheit gegenüber nur in heiligem Symbol und damit in heiligem Spiel vollzogen werden kann, hinter dem aber die göttliche Wirklichkeit steht. […] Die heilige Handlung ist ein dromenon, Drama, stellt ein kosmisches Geschehen dar, und zwar als Identifikation, wiederholt also das Geschehnis. Der Kult bringt die Wirkung, die in der Handlung versinnbildlicht wird, zuwege. Seine Funktion ist nicht blosse Nachahmung, sondern ein Teilgeben und Teilhaben.»[18]

Diese religionsgeschichtlichen Analogien brachten ihm vehemente Kritik ein, doch sie ermöglichten eine Änderung des Blickwinkels. Es gelang ihm, die Messfeier als eine kultische *actio* zu begreifen. Denn er war sicher: Die Heilstat Jesu Christi ist nicht nur kraft seines Stifterwillens ihrer Heilswirkung nach im Gottesdienst gegenwärtig und erreicht auf diese Weise die Gläubigen, sondern die Heilstaten des Herrn selbst sind in der Liturgie gegenwärtig und wirksam. Die Kategorie des Dramatischen, des Spiels, ist für ihn zentraler Schlüssel, den liturgischen Vollzug als ein wirklichkeitsgeladenes Symbolgeschehen zu begreifen.

dienst. Zwischen «Verbiederung» und Gegenspiel. Liturgisches Handeln im Erlebnishorizont, in: WzM 48/1999, S. 488–501; ders.: Spielraum Gottesdienst. Von der «Inszenierung des Evangeliums» auf der liturgischen Bühne, in: Anna-Katharina Szagun (Hg.): Erfahrungsräume. Theologische Beiträge zur kulturellen Erneuerung (Rostocker Theologische Studien 3), Münster 1999, S. 37–57; ders.: Spielraum Gottesdienst. Von der «Inszenierung des Evangeliums» auf der liturgischen Bühne, in: Arno Schilson/Johannes Hake (Hg.): Drama ‹Gottesdienst›. Zwischen Inszenierung und Kult, Stuttgart u.a. 1998, S. 69–101; ders.: Zwischen Raum- und Zeitgenossenschaft. Vergegenwärtigung des Heils in Liturgie und geistlichem Spiel, in: JLH 48 (2009), S. 38–61.

17 Vgl. zum Text und zur Bedeutung der Liturgiekonstitution bei Reiner Kaczynski: Theologischer Kommentar zur Konstitution über die heilige Liturgie Sacrosanctum Concilium, in: Peter Hünermann/Bernd J. Hilberath (Hg.): Herders Theologischer Kommentar zum Zweiten Vatikanischen Konzil, Bd. 2, Freiburg i. Br. u. a. 2004, S. 1–227.

18 Odo Casel: Glaube, Gnosis und Mysterium, in: JLW 15/1941, S. 155–305, hier S. 218 f. (Der griechische Text wird hier in Umschrift wiedergegeben; Anm. d. Hg.)

> «Denn alle Christen nehmen teil an der heiligen Handlung. So sehr sind sie durch den Besitz des Geistes Christi mit dem Herrn verbunden, dass Christus und die Kirche wie ein Leib sind. Was aber das Haupt tut, das tun und leiden die Glieder mit. Deshalb sagt der hl. Augustinus kurz und tief: ‹Christus ist Priester, er selbst zugleich Opferer und Opfergabe.› Eine Mysteriendarstellung (sacramentum) dieser Tatsache ist, wie er es angeordnet, das tägliche Opfer der Messe. Da dieser der zu jenem Haupte gehörende Leib ist, so lernt sie durch ihn sich selbst zu opfern. So ist denn die Kirche, und zwar die konkrete Gemeinde, die eben die Messe feiert, nicht blosse Zuschauerin eines Dramas, sondern Mitakteurin.»[19]

Die Feiergestalt der Liturgie ist daher nicht zweitrangig, sondern an die symbolisch-darstellende Nachahmung, die Mimesis des Christusereignisses, gebunden.

> «Wenn der Mensch also im Glauben an die Kraft Christi in das Wasser hinabsteigt und gewissermassen in ihm untergeht, so stirbt er, aber nicht wirklich, sondern mystisch, insofern der Tod Christi, durch den dieser die Sünde getilgt hat, auf ihn übertragen wird; taucht er aus dem Schosse des Wassers wieder empor, so beginnt für ihn ein neues Leben, jenes Leben der Reinheit und völligen Vereinigung mit Gott, wie es Christus nach der Auferstehung führte. So ist der Mensch in ein neues, göttliches Leben wiedergeboren; die Sünde hat keine Gewalt mehr über ihn.»[20]

Für Casel war evident, dass «jegliche Phänomenologie der Liturgie zu einer Ontologie der Liturgie führen müsste. Eine solche Ontologie der Liturgie ist die Mysterienlehre!»[21].

Auch Romano Guardini fand einen neuen Zugang zu dem, was in der Liturgie der Kirche gefeiert wird, indem er die Sprache und damit den Blickwinkel änderte. Er verfasste 1918 eine kleine Schrift, der eine enorme Wirkung beschieden war, wird sie doch als Initialzündung der Liturgischen Bewegung des 20. Jahrhunderts angesehen. Er nannte dieses kleine Heftchen, mit dem eine Reihe ähnlicher Schriften der Benediktiner von Maria Laach begann: «Vom Geist der Liturgie». Nach den Wirrungen des Ersten Weltkrieges waren die Menschen hungrig nach Orientierung. Und da schrieb ein junger Mann in einer Sprache, die sie nicht kannten, die ihnen aber aus der Seele sprach, von der Schönheit, von der Kraft und dem Glanz der Liturgie. Ein Kapitel in diesem kleinen Büchlein überschrieb Romano Guardini mit dem Titel «Liturgie als Spiel».

19 Odo Casel: Die Messe als heilige Mysterienhandlung, in: Mysterium. Gesammelte Arbeiten Laacher Mönche, Münster 1926, S. 29–52, hier S. 43.

20 Odo Casel: Die Liturgie als Mysterienfeier (Ecclesia Orans 9), Freiburg i. Br. [5]1923, hier S. 49 f.

21 André Gozier: Odo Casel. Künder des Christusmysteriums, hg. v. Abt-Herwegen-Institut der Abtei Maria Laach, Regensburg 1986, S. 15. (Originaltitel: Dom Casel, Paris 1968 [Collection théologiens et spirituels comtemporains]. Übers. v. Emmanuela Meilwes OSB.)

> «Vor Gott ein Spiel zu treiben […] nicht zu schaffen, sondern zu sein, das ist das innerste Wesen der Liturgie.»[22] Ihr Sinn ist, dass «die Seele vor Gott sei» und im Spiel der Liturgie ihr «wahres, eigentliches, wirkliches Leben habe.»[23]

Das Spiel der Liturgie – so führte er nun aus – sei weder Spielerei noch ästhetische Schöngeisterei und entbehre des Ernstes nicht. Es lag nicht in seiner Absicht, das liturgische Geschehen zu desavouieren, sondern im Gegenteil: Er wollte mit dem Begriff «Spiel» das liturgische Geschehen von anderen Formen menschlichen Handelns unterscheiden und so herausfiltern, was das Besondere, das Eigentliche, das Wesen dieses Tuns in der Liturgie sei.

Dieses Verständnis der Liturgie als zweckfreies und absichtloses Spiel der Seele vor Gott führt von selbst zur Forderung nach der vollen, bewussten und aktiven Teilnahme, die die Liturgiekonstitution des Zweiten Vatikanischen Konzils als Wesenselement der Liturgie beschrieb. Die Liturgie mitzufeiern, nicht nur dabei zu sein oder ihr «beizuwohnen» wird als ein aus der Taufe erfliessendes Recht und eine mit der Taufe übernommene Pflicht proklamiert:

> «Die Mutter Kirche wünscht sehr, alle Gläubigen möchten zu der vollen, bewussten und tätigen Teilnahme an den liturgischen Feiern geführt werden, wie sie das Wesen der Liturgie selbst verlangt und zu der das christliche Volk, ‹das auserwählte Geschlecht, das königliche Priestertum, der heilige Stamm, das Eigentumsvolk› (2 Petr 2,9; vgl. 2,4–5) kraft der Taufe berechtigt und verpflichtet ist» (SC 14).

So ist der Boden bereitet für einen erneuerten Zugang zum Geschehen der Liturgie: In der Liturgie tritt Gott je und je neu in die Geschichte ein und handelt in ihr. Gottes Heil ist damit nicht abstrakt, sondern konkret. «In der konkreten Gestalt Jesu Christi und seiner rettenden Heilstat nimmt das göttliche Geschehen selbst in einer Lebensgeschichte den Ausdruck einer Heils-Handlung, eines Dramas an.»[24] Und dieses Drama wird in der Feier der Liturgie als Kultdrama symbolisch nachgebildet und auf diese Weise vergegenwärtigt. «Und deshalb erreicht es den Menschen nicht statisch, abstrahiert von der Dynamik des Erlösungsgeschehens, sondern in der je und je geschenkten Gegenwart des Christusdramas, in dem der einzelne nicht passiver Zuschauer bleiben kann, sondern mithineingezogen wird und mit Christus und als Teil der Ekklesia Christi ein ‹heiliges, gnadenbringendes Drama› aufführt.»[25]

> «So richtet die Kirche ihre ganze Sorge darauf, dass die Christen diesem Geheimnis des Glaubens nicht wie Aussenstehende und stumme Zuschauer beiwohnen; sie sollen viel-

22 Romano Guardini: Vom Geist der Liturgie. Freiburg i. Br. [20]1920, S. 69.

23 A. a. O., S. 65.

24 Jürgen Bärsch: Ist Liturgie Spiel? Historische Beobachtungen und theologische Anmerkungen zu einem vielgestaltigen Phänomen des christlichen Gottesdienstes, in: ALw 47/2005, S. 1–24, hier S. 18.

25 A. a. O., S. 18.

mehr durch die Riten und Gebete dieses Mysterium wohl verstehen lernen und so die heilige Handlung bewusst, fromm und tätig mitfeiern, sich durch das Wort Gottes formen lassen, am Tisch des Herrenleibes Stärkung finden» (SC 48).

Die katholische Liturgiewissenschaft hatte es auf diesem Boden leicht, den *performative turn*,[26] der die kulturelle Landschaft seit Mitte der 1990 Jahre prägt, mitzuvollziehen und für ihren wissenschaftlichen Diskurs fruchtbar zu machen.[27] Liturgie wird nun (wieder) wahrgenommen als ein expressives Ganzes aus Gesten, Haltungen, rhythmischen Bewegungen, als «Handlung» mit Gegenständen wie Wasser, Salbe, Weihrauch und zu dem auch ein Ambiente aus Musik, Gesängen, Momenten der Stille, aus Licht und Raum gehört, das einem Ziel dient: Der Begegnung Gottes mit den Menschen Gestalt und Raum zu geben.[28]

Katholisch konkret: Beispiele aus der Liturgie

Um nicht nur theoretisch über Liturgie als Handlungsgeschehen zu diskutieren, schliessen sich konkrete Beispiele aus der katholischen Liturgie an, die Ausgangspunkt der Diskussion im Workshop darstellten.

Die Wortliturgie der Eucharistiefeier

Der Wortliturgie der Eucharistiefeier kann man sich nähern, indem man die einzelnen Elemente aufzählt: 1. Lesung, Antwortpsalm, 2. Lesung, Ruf vor dem Evangelium, Evangelium, Homilie, Credo, Allgemeines Gebet (Fürbitten). Diese Reihung der einzelnen Elemente des sonntäglichen Wortgottesdienstes verrät allerdings noch nicht viel über die innere Dynamik des Geschehens. In der «Pastoralen Einführung in das Messlektionar» (PEML) heisst es:

> «Dabei wird der Gottesdienst, der ganz aus dem Wort Gottes lebt, selbst zu einem Heilsereignis. Er legt das Wort neu aus und lässt es neu wirksam werden. So folgt die Kirche in der Liturgie treu der Art und Weise, wie Christus die Heilige Schrift gelesen und ausgelegt hat. Er hat dazu aufgefordert, alle Schriften zu ergründen vom ‹Heute› des Ereignisses, das er selbst ist» (PEML 3).

26 Vgl. dazu: Erika Fischer-Lichte: Ästhetik des Performativen, Frankfurt a.M 2004; Doris Bachmann-Medick: Cultural Turns. Neuorientierungen in den Kulturwissenschaften, Reinbek bei Hamburg [3]2009.

27 Vgl. u. a.: Themenheft «Gottesdienst als Geschehen: ‹Performance› als (neue) Leitkategorie», in: BiLi 84/2011, S. 1–63; Stephan Winter: Am Grund des rituellen Sprachspiels. Notwendige Klärungen zu «Performance» und «Performativität» in liturgiewissenschaftlichem Interesse, in: BiLi 84/2011, S. 12–27.

28 Vgl. u. a.: Albert Gerhards: Mimesis – Anamnesis – Poiesis. Überlegungen zur Ästhetik christlicher Liturgie als Vergegenwärtigung, in: Walter Fürst (Hg.): Pastoralästhetik. Die Kunst der Wahrnehmung und Gestaltung in Glaube und Kirche, Freiburg i. Br. u. a. 2002, S. 169–186; Paul Post: Ritual Studies. Einführung und Ortsbestimmung im Hinblick auf die Liturgiewissenschaft, in: ALw 45/2003, S. 21–45.

Hier wird deutlich, dass die Verkündigung aus der Schrift im Gottesdienst nicht einfach ein Verlesen von Texten ist, sondern ein symbolisches Geschehen, durch das an den Hörenden etwas geschieht.

> «Das pneumatische Grundgeschehen ist die Verkündigung als Begegnung des Menschen in der Gemeinde mit dem ihn ansprechenden und ihm Heil zusprechenden Gott, der in der Geschichte richtend und rettend am Menschen gehandelt hat.»[29]

Deshalb ist es wichtig, die rituelle Inszenierung dieser Wortliturgie mit zu beachten. Zunächst ist bemerkenswert, dass es einen speziellen Ort für die Wortverkündigung gibt, in einem alten, bei den Kirchenvätern gebräuchlichen Bild als «Tisch des Wortes» bezeichnet. Dieser Ort, der Ambo, von dem nichts anderes verkündet werden soll als das Wort Gottes selbst, ist symbolischer Ort für die Gegenwart Gottes im Wort. Den Dienst der Verkündigung vollziehen speziell zu diesem Dienst beauftragte Lektoren und Lektorinnen für die Lesungstexte, Kantoren und Kantorinnen für die Psalmen und ein Diakon für die Verkündigung des Evangeliums. Sie alle üben einen Dienst an der versammelten Gemeinde aus, in dem sie sich als Stimme Gottes zur Verfügung stellen und als Zeuginnen und Zeugen für das Bezeugte einstehen. Dass sie dabei nicht nur einen Text – in diesem Fall einen heiligen Text – lesen, erschliesst sich im Blick auf die Ritualität, in den die Verkündigung eingebunden ist.

Die auffälligste rituelle Inszenierung erfährt dabei die Lesung aus dem Evangelium. Ihr geht eine rituelle Prozession mit dem Evangelienbuch voran, die zum Ausdruck bringt, dass Christus selbst mitten in seinem Wort erscheint. Hier muss kein Buch von A nach B getragen werden, sondern in diesem rituellen Akt wird deutlich, was nun geschieht. Die Evangelienprozession mit Leuchtern, Weihrauch und mit der Akklamation durch das Halleluja, dem Wort, mit dem nach der Offenbarung des Johannes (Offb 19,6) mit dem der zur endgültigen Herrschaft antretenden Christus am Ende der Zeiten akklamiert wird, bereitet den Boden dafür, dass das verkündete Wort zu einem neuen Heilsereignis werden kann. Der erste Verkünder des Evangeliums ist der Diakon, nicht der Priester, weil mit ihm als der *Icona vivens Christi servi in Ecclesia* die Armen, Alten, Witwen, Waisen, Entrechteten die Frohe Botschaft verkünden, diejenigen also, welche die ersten Zeugen für das Evangelium sind.[30] Der Christus, dessen Wort im Evangelium erklingt, wird vor und nach der Verkündigung entsprechend akklamiert: «Ehre sei dir, o Herr» – «Lob sei dir Christus».

29 Reinhard Messner: Einführung in die Liturgiewissenschaft, Paderborn 2001, S. 182.

30 Vgl. Birgit Jeggle-Merz: «… so etwas wie das Sinnbild der ganzen Kirche». Der Dienst des Diakons bei Taufe, Trauung und Beerdigung. In: Klemens Armbruster/Mathias Mühl: Bereit wozu? Geweiht für was? Zur Diskussion um den Ständigen Diakonat, Freiburg i. Br. 2009, S. 145–167; ders.: «Selbst Engel können nicht ohne Sinnlichkeit sein» – Oder: «Per signa sensibilia» (Sacrosanctum Concilium 7) – ästhetischer Anspruch und Programm, in: BiLi 78/2005, S. 227–233.

Auch die anderen Lesungen werden durch die Akklamation «Deo gratias» – «Dank sei Gott» – als Wort des Herrn (*verbum Domini*) anerkannt.

Schlussendlich zeigt auch die Form der Verlesung, dass es hier nicht um eine Vorlesestunde geht: Der Sprechgesang, die sogenannte Kantillation, in der sowohl die Lesungstexte wie das Evangelium proklamiert werden kann, dient der Verfremdung des Wortes gegenüber dem Alltagsgebrauch und der Hervorhebung des Vorgelesenen als Gottes Wort.

Diese rituelle Inszenierung steht im Dienst der Begegnung der Gemeinde mit Gott durch die Realpräsenz Christi in seinem Wort, ist also ein anamnetischer Akt, bei dem das Wort gleichsam sakramentale Wirkung erzielt. So wird deutlich, dass christliche Liturgie im Vollsinn des Wortes «Feier» ist, die es dem Menschen ermöglicht, das zwar geschichtlich datierbare, aber doch immer wieder aufs Neue sich ereignende Heilsgeschehen ganzheitlich mitzuvollziehen.

Das Geschehen der Taufliturgie

Das paulinische Verständnis des Taufgeschehens nach Röm 6 schlägt sich in der Feiergestalt der Taufliturgie nieder. Ihr charakteristisches Merkmal ist nicht nur das Übergiessen des Täuflings mit Wasser (oder in der Vollgestalt das Untertauchen des Täuflings) und das Aussprechen der Taufformel, sondern auch ihr Wegcharakter. Insbesondere in dem Zeichen, dass die Liturgie der Taufe nicht an einem einzigen Ort gefeiert wird, sondern sich in einer Prozession entfaltet, kommt zum Ausdruck, dass die Taufe kein punktueller Akt der Eingliederung in die Gemeinschaft der Getauften ist, sondern der Beginn eines herausfordernden Lebensweges und zugleich die Vorwegnahme des Lebensweges selbst. Ein Lebensweg, den die einzelne Christin und der einzelne Christ nicht allein gehen, sondern der nur in der Gemeinschaft der Glaubenden gelebt werden kann. Dieser Zusammenhang findet seine Spiegelung im Wegcharakter der Liturgie der Taufe: Die Feier der Taufe beginnt am Eingang der Kirche, «wo sich die Eltern und Paten mit den zu taufenden Kindern und der übrigen Taufgemeinde versammelt haben» (Die Feier der Kindertaufe, Nr. 33[31]). Sinn dieses liturgischen Handelns an der Kirchentüre ist der Empfang der Taufbewerber in der Gemeinschaft der Glaubenden, so heisst es im Gebetswort (Die Feier der Kindertaufe, Nr. 39). Zeichen dieses Willkommenseins ist die Bezeichnung mit dem Kreuz, dass symbolisch die «Tür in die heilige Kirche» (Die Feier der Kindertaufe, Nr. 40) öffnet. Hier wird deutlich: Die Liturgie der Taufe ist nicht nur eine Handlung, die sich am Täufling vollzieht, sondern die Eröffnung eines Heilsraumes, der jeden und jede Mitfeiernde mit dem Heilswirken Gottes verbindet.

31 Die Feier der Kindertaufe in den Bistümern des deutschen Sprachgebietes. Zweite authentische Auflage auf der Grundlage der Editio typica altera 1973, Freiburg i.Ü. u. a. 2007.

Gemeinsam ziehen die Versammelten zum Ort des Wortgottesdienstes. Es ist augenscheinlich, dass dieses prozessionale Element von hoher symbolischer Relevanz ist. An allen Versammelten ereignet sich der Prozess der Christwerdung: Wie bei ihrer Taufe treten sie ein in den Raum der Kirche und stellen sich unter das Wort Gottes, denn: «Gott schenkt den Glauben, ohne den es keine Taufe gibt» (Die Feier der Kindertaufe, Nr. 41).

Weitere prozessionale Elemente treten hinzu: Aufgrund des Hörens des Wortes Gottes und in Präsenz der ganzen irdischen und himmlischen Kirche, die in der Allerheiligenlitanei beschworen wird, zieht die Gemeinde zum Taufbrunnen, über dem Gott in Lobpreis und Bitte angerufen wird. Das bedeutet: Gemeinsam begibt die Kirche Jesu Christi sich auf den Weg, um den Taufbewerber im Namen des dreieinen Gottes in die Gemeinschaft aufzunehmen.

Und nicht genug: Noch eine Prozession tritt hinzu, denn zum Abschluss zieht die Gemeinde – möglichst unter Gesang – zum Altar, um dort das Vaterunser zu beten (Die Feier der Kindertaufe, Nr. 70).[32]

Liturgie als Geschehen im ökumenischen Diskurs

Verschiedene theologische Traditionen wenden sich in unterschiedlicher Weise dem Gottesdienst als dem herausragenden Ort der Begegnung mit dem Gott der Bibel zu. Lange Zeit jedoch forschte und dachte jede Tradition für sich. Ein Austausch fand kaum statt, zu sehr wurde vor allem das Trennende betont. Dies hat sich geändert. Aus Sicht der katholischen Liturgiewissenschaft ist es bemerkenswert, dass in den anderen theologischen Traditionen in den vergangenen Jahren das Interesse an liturgiewissenschaftlicher Forschung und Lehre deutlich gewachsen ist. Das lässt für die Zukunft auf einen fruchtbaren Diskurs hoffen. Einen Anknüpfungspunkt für diesen Diskurs stellt die Wahrnehmung des Gottesdienstes als eines Handlungsgeschehens dar. Darin lässt sich – so wird hier prognostiziert – eine Basis finden für die Themen des Gottesdienstes, die in den Konfessionen kontrovers und unterschiedlich diskutiert werden, wie z. B. die Leseordnung oder bestimmte Ausprägungen des Gebets.

32 Vgl. Birgit Jeggle-Merz: Wort und Zeichen der Taufliturgie: «Wie du gestorben und erstanden, so sterb und erstehe ich, Herr, mit dir» (KG Nr. 35), in: SKZ 176/2008, S. 533–536.

Taufe neu erleben

Akzentsetzung eines alt-katholischen Kirchenneubaus in Hannover

Oliver Kaiser

Neubau einer Kirche

Die alt-katholische Pfarrgemeinde Hannover-Niedersachsen hat im Juni 2009 in der niedersächsischen Landeshauptstadt den Bau einer ersten eigenen Kirche begonnen.

Im Vorfeld des Bauprojektes war auch überlegt worden, eine aufgegebene römisch-katholische oder evangelische Kirche zu übernehmen. Man hatte sich aber dann sehr bewusst für einen Neubau entschieden. Neben energetischen Aspekten und der Möglichkeit, in den passenden Grössenverhältnissen zu bauen, war ein wichtiges Kriterium der eigene Gestaltungsspielraum, die Möglichkeit Akzente zu setzen. Eine solche Akzentsetzung ist durch das Taufbecken geschehen, das in Grösse und Form an die Gestaltung der *Piscina* in frühchristlichen

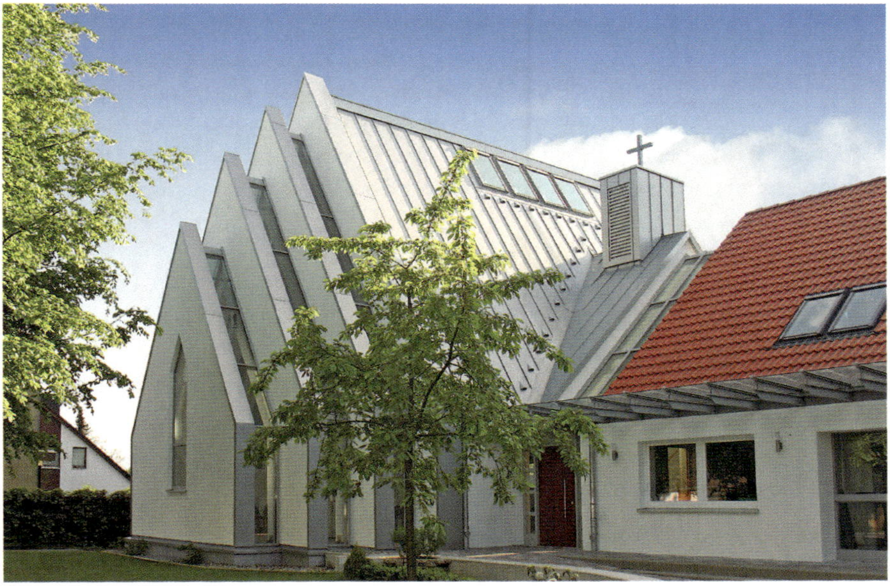

Alt-Katholische Pfarrkirche Hannover: Aussenansicht auf die Ostfassade, Foto: Oliver Kaiser

Baptisterien anknüpft. Es bricht damit aus dem Rahmen des bisher im alt-katholischen Bistum Üblichen aus, denn die Regel ist ein Taufstein oder Taufbecken, an dem die Taufe durch Übergiessen gespendet wird.

Vorüberlegungen

Die Gestaltung es Taufbeckens wurde in einem langen Prozess immer wieder durch den Kirchenvorstand und die Gemeindeversammlung beraten.

Die Überlegungen dazu lassen sich in drei Fragen bündeln:

1. Wie feiern wir heute angemessen die Initiation mit Menschen, die als Erwachsene, Jugendliche oder grössere Kinder zu uns kommen?
2. Wie kann die Taufe ihrer Bedeutung und Würde angemessen im Kirchenraum repräsentiert werden, insbesondere da gerade in diesem Sakrament die synodale Einbeziehung aller Kirchenglieder ihre theologische Grundlage findet?
3. Wie wird die Taufe angemessen im Kirchenraum repräsentiert, da sie grundlegendes ökumenisches Sakrament ist?

Es wuchs die Einsicht, dass eine Taufschale mit wenigen Millilitern Wasser eine minimale Einrichtung darstellt, die wohl eher einer möglichst raschen und einfachen Sakramentenspendung an Neugeborene entgegenkommt als beispielsweise dem ganzheitlichen Erlebnisbedürfnis eines modernen Gottsuchers in der Mitte seiner Jahre. Insbesondere Taufgerätschaften, die ausserhalb ihres Gebrauchs «in die Ecke» gestellt werden können, erschienen uns fragwürdig.

Wir gingen auf die Suche nach einem Taufbecken, das die Taufe intensiv und ganzheitlich erlebbar machen und zudem eine zentrale Stellung im Raum einnehmen würde.

Inspiration boten uns unter anderem ein Video über die Initiationspraxis in einer römisch-katholischen Gemeinde in Pasadena, Texas, ein (noch im Bau befindliches) Taufbecken in der serbisch-orthodoxen Kirche des heiligen Sava in Hannover und das Taufbecken der Sankt-Christopherus-Kirche auf Sylt.

Form und Lage

Der Architekt Bernd Amberge schlug schliesslich eine *Piscina* vor, die der Form nach dem Taufbecken in der Ruine der Johanneskirche von Ephesus ähnelt. Zum zentralen kreisrunden Taufbecken, das ca. 140 cm breit und 110 cm tief ist, führen von zwei Seiten je fünf Stufen hinab. Die Taufanlage befindet sich im Mittelgang im hinteren Bereich der Kirche in der Nähe des westlichen Portals. Das Becken liegt auf der West-Ost-Achse der Kirche. So führt der Weg dem Altar und dem aufgehenden Licht entgegen durch das Taufbecken im Mittelgang.

Technik

Das Becken kann bis zu einem Wasserstand von ca. 1 m gefüllt werden. Um kontrolliert und bequem Wasser einlassen zu können, wird der Zulauf durch ein elek-

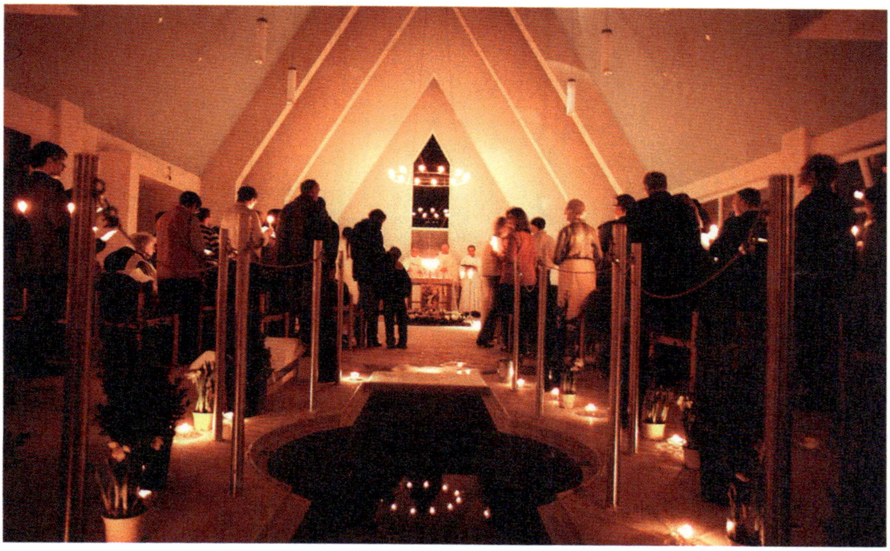

Alt-Katholische Pfarrkirche Hannover: Blick über das Taufbecken Richtung Altar, Foto: Thomas Huppertz

trisches Ventil geregelt, das vom Schaltkasten der Sakristei aus bedient werden kann. So entfallen unschöne Armaturen im unmittelbaren Taufbereich.

Das einfliessende Leitungswasser passiert im darunterliegenden Kellerraum einen Durchlauferhitzer. Wegen des nur punktuellen und unregelmässigen Warmwasserbedarfs wurde zur Erwärmung eine elektrische Lösung gewählt.

Der Ablauf des Taufbeckens mündet nicht in die Kanalisation, sondern in eine Rigole, die sich unter einer Wiese neben der Kirche befindet. So kann das Wasser nach der Taufe dort versickern. Zum Ablassen des Wassers muss im Keller unter dem Becken ein Drehventil geöffnet werden.

Erste Erfahrung – Initiation Erwachsener in der Osternacht 2010

Zu Ostern 2010 war die Kirche so weit fertig gestellt, dass darin erstmals die Osternacht gefeiert und die Taufanlage benutzt werden konnte. Die Gemeinde hatte in den Monaten zuvor zwei Erwachsene als Katechumenen aufnehmen können: einen jungen Physiker aus den USA und eine Studentin, die in den neuen Bundesländern aufgewachsen war. Liturgisch geschahen Beginn und Begleitung des Katechumenats nach den Riten, die im Taufrituale des Katholischen Bistums der Alt-Katholiken in Deutschland von 2004[1] vorgeschlagen sind.

1 Vgl.: Liturgische Kommission des Katholischen Bistums der Alt-Katholiken in Deutschland: Die Feier der Taufe im Katholischen Bistum der Alt-Katholiken in Deutschland, Bonn 2004.

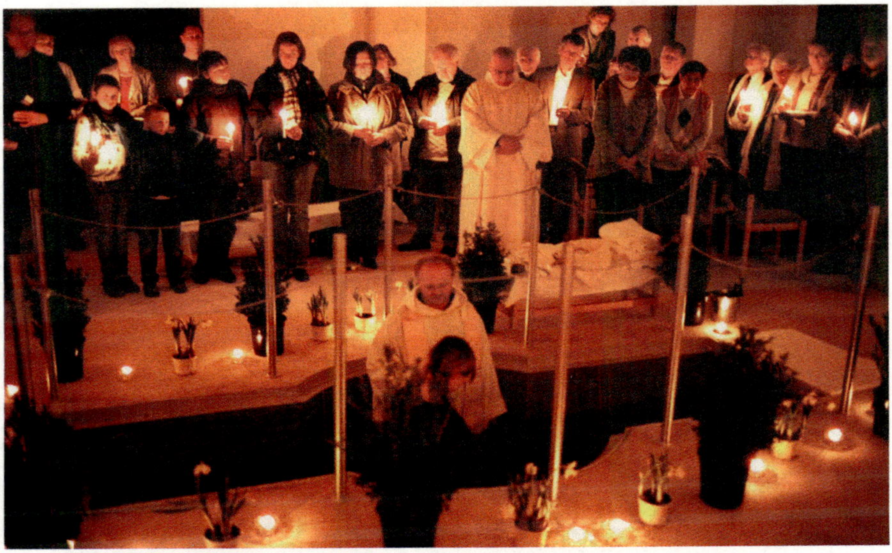

Alt-Katholische Pfarrkirche Hannover: Taufspendung, Foto: Thomas Huppertz

Die Tauffeier selbst war für alle Beteiligten ein tief bewegender und unvergesslicher Moment. Die Dichte der Feier zeigte sich in äusserst stiller, gebannter Aufmerksamkeit für das Geschehen und zahlreichen Tränen.

Bei den Vorbereitungen war deutlich geworden, dass an diese Feier mit viel mehr Überlegung und Sorgfalt herangegangen werden musste, als es bei Taufen nach bisheriger Gewohnheit der Fall ist. Die grössere Erfahrungstiefe der Vollform der Taufe gegenüber dem minimalisierten Ritus birgt ja zugleich eine umso grössere Gefahr, dass etwas «schiefgeht», dass die Handlung nicht fliesst oder nicht stimmig ist und dass das Ganze dann eher «peinliche» statt erhebender Eindrücke vermittelt.

Hier werden einige Beispiele aufgelistet, was für eine gelingende, würdige Feier bedacht werden musste:

- Hat das Wasser zum Zeitpunkt der Taufe die richtige Temperatur?
- Bei einem Taufbecken, das 3000 bis 4000 Liter fasst, benötigt das Einlassen des Wassers mehrere Stunden. Stimmt im gefüllten Becken die Temperatur nicht, lässt sie sich nicht kurzfristig durch ein paar Liter kaltes oder warmes Wasser nachregulieren. Da es noch keine Erfahrungswerte gab, war es notwendig, dass ein Gemeindemitglied den Einlassvorgang dauernd mit einem Badethermometer überwachte.
- In welcher Kleidung steigen die Taufkandidaten in das Wasser? An die altkirchliche Praxis der vollständigen Entkleidung lässt sich wohl kaum anschliessen. Auch Badekleidung, wie sie im Schwimmbad getragen wird, lässt mehr

oder weniger grosse Körperbereiche unbekleidet und könnte im Kreis von festlich Gekleideten eine beschämende Wirkung für die Taufkandidaten haben. Tragen sie hingegen zum Zeitpunkt der Taufe bereits ein Taufkleid, so wird dessen Bedeutung verkehrt. Es wurde deshalb entschieden, die Taufkandidaten in leichter Alltagskleidung (lange Hose, T-Shirt) zur Taufe zu führen, die in nassem Zustand leicht ausgezogen werden kann.

– Wie setzt sich die Liturgie unmittelbar nach der Taufe fort, wenn die Neugetauften «klatschnass» aus dem Wasser steigen? Die minimalisierte volkskirchliche Taufpraxis, bei der nur gerade so viel Wasser verwendet wird, wie es zur Gültigkeit der Taufe eben notwendig erscheint, kennt dieses Problem nicht. Das alt-katholische Taufrituale von 2004 spricht zwar bereits die Möglichkeit einer Taufe «durch Eintauchen oder Untertauchen»[2] an, denkt diese Situation dann aber nicht weiter durch und setzt die Feier nach der Taufe unmittelbar mit der Firmung fort, danach folgen die Übergabe des Taufkleides und schliesslich die Übergabe der Taufkerze. Diese Anordnung ist wegen Unterkühlungsgefahr bei den gängigen Lufttemperaturen in Kirchengebäuden jedoch nicht zumutbar.
  In unserem Fall haben wir uns entschieden, die Reihenfolge der postbaptismalen Riten zu ändern. Direkt nach dem Heraussteigen aus dem Taufbad wurde den Neophyten durch die Paten ein grossformatiges weisses Badehandtuch übergelegt und vom Diakon das weisse Taufgewand überreicht – eine Albe, mit Kapuze, wie sie auch von liturgischen Diensten getragen wird. Begleitet von den Paten gingen die Neugetauften zu den Umkleidegelegenheiten.
– Was ist zu bedenken, wenn auch die Zelebrantin nass wird? Wenn der oder die feiernde Geistliche zur Taufspendendung in das Wasser steigt, wird er oder sie ebenfalls nass. Im Vorfeld ist zu überlegen, welche Kleidung dann sinnvoller Weise unter dem Ornat getragen wird. Welche Schuhe eignen sich, sie «flüssig» zum richtigen Zeitpunkt abzustreifen und sie später wieder anzuziehen? Hier fiel die Entscheidung auf eine dreiviertellange Hose sowie Sandalen. Bei der Amtskleidung war zu bedenken, dass sie ebenfalls für das Wasserbad geeignet sein musste. Die Kasel wurde vor der Taufe abgelegt. Die Albe hatte einen hohen Wollanteil, wurde im Wasser sofort schwer und sank ein. Das erschien besser als ein sich möglicherweise aufblähendes Gewand. Und die Stola war ein weniger wertvolles Exemplar, das durch Feuchtigkeit keinen Schaden nehmen konnte.
  Ein nasser Vorsteher der Liturgie benötigt nach der Taufe ebenfalls Zeit zum Umkleiden, um sich trockene Unterbekleidung und liturgische Kleidung anzuziehen. In unserer Osternachtsfeier übernahm währenddessen der Diakon die Leitung und setzte die Liturgie mit dem gemeinsamen Taufgedächtnis der Gemeinde fort.

2 Vgl. a. a. O., S. 36.

Diese und viele weitere Detailfragen flossen in einen ausführlichen Liturgieplan ein, der für die vielen verschiedenen Beteiligten ein wichtiges Hilfsmittel für eine gute Vorbereitung und das würdige Begehen der Feier darstellte.

Die Tauffeier nach dem Liturgieplan

Der Tauffeier vorangegangen sind in der Osternacht die Lichtfeier sowie die Lesungen der Nachtwache.

Tauffeier

P (= Priester) legt mit Hilfe von D (= Diakon) die Kasel ab.

Der Priester spricht die Einladung aus, zum Taufbecken zu ziehen.

P: Liebe Schwestern und Brüder,

in freudiger Erwartung ziehen wir nun mit N. und N. zum Taufbrunnen. Wir begleiten sie mit inständigem Gebet und rufen das Erbarmen Gottes auf sie herab.

Auf dem Weg zum Taufbecken wird die Allerheiligenlitanei gesungen.

D trägt der Prozession die Osterkerze voran, es folgen die vier Ministranten sowie hintereinander der Taufkandidat und die Taufkandidatin, denen zur Seite ihre beiden Paten mitgehen, und der Priester.

Altardienst und Taufkandidaten mit den vier Paten stellen sich auf der Westseite des Taufbeckens auf. Priester und Taufkandidaten (=T) ziehen sich die Schuhe aus.

Taufwasserweihe

P. betritt das Taufbecken, schöpft etwas Wasser und singt dann im Wasser stehend den Lobpreis […]

P steigt aus dem Taufbecken wieder heraus.

Absage und Versprechen […]

Spendung der Taufe

P. steigt in das Taufbecken und stellt sich in die Rundung.

P: N., betrete das Grab Christi, um wieder geboren zu werden zum Neuen Leben!

T steigt in das Taufbecken.

P: N., glaubst du an Gott, den Vater, den allmächtigen, den Schöper des Himmels und der Erde?

T: *Ich glaube.*

P: *Glaubst du an Jesus Christus, seinen eingeborenen Sohn, unsern Herrn, empfangen durch den Heiligen Geist, geboren von der Jungfrau Maria, gelitten unter Pontius Pilatus, gekreuzigt, gestorben und begraben, hinabgestiegen in das Reich des Todes, der am dritten Tag auferstanden ist von den Toten, aufgefahren in den Himmel und sitzt zur Rechten Gottes des allmächtigen Vaters, der kommen wird zu richten die Lebenden und die Toten?*

T: *Ich glaube.*

P: *Glaubst du an den Heiligen Geist, die heilige katholische Kirche, Gemeinschaft der Heiligen, Vergebung der Sünden, Auferstehung der Toten und das ewige Leben?*

T: *Ich glaube.*

P: *N, ich taufe dich auf den Namen des Vaters (eintauchen)*

und des Sohnes (eintauchen)

und des Heiligen Geistes (eintauchen).

Amen.

Alle singen das *keltische Halleluja* und T verlässt das Taufbecken über die östliche Treppe.

Die Paten reichen T ein grosses Handtuch oder eine Decke.

Übergabe des Taufkleides

D: N, empfange das weisse Kleid als Zeichen der Freude.

Du hast in der Taufe Christus angezogen.

Bleibe in Christus, und er bleibt in dir.

Die Neugetauften werden von ihren Paten zu den Umkleidegelegenheiten geleitet. Sie ziehen sich trockene Kleidung an und darüber das Taufgewand.

Auch P zieht sich eine trockene Albe an.

In der Zwischenzeit hält D mit der Gemeinde das Taufgedächtnis.

[…]

Sobald die Besprengung abgeschlossen ist, stimmt die Kantorin den folgenden Gesang an: *Die auf Christus ihr seid getauft, ihr habt Christus angezogen.*

Wenn P und die Neugetauften umgezogen sind, treten sie wieder an die Ostseite des Taufbeckens zu Firmung.

Es folgen die Firmung und die Übergabe der Taufkerze.

Pastorale Sensibilität – Vielfalt der Formen

Für eine Gemeinde der alt-katholischen Kirche, die sich als eine kleine Volkskirche versteht, kann diese hochfestliche und hochsinnliche Feierform der Taufe allerdings keine Exklusivität beanspruchen. Der Gemeindeversammlung war von Anfang an wichtig, dass es sich bei dem «Ganzkörpertaufbecken» um eine innovative Ergänzung, nicht aber um eine Ablösung oder gar Verurteilung der bisherigen volkskirchlichen Taufpraxis handeln kann.

Nicht alle Erwachsenen können und wollen die beschriebene Feierform mitgehen. Kinder und Jugendliche bringen je nach Alter und Entwicklung unterschiedliche Voraussetzungen für ihr eigenes Erleben der Taufe mit.

Entsprechend ist im Vorfeld jeder Initiation eine aufmerksame Erkundung der Möglichkeiten und Bedürfnisse erforderlich. Bisher haben sich in der Praxis folgende Varianten in der Taufspendung ergeben:

- Taufe durch Untertauchen: Diese Variante konnten wir sowohl bei Erwachsenen als auch bei Säuglingen wählen. Kindern, die erst wenige Wochen alt sind, macht dieses Bad offenbar wenig aus. Es versteht sich von selbst, dass im Fall einer Säuglingstaufe das Taufbecken nur bis zum Pegelstand eines Kinderplanschbeckens gefüllt werden muss.
- Taufe durch Übergiessen im Wasser: Diese Variante bietet sich z. B. bei älteren Kindern an, die ihre Umwelt schon sehr bewusst wahrnehmen und denen es Angst machen würde, unter Wasser gedrückt zu werden. Kinder, die bereits laufen können, haben grosse Freude daran, in ein Becken mit Wasser hinunter zu steigen, es zu durchwaten oder bis zu den Knien darin zu stehen. Wichtig ist aber, dass alles mit Gelassenheit geschieht. Das Kind muss auch im Rahmen eines Gottesdienstes selbst bestimmen können, wie viel Zeit es braucht, um im Wasser anzukommen. Dann kann die Taufe durch Übergiessen geschehen.
- Taufe durch Übergiessen: Und schliesslich wird manch einer daran liegen, so getauft zu werden, wie in vergangenen Jahrhunderten in der westlichen Christenheit meistens getauft wurde. Dabei können Säuglinge oder kleinere Kinder über das Wasser des Taufbeckens gehalten werden. Für Erwachsene kann Wasser geschöpft werden und die Taufspendung durch Übergiessen am Rand des Taufbeckens erfolgen.

Fazit

Die Entscheidung für ein innovatives Taufbecken hat unsere Gemeinde zu einem intensiveren Erleben der Taufe geführt. Diese Erfahrung ist durch keine theoretische Erläuterung – etwa darüber, wie die Taufe ganz früher einmal gewesen sei – ersetzbar. Der Umgang mit einem «Ganzkörpertaufbecken» ist bereichernd, erfordert aber auch ein erhebliches Mass an Sorgfalt und Aufmerksamkeit bei der Vorbereitung und Durchführung der Taufe. Unsere kleine Gemeinde hat durch ihr auffälliges Taufbecken ein besonderes Profil unter den zahlreichen anderen christlichen Gemeinden der Stadt gewonnen. Diese Profilierung geschieht aber nicht durch die Betonung eines konfessionellen Unterschiedes und damit durch Abgrenzung, sondern durch die Wiederbelebung einer Praxis, die zum gemeinsamen Erbe aller Kirchen gehört und damit letztlich verbindet.

Die Feier der Heiligen Woche in der Christkatholischen Kirche der Schweiz

Roland Lauber

In der Mitte allen liturgischen Geschehens steht das Christus-Mysterium.[1] Das Zentrum des sonntäglichen Gottesdienstes ist nach christkatholischer Auffassung die Feier der Eucharistie, die «Verkündigung des Todes und der Auferstehung des Herrn, bis er kommt» (1.Kor 11,26). Der Auferstehung, dieses alles verändernden Ereignisses, hat schon die frühe Kirche jeweils am ersten Tag der Woche gedacht. Mit der Zeit entstand das Liturgische Jahr, dessen Mittel- und Höhepunkt die Feier des Todes und der Auferstehung Christi ist.[2]

Alle Kirchen feiern Tod und Auferstehung Christi, aber liturgische Feier und rituelle Inszenierung sind sehr unterschiedlich. Im Folgenden will ich darlegen, in welcher Weise die Heilige Woche in der Christkatholischen Kirche der Schweiz liturgisch vollzogen wird. Wir nennen die Woche, die mit Palmsonntag beginnt, «Heilige Woche», nicht «Karwoche». Denn «Karwoche» betont zu sehr den Aspekt der Trauer. Wir wollen nicht beim Karfreitag stehen bleiben, unser Ziel ist Ostern, die Freude. In den Gottesdiensten gehen wir geistig den Weg Christi von seinem Einzug in Jerusalem bis zu seiner Auferstehung mit. Diese Feier der Heiligen Woche ist Gottesdienstkunst: Wer alle Gottesdienste mitfeiert, legt einen anspruchsvollen Weg zurück. Er oder sie erlebt verschiedene Übergänge, die auf die menschliche Existenz verweisen: Dunkel – Licht, Tod – Leben, Trauer – Freude. Die Feier der Heiligen Woche ist auch für diejenigen, die sie vorbereiten und leiten, anspruchsvolle Gottesdienstkunst und Übung in Disziplin und Kreativität.

Die Bedeutung, die der Heiligen Woche in der christkatholischen Kirche beigemessen wird, wird schon daraus ersichtlich, dass 2008 eine eigene Ausgabe des Christkatholischen Gebet- und Gesangbuchs für die Gottesdienste von Palmsonntag bis Ostern erschien.[3] Wenn ich im Folgenden die einzelnen Rituale und ihre

1 In diesem Artikel wird durchgehend die maskuline Nominalform verwendet.

2 Für die historischen Hintergründe der Entstehung des Osterfest(kreis)es und der Entwicklung der spätantiken Osterfeier s. Urs von Arx, Die Liturgie der Osternacht, in: Edgar Bierende/Sven Bretfeld/Klaus Oschema (Hg.): Riten, Gesten, Zeremonien. Gesellschaftliche Symbolik in Mittelalter und Früher Neuzeit, Berlin/New York 2008, S. 87–115.

3 Vgl. Gebet- und Gesangbuch der Christkatholischen Kirche der Schweiz, hg. von Bischof und Synodalrat der Christkatholischen Kirche der Schweiz, 2 Bände und 1 Begleitband, Basel 2004–2008, Bd. 2: Palmsonntag bis Ostern, Allschwil 2008 (im Folgenden: CG II). Darin sind alle Texte und Gesänge für die Gottesdienste in der Heiligen Woche zu finden. Der erste Band (im Folgenden: CG I) enthält die Texte und Lieder für die Liturgien aller anderen Gottesdienste im Liturgischen Jahr.

liturgische und symbolische Bedeutung beschreibe, stütze ich mich auf die Überlegungen, die wir als Liturgische Revisionskommission bei der Erarbeitung angestellt haben.

Die Fastenzeit vor Ostern (Quadragesima)

Bevor ich näher auf die Heilige Woche eingehe, seien ein paar Bemerkungen über die Vorbereitungszeit auf Ostern gemacht.[4]

Alter Tradition gemäss ist die «Quadragesima» (Zeit der 40 Tage) die Zeit der Vorbereitung von Ungetauften auf ihre Eingliederung in die Kirche, die am besten in der Osternacht geschieht.

Ganz allgemein ist die Fastenzeit eine Zeit der Vorbereitung, der Besinnung und der Umkehr. An ihrem Anfang (1. Fastensonntag) und an ihrem Ende (Hoher Donnerstag) steht jeweils eine Bussfeier. Sie soll auch am 5. Fastensonntag, dem Passionssonntag, gehalten werden.

Bussfeiern sind heikel. Denn sie sollen ja nicht einfach unverbindliche und damit letztlich nichtssagende Selbstanklage sein, etwa im Sinne von «wir waren nachlässig in der Erfüllung unserer Berufspflichten», sondern sie sollen die Gläubigen zu einer tiefer gehenden Selbstprüfung führen. Die Bussliturgie geht aus vom Liebesgebot.

Neben diesen Bussfeiern dient auch der Ritus von Aschermittwoch der inneren Vorbereitung. Zur Austeilung der Asche – aus den verbrannten Palmzweigen des Vorjahres – wird jedem und jeder einzeln gesagt: «Bedenke, Mensch, dass du Staub bist, und kehre um zu Gott, deinem Licht und Leben.»[5]

Der Sinn dieser Riten ist die Aufforderung: Bedenke, was wirklich wichtig ist im Leben! Und die Frage: Lebst du deiner Bestimmung, dem Evangelium gemäss? Das soll hinführen auf Ostern, zum Begreifen-Lernen der Aussage, dass Gottes Sohn für uns, für mich gestorben ist. So erst können wir mit Freude einstimmen in den Osterjubel.

Das stellt an die Getauften einen gewichtigen Anspruch. Wer all diese Gottesdienste mitfeiert, die verschiedenen Aspekte der inneren Vorbereitung in sich aufnimmt, dringt immer mehr ein in die letztlich unbegreifliche Liebe Gottes, ins Mysterium des Todes und der Auferstehung Christi. Die Bussfeier vom Hohen Donnerstag, welche die Busszeit abschliesst, betont die aufmunternde Zusage von Gottes Vergebung in besonderer Weise.

Die Fasten- und Busszeit erschöpft sich nicht in der Mitfeier der Gottesdienste. Umkehr und Besinnung bestimmen auch Leben und Handeln der Christinnen und Christen. Ausserhalb der Gottesdienste gibt es Fastenaktionen der kirchlichen

4 Zur unterschiedlichen Zählung der Fasten- und Busstage s. CG I, S. 608 f.
5 CG I, S. 297.

Hilfswerke, in denen Impulse zum Teilen der Gaben der Schöpfung und der menschlichen Arbeit mit den Notleidenden aufgegriffen werden.

Der Palmsonntag als Auftakt der Heiligen Woche

Aus Scheu vor Pomp und übertriebener Zur-Schau-Stellung haben unsere Vorfahren Prozessionen ausserhalb des Kirchenraums beargwöhnt, ja abgelehnt. Heute geht die christkatholische Kirche damit freier um. Gleichwohl findet bei uns die Segnung der Palmen am Palmsonntag nicht vor dem Einzug in die Kirche zu Beginn des Gottesdienstes statt, und zwar aus dramaturgischen und strukturellen Gründen: Man beginnt nicht mit einem Höhepunkt, sondern steuert auf ihn zu. Deshalb werden die Palmzweige (und die Palmbäume) unmittelbar vor der Evangelienlesung (Perikope vom Einzug Jesu in Jerusalem) gesegnet und dann von Ministranten an die Gemeinde ausgeteilt, während der im frühen 9. Jahrhundert entstandene Hymnus «Ruhm und Preis und Ehre sei dir, Erlöser und König» gesungen wird. Darin heisst es: «Einst mit Zweigen in Händen eilte das Volk dir entgegen; so mit Lied und Gebet ziehen wir heute mit dir.» Mit den Zweigen in den Händen hören die Gläubigen den Bericht über den Einzug Jesu in Jerusalem. In der Christkatholischen Kirche wird (anders als etwa in der Altkatholischen Kirche der Niederlande) am Palmsonntag die Passion nicht gelesen.

Alle Lesungen und Gebete kreisen um den Gedanken, dass Jesus Christus der König und Herr ist, er, der Gekreuzigte und Auferstandene. Der Blick ist bereits auf die kommenden Ereignisse gerichtet. In den Gottesdiensten der Heiligen Woche ist bei allem Klagen und Trauern immer schon auch die Auferstehung im Blickfeld.

Der Hohe Donnerstag

Das liturgische Geschehen des Hohen Donnerstag ist recht vielfältig. Am Vormittag versammeln sich die Geistlichen in Bern, um mit dem Bischof die Chrisammesse zu feiern. Sie beginnt mit der Bussfeier, in der – wie bereits erwähnt – die Zusage der Vergebung sehr betont wird. Man könnte sagen, dass die Geistlichen die durch den Bischof zugesagte Vergebung Gottes in ihre Gemeinden bringen und am Abend im Gottesdienst weitergeben. In der Chrisammesse weiht der Bischof traditionell die Öle, welche im Lauf des Jahres zur Spendung der Sakramente gebraucht werden: das Katechumenenöl (im Taufritus), das Krankenöl (für die Krankensalbung) und den Chrisam (für die Firmsalbung, bei Weihen ins Priester- und Bischofsamt oder bei der Weihe eines Altars).

Der Abendgottesdienst verbindet drei Feiern miteinander: die Bussfeier, die «Abendmahlmesse» und die Trauermette. Eigentlich könnte nach der Bussfeier am Abend etwas Neues beginnen, nämlich die dreitägige Osterfeier. Von altersher ist es aber Brauch, zum Gedächtnis an das letzte Mahl Jesu mit seinen Jüngern am «Abend vor seinem Leiden» die Einsetzung des Abendmahls zu feiern. Von daher rührt der Name Abendmahlmesse. Sie wird unmittelbar nach der Bussfeier gehalten. Bis vor wenigen Jahren wurde diese Messe (zum Zeichen ihrer Feierlichkeit) in der liturgischen Farbe Weiss gefeiert, das Gloria gesungen und dazu mit den Kirchenglocken geläutet (die danach schweigen – der Volksmund sagt «nach Rom» gehen – christkatholisch «nach Utrecht»!). Doch warum eigentlich diese Festlichkeit? Die Abendmahlmesse ist das Gedächtnis daran, dass, warum und unter welchen Umständen Jesus das Abendmahl eingesetzt hat. Wir sind noch in der Fastenzeit. Auch «in dieser Nacht der Trauer» (Präfation) ist – wie in der gesamten Fastenzeit – die liturgische Farbe Violett, das Gloria entfällt und die Glocken werden nur zum Gottesdienstbeginn geläutet. Im Verlauf der Abendmahlmesse zieht sich, könnte man sagen, die Festlichkeit immer mehr zurück, geht langsam über ins Dunkel des Karfreitags. Die Orgel soll zurückhaltend eingesetzt werden, möglichst nur zur Begleitung von Liedern, sofern das nötig ist.

Eine weitere Besonderheit ist, dass der Friedensgruss wegfällt. In der christkatholischen Liturgie wird der Friedensgruss zu Beginn der eigentlichen Eucharistiefeier entboten. Es ist der Augenblick, wenn der Priester nach dem Glaubensbekenntnis – das nur an Sonn- und Festtagen gesprochen wird, am Hohen Donnerstag also nicht – zum Altar getreten ist, um die Gaben bereitzustellen. Der Friedensgruss bedeutet: «im Frieden mit Gott und den Menschen» (so die Aufforderung durch den Priester) «bereiten wir uns zum Mahle des Herrn» (die Antwort der Gemeinde). Der Friede wird uns durch Christi Tod und Auferstehung geschenkt. Weil diese Abendmahlmesse das Gedächtnis an das *vor* Jesu Tod eingesetzte Abendmahl ist, entfällt in ihr deshalb der eigentliche Friedensgruss.

Nach der Austeilung der Kommunion wird die Festlichkeit noch weiter zurückgenommen. Die bei der Austeilung übrig gebliebenen konsekrierten Hostien werden bis auf wenige Ausnahmen konsumiert. Das Ciborium, in dem diese Hostien (für den Fall einer Krankenkommunion) aufbewahrt werden, wird nicht in den Tabernakel zurückgestellt, sondern in einer kleinen Prozession in eine Seitenkapelle oder in die vorher entsprechend hergerichtete Sakristei getragen. Dorthin wird auch das Ewige Licht gebracht. Dazu wird das «Pange lingua» auf deutsch gesungen.

Der Tabernakel bleibt geöffnet und leer, das Ewige Licht wird weggetragen, die Weihwasserbecken geleert, ebenso das Taufbecken: Das gesegnete Wasser als Zeichen für die Taufe, das Brot als Zeichen für die Eucharistie fehlen nun bis zur Osternachtfeier. Kerzen, Altartücher und was sonst noch an Schmuck entfernt werden kann, wird von Ministranten in die Sakristei geräumt. Die Messe endet ohne Entlassung und Segen in Stille.

Das Triduum paschale

Karfreitag – Karsamstag – Ostertag sind das Triduum paschale. Tod und Begräbnis – Grabesruhe – Auferstehung sind der Inhalt der dreitägigen Osterfeier.

Trauermette zum Karfreitag

Wenn der Priester, nun bekleidet mit einer schwarzen Stola, in den Altarraum zurückgekehrt ist, beginnt die *Trauermette zum Karfreitag* ohne weitere Einleitung gleich mit dem Leitvers: «Die Hohenpriester und Schriftgelehrten suchten nach einem Weg, Jesus zu ergreifen und zu töten.» Damit ist das Thema gesetzt: die Passion.

Die Mette – das Wort kommt von Matutin – ist eigentlich ein Morgenlob, gebetet zur Zeit der morgendlichen Dämmerung. Schon früh wurde sie für die Gemeinden auf den Vorabend gelegt. So halten wir die Trauermette zum Karfreitag im direkten Anschluss an die Abendmahlmesse am Hohen-Donnerstag-Abend.

Die Psalmodie der Trauermette umfasst drei Klagepsalmen. Es folgen im Wortgottesdienst drei Lesungen: ein Text aus Jeremia, die Lamentationen und die Evangelien-Perikope vom Beten Jesu in Gethsemane und von seiner Verhaftung. Das Miserere (Psalm 51), das Vaterunser und ein kurzes Gebet schliessen die Trauermette ab.

Damit dieser dreiteilige Gottesdienst mit Bussfeier, Abendmahlmesse und Trauermette nicht zu lang dauert, wird in dieser Mette in der Regel nur je ein Psalm und eine der Lamentationen gesungen. In der Trauermette wird ausser dem Evangelium alles gesungen.

Passionsliturgie von Karfreitag

Die Passionsliturgie von Karfreitag beginnt in der Regel zur ungefähren Todesstunde Jesu um drei Uhr nachmittags. Der Wortgottesdienst besteht ausser einem stillen Gebet zu Beginn nur aus Lesungen mit Zwischengesängen. Es gibt nichts anderes: keinen Eröffnungsgesang, kein Tagesgebet. Es findet auch kein richtiger Einzug des Priesters mit der Assistenz (Ministranten) statt, ebenso wenig am Schluss ein Auszug. Dadurch wird unterstrichen, dass das gesamte Triduum paschale eine einzige Feier, eben die Feier des Todes und der Auferstehung des Herrn ist. Es sind verschiedene, zeitlich voneinander abgesetzte Teile, die jedoch zusammengehören und ihren Höhepunkt in der Ostereucharistie haben.

Die Lesungen sind der Passahbericht aus Exodus (Ex 12), das Gottesknechtlied aus Jes 53 und schliesslich die Passionsgeschichte, jährlich alternierend in der Fassung nach Matthäus und Johannes. Sie wird von mindestens drei Personen mit verteilten Rollen vorgetragen.

Auf die Passion folgen als Abschluss des Wortgottesdienstes die gesungenen neun Karfreitags-Fürbitten.[6] Traditionellerweise hiess es früher in einer der Bitten:

6 Siehe CG II, Nr. 506.

«Wir beten auch für Juden und Heiden». Die Liturgische Kommission hatte die Bitte auf Kritik von jüdischer Seite hin schon in den siebziger Jahren des letzten Jahrhunderts geteilt und je eine eigene für Juden und Heiden formuliert. In jüngster Zeit wird auch eine Bitte für die Muslime gebetet. Die Reihenfolge der Fürbitten lautet heute: Für die Kirche – für die kirchlichen Amtsträger – für Taufbewerber – für die Einheit der Christen – für die Juden – für die Muslime – für alle, die Gott suchen – für die Regierenden – für die Notleidenden.

Darauf folgen die Enthüllung des seit Passionssonntag verhüllten Kreuzes[7], Kreuzverehrung und Grablegung, welche gewissermassen die Eucharistiefeier ersetzen: nicht Christi Leib in der Gestalt des Brotes wird gezeigt und ausgeteilt, sondern das Kruzifix, das dann feierlich aufs Grab, auf ein über die Altar- oder Chorstufen ausgebreitetes schwarzes Tuch gelegt wird.

Nach der Niederlegung des Kruzifixes knien alle nieder und verharren einen Moment in stiller Anbetung, worauf die «Improperien»[8] gesungen werden: Vom Kreuz herab hält Jesus der Gemeinde vor, was Gott alles für sein Volk getan hat und wie es darauf reagierte. Während dieses Gesangs schmücken Gemeindeglieder das Grab mit Blumen, wie bei einer Beerdigung. Es folgt die Huldigung des Kreuzes, das beräuchert wird. Dieser Gesang und der folgende Hymnus «Des Königs Fahne schwebt empor» (Vexilla regis) blicken schon aus auf die Auferstehung, betrachten den Kreuzesgalgen als Zeichen des Heils.

Das Vaterunser schliesst die Karfreitagsliturgie ab, worauf alle still die Kirche verlassen.

Mette zum Karsamstag

Am Karfreitagabend versammelt sich die Gemeinde zur *Mette zum Karsamstag.* Sie ist gleich strukturiert wie diejenige zum Karfreitag, nur dass jetzt alle drei vorgesehenen Klagepsalmen und Lesungen aus den Klageliedern gesungen werden. Hinter dem Grab steht in einigen wenigen Gemeinden ein dreizehnarmiger Leuchter. An bestimmten Stellen in den Gesängen wird, links und rechts abwechselnd, je von aussen her eine Kerze nach der anderen gelöscht. Das ist ein Symbol für die 12 Jünger, die Jesus verlassen haben. Er bleibt allein zurück: Die 13. Kerze wird erst am Schluss der Trauermette gelöscht, eine absteigende Lichtsymbolik. Alles versinkt im Dunkel. Wie schon am Vortag wird elektrisches Licht, wenn überhaupt, nur spärlich eingesetzt. Die Trauermette ist der einzige Gottesdienst des Karsamstags, da der Herr im Grabe ruht.

7 Der Ursprung des Verhüllens liegt wahrscheinlich im Brauch der Fasten- oder Hungertücher. Anders als die heutigen Hungertücher hatten diese ursprünglich die Funktion, den Schmuck und damit die Festlichkeit des Kirchenraumes zu verbergen. Vgl. Reiner Sörries, Die abendländischen Fastentücher, Klagenfurt 1988; vgl. auch Roland Lauber, Das historische Fastentuch in der christkatholischen Stadtkirche St. Martin zu Rheinfelden, Rheinfelden 2001.

8 Das lateinische Wort *improperium* bedeutet Vorwurf, Beschimpfung.

Osternacht
Die Feier der Auferstehung beginnt mit einer Vigil, die eigentlich in die Morgendämmerung des Ostersonntags münden müsste. So würde die Auferstehung des Lichts der Welt mit dem Anbruch des Tages verkündet. Aus praktischen Gründen findet jedoch die ganze Feier in der Nacht statt. Sie beginnt nach Einbruch der Dämmerung.

In der Osternachtfeier feiert die Gemeinde symbolisch einen dreifachen Durchgang:vom Dunkel ins Licht, vom Tod ins Leben, von der Trauer zur Freude.

Dieser Gottesdienst ist der vielfältigste, abwechslungsreichste und aufwendigste; er übertrifft als der wichtigste des ganzen Jahres alle anderen Feiern. Alle, die eine besondere liturgische Aufgabe übernehmen, müssen intensiv vorbereitet werden. Wie bei einer guten Theateraufführung muss alles stimmen: Bewegung und Ruhe, meditative und elektrisierende Momente, Führung und Handeln der Personen. Im wörtlichen wie im übertragenen Sinn geht die Gemeinde mit.

Die Osternachtfeier hat zwei Höhepunkte: die besonders feierliche Verkündigung des Osterevangeliums und die Eucharistiefeier. In der Feier vollzieht die Gemeinde die erwähnten drei Übergänge: Die Feier beginnt mit einem eindrucksvoll gestalteten Übergang vom Dunkel ins Licht. Hinter der am Osterfeuer angezündeten Osterkerze zieht die Gemeinde in die dunkle Kirche ein. Nur die Osterkerze brennt. Wer offenen Geistes im Dunkeln mitgeht, erahnt die Bedeutung des dreimaligen Rufs «Christus ist das Licht der Welt». Im Schein der Osterkerze, dem Symbol des Auferstandenen, in der ansonsten dunklen Kirche werden die alttestamentlichen Lesungen vorgetragen: der Schöpfungsbericht, die Erzählung vom Zug durchs Meer, die Ezechiel-Vision von den Totengebeinen. Symbolisch bedeutet dies: im Licht der Auferstehung hören wir diese Berichte neu.

Priester, Assistenz und Gemeinde ziehen nun zum Taufstein. Die Taufe ist ein Durchgangsritus: vom Tod zum neuen Leben in Christus. Beim Taufstein wird das Wasser gesegnet, zur Verwendung bei Taufen und als Weihwasser. Wenn möglich, findet eine Taufe statt. Symbolträchtig («wie Christus in den Jordan hineinstieg») wird die Osterkerze in das Wasser eingetaucht, für alle hörbar wird das Wasser ins Weihwasserbecken geschöpft. In Erinnerung an ihre eigene Taufe werden alle Anwesenden mit diesem Wasser besprengt. Von der Osterkerze her werden hierauf die Kerzen in den Händen der Gläubigen angezündet: durch die Taufe sind sie ja Lichtträger, Christusträger.

In der noch immer dunklen Kirche (nur durch die Osterkerze und die Kerzen der Gläubigen erhellt), beginnt nach der Vigilfeier und der Tauferinnerung die *Eucharistiefeier* mit der Litanei. Dazu knien alle. Auf das Kollektengebet folgt eine Lesung. Früher folgte nun das Gloria, was im neuen Christkatholischen Gebet- und Gesangbuch entfällt, da es zu früh käme: noch ist ja das Auferstehungsevangelium nicht verkündet. Zudem ist das Gloria ja der weihnachtliche, nicht der österliche Engelgesang.

Auf die neutestamentliche Lesung folgt das dreifache österliche Halleluja mit der Sequenz als Überleitung zum gesungenen Evangelium.

Mit dem Aufklingen des Hallelujas werden, wieder von der Osterkerze ausgehend (Christus ist das Licht, er erhellt alles), alle übrigen Kerzen in der Kirche angezündet, so dass mit dem Beginn der Evangelienlesung die ganze Kirche im Kerzenlicht erstrahlt (bis zum Schluss des Gottesdienstes gibt es kein elektrisches Licht). Die Verkündigung des Auferstehungsevangeliums ist der erste Höhepunkt dieser Feier. Dazu läuten die Kirchenglocken.

Die Eucharistiefeier ist der zweite Höhepunkt. Diese Oster-Eucharistie ist das Ziel der dreitägigen Osterfeier. Nach der Kommunion wird das Ciborium mit einigen wenigen frisch konsekrierten Hostien in den Tabernakel gestellt, das ewige Licht zurückgeholt bzw. wieder angezündet.

Die Feier nimmt nach der Kommunion nochmals einen Anlauf, indem jetzt die Osterlaudes, das – gekürzte – Morgenlob, gesungen werden, deren Platz eigentlich nach dem Aufgang der Sonne am frühen Ostermorgen ist.

Aufs anschliessende Dankgebet, also nach dem Osterlaudes-Einschub, folgt als Danklied das älteste deutsche Kirchenlied «Christ ist erstanden», nun von der Orgel kräftig begleitet. Gesegnet werden hierauf die Ostereier, welche beim Ausgang an die Gemeinde verteilt werden, und allfällige weitere Osterspeisen sowie Haus-Osterkerzen. Nach der österlichen Entlassung folgt der feierliche Segen, der mancherorts mit der Monstranz erteilt wird. Zum Auszug aus der Kirche darf nun die Orgel aufbrausen. Ein «Eiertütschen» samt Imbiss schliessen sich an.

Der Durchgang vom Dunkel ins Licht, vom Tod ins Leben, von der Trauer zur Freude ist vollendet.

Ostersonntag

Der Gottesdienst vom *Ostermorgen* ist eigentlich eine Wiederholung der nächtlichen Eucharistiefeier. Wenn ein Pfarrer in zwei Kirchen Dienst hat, feiert er in der einen die Osternacht, in der anderen den Morgen-Gottesdienst. In diese zweite Kirche zieht er bereits mit der brennenden Osterkerze ein und vollzieht hier nun ebenfalls den Ritus der Wassersegnung mit dem Austeilen des Weihwassers und des Lichtes.

Den Abschluss des Triduum paschale bildet die feierliche *Vesper* am Ostersonntag-Abend. Sie ist ganz geprägt von Dank und Freude. Sie hat einige Besonderheiten gegenüber sonstigen Vespern. Hervorzuheben ist der Gang mit der Osterkerze zum Taufstein, wo ein Osterevangelium verkündet und nochmals das Taufwasser ausgeteilt wird. Nach der Vesper wird die Osterkerze, die seit der Osternacht brannte, gelöscht.

Zum Schluss

In diesem Beitrag habe ich die rituelle und liturgische Inszenierung des Weges von Palmsonntag bis Ostern beschrieben und dabei immer auf die symbolische Bedeutung unseres liturgischen Handelns hingewiesen. Diese Feiern ergreifen den ganzen Menschen, mit allen Sinnen, mit Herz und Verstand, und machen die existentielle Bedeutung des Übergangs vom Dunkel ins Licht, vom Tod ins Leben, von der Trauer zur Freude erfahrbar. Im Zentrum steht die Feier der Osternacht, ein gewaltiges Zeichen expressiver Gottesdienstkunst und künstlerischer Gestaltungskraft.

Multireligiöse Gebetsräume als gestalterische Herausforderung

Johannes Stückelberger

1957 wird im Hauptquartier der Vereinten Nationen in New York auf Initiative des damaligen UN-Generalsekretärs Dag Hammarskjöld ein «Room of Quiet» eingerichtet, ein Raum stiller Betrachtung. Mit Unterstützung einer Gruppe von Christen, Juden und Muslimen gelingt es, einen besonders gestalteten «Raum der Stille» zu schaffen. Es ist einer der ersten für eine multireligiöse Nutzung konzipierten Räume: ein frühes Zeugnis für die Einsicht in die Notwendigkeit, dass es eigene Räume braucht, die Menschen aller Religionen nutzen können. Der Raum

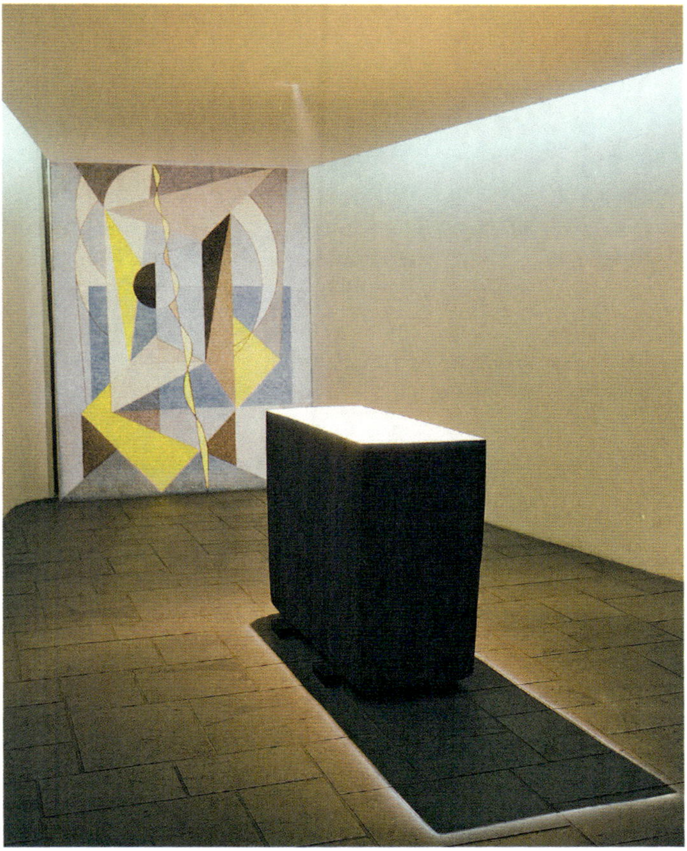

New York, Hauptquartier der Vereinten Nationen, Room of Quiet, 1957, Fresko des schwedischen Künstlers Bo Beskow, Foto: United Nations

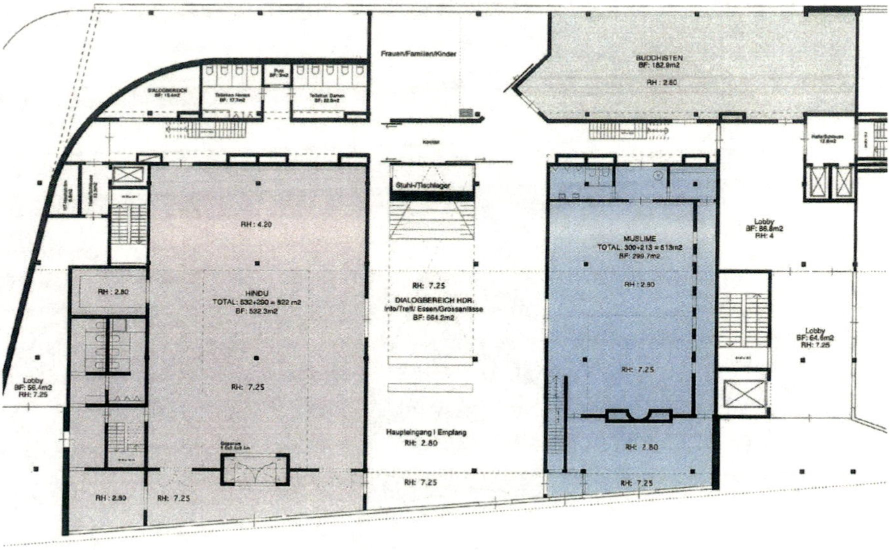

Bern, Haus der Religionen am Europaplatz, Grundriss 1. Obergeschoss, Vorprojekt 8.3.2010, Foto: Bauart Architekten und Planer AG, Bern

weist eine schlichte Ausstattung auf: An der Stirnwand des V-förmig zulaufenden Raumes ist ein abstraktes Bild angebracht. Indirektes Licht fällt in den Raum. Und in der Mitte steht ein Block aus rohem Eisenerz. Zur Eröffnung des Raumes erscheint ein Text von Dag Hammarskjöld, der als ein erstes Manifest zur Begründung solcher Meditationsräume betrachtet werden kann. «Wir alle haben in uns ein Zentrum der Stille, umgeben von Schweigen. Dieses Haus, verpflichtet auf Arbeit und Dialog im Dienst des Friedens, sollte einen Raum haben, dem Schweigen gewidmet in einem äusseren Sinn und der Stille in einem inneren Sinn. [...] Menschen vieler Glaubensrichtungen werden sich hier treffen [...].»[1]

2011 berichten die Schweizer Medien, für das seit langem geplante «Haus der Religionen» in Bern liege nun endlich die Gesamtbewilligung vor. Geplant ist ein Haus für sechs Religionen: für die Bekenntnisse der Baha'i, Buddhisten, Christen, Hindus, Juden und Muslime. Jede der sechs Religionsgemeinschaften soll darin einen eigenen Kultraum bekommen, doch alle befinden sich unter einem Dach, mit einem gemeinsamen Bereich für Begegnungen und den Dialog der Kulturen. Das Haus hat zum Ziel, Verständnis zu schaffen füreinander, Vorurteile abzu-

1 Zit. nach: Karl-Josef Kuschel: Multireligiöse Andachtsräume – eine Problemanzeige. Theologische und interreligiöse Perspektiven, in: Multireligiöse Gebetsräume, Kunst und Kirche 2/2010, S. 5–11, hier S. 6; vgl. Daniel Kletke, Der Meditationsraum bei den Vereinten Nationen in New York, in: Interreligiöse Räume, Kunst und Kirche 2/2000, S. 98–99.

bauen und das Zusammenleben gemeinsam zu gestalten. Auch nichtchristliche Religionsgemeinschaften, die zum Teil noch immer in Hinterhöfen und Kellern feiern, sollen hier würdige Räume bekommen und dadurch sichtbarer werden, woraus man sich auch in der Öffentlichkeit mehr Akzeptanz erhofft.[2]

Gebot der Stunde

New York und Bern: Zwei Projekte die – wenn sie auch Unterschiede aufweisen – das gemeinsame Ziel verfolgen, verschiedene Religionen unter einem Dach zu vereinen. Es gehört mittlerweile fast zum Standard, dass in öffentlichen Gebäuden wie Krankenhäusern, Bahnhöfen, Flughäfen, Universitäten, Schulen, Shopping Malls, Altersheimen oder Messegebäuden multireligiöse Gebetsräume eingerichtet werden, auch interreligiöse Gebetsräume, Räume der Stille, Andachtsräume oder Meditationsräume genannt.[3] Räume, die sich von Kirchen und Kapellen darin unterscheiden, dass sie als Adressatinnen und Adressaten nicht nur eine Religionsgemeinschaft haben, dass sie vielmehr Vertreterinnen und Vertreter aller Religionen offen stehen. Räume für die individuelle Einkehr und Sammlung, manche werden auch für Feiern und Andachten in kleineren Gruppen genutzt. Auftraggeber und Betreiberinnen dieser Räume sind in unseren Breitengraden in der Regel die christlichen Kirchen, vereinzelt stehen dahinter aber auch kommunale oder andere Initiativen.[4]

Multireligiöse Gebetsräume scheinen ein Gebot der Stunde zu sein. Doch braucht es sie wirklich? Sind nicht auch die traditionellen Sakralbauten Räume der Stille, die allen offen stehen? Dem ist sicher so, doch bieten diese mit ihrer religionsspezifischen Gestalt und Symbolik nur bedingt Sinnangebote für alle Religionen. Neben Kirchen, Synagogen, Moscheen und Tempeln braucht es heute auch andere religiöse Räume. Unsere Gesellschaft ist eine multireligiöse Gesellschaft, eine Gesellschaft, in der ausserdem viele Leute keiner Religionsgemeinschaft mehr angehören, sondern ihren Glauben individuell leben. Räume der Stille sind eine Antwort darauf. Besonders augenfällig ist diese Entwicklung unserer

2 www.haus-der-religionen.ch (letzter Zugriff: 24.4.2012); Hartmut Haas: Haus der Religionen in Bern – ein multireligiöses Zentrum, in: Multireligiöse Gebetsräume 2010 (s. Anm. 1), S. 17–21.

3 Die Begriffe werden alternativ und gleichwertig nebeneinander verwendet, so auch in diesem Text. Ein schönes Beispiel für die Schwierigkeit, multireligiöse Gebetsräume zu beschriften, ist die Bahnhofkirche in Zürich. Der offizielle Name lautet «Bahnhofkirche». An der Eingangstüre steht «Raum der Stille». An der Türe, die vom Vorraum in den Raum der Stille führt, steht «Andachtsraum». In den Prospekten wird sie ausserdem «Kapelle», «Kirche am Weg», «Alltagskirche» oder «Werktagskirche» genannt.

4 An allgemeiner Literatur über multireligiöse Gebetsräume seien genannt: Interreligiöse Räume 2000 (s. Anm. 1); Schwerpunkt: Räume der Stille – Stille Räume, Das Münster 4/2004; Sabine Kraft: Räume der Stille, Marburg 2007; Stille Räume. Spitalkirchen, Spitalkapellen, Räume der Stille, Aufbahrungsräume, hg. von der Evangelisch-reformierten Landeskirche des Kantons Zürich, Abteilung Diakonie und Seelsorge, Zürich 2009; Multireligiöse Gebetsräume 2010 (s. Anm. 1).

Gesellschaft hin zu mehr Internationalität, Multikulturalität und Multireligiosität an öffentlichen Orten, die von der Bevölkerung gemeinsam genutzt werden.

Drei Typen

Im Wesentlichen können wir drei Typen von multireligiösen Gebetsräumen unterscheiden. Die Unterscheidung ist wichtig, da die drei Typen unterschiedliche Formen des Miteinanders und Nebeneinanders der Religionen zum Ausdruck bringen. Alle drei Typen sprechen eine plurale Religionsgemeinschaft an. Doch korrelieren sie mit unterschiedlichen Theorien des religiösen Pluralismus, mit unterschiedlichen Theo-Logiken.[5]

Den ersten Typus bezeichne ich als *Typus Nebeneinander*. Bei diesem Typus gibt es unter einem Dach mehrere Räume für die verschiedenen Religionen. Jeder Raum weist die für die entsprechende Religion spezifische Ausstattung auf. Ein Beispiel ist das bereits erwähnte «Haus der Religionen», das zurzeit in Bern entsteht. Ein anderes Beispiel habe ich im Flughafen von Taipei gesehen, wo sich nebeneinander ein muslimischer, buddhistischer und christlicher Kultusraum befinden. Die Eigenständigkeit und gleichzeitig Gleichwertigkeit der drei Räume ist dadurch zum Ausdruck gebracht, dass jeder Raum seinen eigenen Zugang hat, dass diese Zugänge jedoch alle genau gleich gestaltet sind.[6] Die verschiedenen Religionen sind bei diesem Typus einem Allgemeinbegriff von Religion untergeordnet und damit auf die gleiche Ebene gestellt. Er ist der Ausdruck eines «egalitären Religionspluralismus»[7] wie er auch dem Modell der Religionsvielfalt unter dem Dach des religiös neutralen Staates zugrunde liegt.

Der zweite Typus ist der *Typus Miteinander*. Bei diesem Typus gibt es einen einzigen Raum, den alle Religionen miteinander nutzen. Bei der Ausstattung wird auf religionsspezifische Symbole verzichtet. An deren Stelle kommen allgemeine Symbole zum Einsatz wie Kerzen, Wasser, Steine, Pflanzen und anderes. Gebaut und unterhalten werden diese Räume zum Teil von nichtreligiösen Organisationen, zum Teil aber auch von christlichen Kirchen, die als solche in den Räumen jedoch nicht erkennbar sind. Beispiele finden sich vor allem an «neutralen» Orten mit einer grossen Öffentlichkeit. Dieser Raumtypus folgt dem Modell eines «Säkularpluralismus»[8]. Er ist gekennzeichnet durch eine religiöse Unbestimmtheit, die nur temporär in Bestimmtheit überführt wird. In diesen Räumen findet

5 Die Unterscheidung der drei Typen – wenn auch dort noch unter anderen Namen – hat der Autor erstmals vorgeschlagen in: Multireligiöse Gebetsräume 2010 (s. Anm. 1). Für die Korrelationen mit unterschiedlichen Theorien des religiösen Pluralismus beziehe ich mich auf den Aufsatz von Reinhold Bernhardt: Raumkozepte als Manifestation von Pluralismusverständnissen, in: Multireligiöse Gebetsräume 2010 (s. Anm. 1), S. 22–26.

6 Abbildungen in: Multireligiöse Gebetsräume 2010 (s. Anm. 1), S. 22–23.

7 A.a.O., S. 24.

8 Ebd.

eine individualisierte Religionspraxis statt, entsprechend einem theologischen Pluralismuskonzept. Sie bringen die Überordnung der Einheit Gottes über die Vielfalt der Religionen zum Ausdruck. Als Problem stellt sich bei diesen Räumen die religiöse Unverbindlichkeit, die universalreligiöse Neutralität. Die Folge ist ein Pluralismus des kleinsten gemeinsamen Nenners, bei dem die symbolischen Darstellungen der Religionen auf ein Mindestmass reduziert sind.

Der dritte Typus ist der *Typus Füreinander*. Bei diesem Typus handelt es sich um Räume, die von einer Religionsgemeinschaft oder interkonfessionell betrieben werden, in denen jedoch die anderen Religionen Gastfreundschaft geniessen. Manchmal sind diese Räume wie die des zweiten Typus sehr neutral gestaltet. Häufig finden sich nebeneinander universalreligiöse Symbole und Zeichen, die auf die verschiedenen Religionen verweisen. Oftmals gibt sich der Gastgeber als solcher zu erkennen, mit einem Sinnangebot seiner Religion wie zum Beispiel der Bibel oder einem anderen christlichen Symbol. Räume dieses Typus finden sich insbesondere in Krankenhäusern. Die christlichen Kirchen bieten an diesen Orten – in Ergänzung zu den Spitalkapellen, manchmal aber auch alternativ dazu – Räume an, die zwar von ihnen finanziert und unterhalten werden, die mit ihrem offenen Sinnangebot jedoch Räume für alle sein wollen. Dieser Typus korreliert mit einem «positionellen Pluralismus», der aus der Wahrheitsgewissheit des eigenen Glaubens heraus anerkennt, «dass der Gott, der in der eigenen Tradition verehrt wird, sich auch den Angehörigen anderer Religionen nicht unbezeugt gelassen hat»[9].

Mit der Unterscheidung der drei Typen ist die Struktur und Organisation der Räume beschrieben. Doch wie verhält es sich mit deren Gestaltung? Bei den Räumen des ersten Typus ist diese durch die Traditionen vorgegeben. Bei den Räumen des zweiten und dritten Typus jedoch dürfen die Symbole, die sich in Kirchen, Synagogen, Moscheen oder Tempeln finden, nur sehr vorsichtig eingesetzt werden, da sie von den jeweiligen Religionsgemeinschaften besetzt sind und Angehörige anderer Religionen ausschliessen können. Eine der anspruchsvollsten Aufgaben bei der Konzeption und Realisierung der Räume dieser beiden Typen ist denn auch deren Gestaltung.

Funktion

Vergegenwärtigen wir uns, warum Besucherinnen und Besucher diese Orte aufsuchen. Sie suchen Orte, wo sie mit ihren Fragen, ihren Nöten, ihren Anliegen, aber auch mit ihrer Dankbarkeit hinkommen können. Orte, an denen sie still werden, wo sie beten, wo sie Rituale verrichten können. Orte, wo sie allein sein können. Orte, an denen von ihnen nichts verlangt und erwartet wird. Orte, wo sie loslassen und ausruhen können. Orte, wo sie auftanken können. Orte, wo sie ihre Not aber

9 A. a. O., S. 26.

auch ihre Freude artikulieren können. Orte, wo sie ihr Leid deponieren und zurücklassen können. Orte, an denen sie hoffen können, dass ihr Leid von anderen gehört wird. Orte, wo sie neue Antworten bekommen auf Fragen nach dem Sinn des Lebens.

Viele Funktionen sollen diese Räume erfüllen, was eine nicht geringe gestalterische Herausforderung ist. Eine gestalterische Herausforderung deshalb, weil in diesen Räumen ja in der Regel keine gemeinsamen Feiern gefeiert werden. Die Gemeinschaft der Feiernden, das gemeinsame Sich-Besinnen auf ein Wort, die gemeinsame Liturgie: sie fallen als Elemente der Sinnstiftung weg. Die Sinnstiftung müssen in den multireligiösen Gebetsräumen der Raum und seine Gestaltung leisten. Die Räume müssen individuelle Sinnangebote enthalten, die jeder Besucher auf seine Weise und jede Besucherin nach ihren Bedürfnissen nutzen kann. Was kann das sein? Worin können solche Sinnangebote bestehen?

Sichtbarkeit

Ein erstes Thema ist die Wahl des richtigen Ortes. Bis vor einigen Jahren habe ich mich geärgert, dass sich die Räume der Stille oftmals an – wie ich es empfand – unwürdigen Orten befinden: in den Bahnhöfen zwischen Schliessfächern und Toiletten, in den Spitälern im Keller oder unter dem Dach. Typisch, so war meine Reaktion: Die Religionen marginalisieren sich selber. Doch habe ich inzwischen begriffen, dass die Funktion der Räume der Stille nicht die Repräsentation der Religionen im öffentlichen Raum sein kann, dass sie vielmehr ihrer Bestimmung als Rückzugsorte und Orte der Stille besser nachkommen an bescheideneren und ruhigeren Orten. Was nicht ausschliesst, dass man sie von überall her ohne langes Suchen findet. In der Signaletik müssen die Räume der Stille also durchaus eine sichtbare Präsenz im öffentlichen Raum haben. Dass Räume der Stille – so wie auch die Restaurants, Schalterhallen und Ladenzonen – an öffentlichen Orten in der Regel in eine Gesamtplanung eingebunden werden, wodurch sie an Erkennbarkeit einbüssen, ist aus einer soziologischen Perspektive sowie aus Gründen der Gesamtgestaltung nachvollziehbar. Gleichwohl sei das Gedankenexperiment erlaubt, ob nicht auch das Gegenteil möglich wäre, dass man nämlich die Räume der Stille mit einer anderen Gestaltung des Äusseren von den übrigen Räumen abhebt und als andere Räume erkennbar macht. Legitimieren liesse sich dies damit, dass die Räume der Stille an diesen Orten die einzigen Räume sind, die nicht konsum- und zweckorientiert sind, die vielmehr anderen Gesetzmässigkeiten folgen und andere Funktionen erfüllen: Orte, an denen man sich und dem Anderen begegnen kann.

Andere Orte

Wie auch immer das Äussere gestaltet werden kann und wird, zumindest in ihrem Inneren müssen die Räume der Stille klar erkennbar sein als andere Räume. Michel Foucault hat den Begriff der anderen Räume geprägt, der Heterotopien, wie er sie auch nennt, worunter er Orte versteht, die sich von den Utopien dadurch unterscheiden, dass sie real existierende Orte sind, die mit den Utopien jedoch gemein haben, dass sie eine Art Gegenorte sind, in dem Sinne, als sie alle anderen Orte innerhalb einer Gesellschaft gleichzeitig repräsentieren, kritisieren und auf den Kopf stellen, «gewissermassen Orte ausserhalb aller Orte, wiewohl sie tatsächlich geortet werden können». Weil diese Orte ganz andere sind als alle Orte, die sie reflektieren oder von denen sie sprechen, nennt Foucault sie eben Heterotopien.[10]

Als andere Orte, als Orte ausserhalb aller Orte, als Gegenorte brauchen Räume der Stille eine andere Gestaltung als sie beispielsweise die Warteräume in den Bahnhöfen und Flughäfen aufweisen. Diese Andersheit ist primär mit architektonischen Mitteln zu erreichen: mit einer anderen Materialisierung von Boden, Wänden und Decke, mit einer anderen Lichtführung, einer anderen Akustik und einer anderen Atmosphäre. Leider erfüllen viele multireligiöse Gebetsräume diese architektonischen Kriterien nicht, was damit zusammenhängt, dass man – sowohl bei Umbauten wie auch bei Neubauten – oft vergisst, sie von Anfang an mit einzuplanen, mit der Folge, dass man sie an Orten realisiert, deren Architektur bereits definiert ist, beispielsweise in einem Raum, der als Büro gebaut wurde und an dessen Innenausbau sich nichts mehr verändern lässt. Räume der Stille müssen nicht unbedingt einen sakralen Charakter aufweisen, aber doch eine gegenüber normalen Räumen deutlich andere Gestalt.

Ausstattung

Bleibt die Ausstattung der Räume zu bestimmen. Diesem Thema wird in der Regel am meisten Aufmerksamkeit geschenkt, was sicher auch richtig ist. Aber ich betone noch einmal: Wo die architektonische Gestaltung nicht stimmt, wird man auch mit noch so vielen Symbolgegenständen nicht die Atmosphäre erreichen, die man in solchen Räumen erwartet. Gleichwohl ist auch die Ausstattung sehr wichtig. In Räumen der Stille muss es Orte geben, an denen kleine Rituale vollzogen werden können. Das kann ein Ort mit Kerzen sein, die man individuell anzünden kann, ein Ort mit Wasser oder ein Ort mit heiligen und anderen Schriften. Natürlich braucht es Sitzgelegenheiten: eine Bank, Stühle, Hocker oder Kissen. Weitere Symbole können dazukommen: Blumen, ein Bild, eine Schale mit Steinen, die

10 Michel Foucault: Des espaces autres, in: Ders.: Dits et Écrits 1954–1988, Bd. 4, Paris 1994, S. 752–762; dt.: Michel Foucault: Andere Räume, in: Karlheinz Barck u. a. (Hg.): Aisthesis. Wahrnehmung heute oder Perspektiven einer anderen Ästhetik, Leipzig ²1990, S. 34–46.

Symbole der Weltreligionen etc. Für das individuelle Gebet der Muslime braucht es Gebetsteppiche und eine Markierung, die die Richtung nach Mekka anzeigt. Im Raum der Stille im Bahnhof Zürich gibt es ausserdem ein «Weg-Wort» für jeden Tag, das man vor Ort lesen oder als Kopie mitnehmen kann. Und ganz wichtig sind in diesen Räumen die Anliegenbücher, in die die Besucherinnen und Besucher ihre Nöte, ihre Gebete und Anliegen schreiben können.

In Räumen, die allen Religionen paritätisch zur Verfügung stehen (Typus 2), muss man zurückhaltend sein mit Elementen, die auf die Liturgien und Religionspraktiken der einzelnen Religionen verweisen. So ist es nicht angebracht, einen Altar aufzustellen, einen Ambo, eine Osterkerze, ein Kreuz, eine hinduistische Gottheit, eine Buddhastatue, einen Chanukka-Leuchter oder das Schriftbild einer Sure. Die Symbole der einzelnen Religionen würden sich gegenseitig stören. Für einen Angehörigen des jüdischen Glaubens beispielsweise bedeutet es ein Problem, in einem Raum zu beten, in dem sich ein Kreuz befindet. Räume des zweiten Typus sollten also möglichst religionsneutral gestaltet sein mit einer Ausstattung, die individuelle Rituale erlaubt, ohne die eine oder andere Religion auszuschliessen.

In Räumen der Stille, die nicht stark frequentiert sind, ist es jedoch durchaus möglich, auch religionsspezifische Gegenstände zur Verfügung zu stellen, insbesondere, wenn diese Räume auch für Andachten oder Rituale in kleineren Gruppen benutzt werden. So hat es beispielsweise im Andachtsraum im Reichstagsgebäude in Berlin im Vorraum einen Schrank mit Kultgegenständen der einzelnen Religionen. Je nach Gruppe, die in dem Raum feiert, kann dieser entsprechend

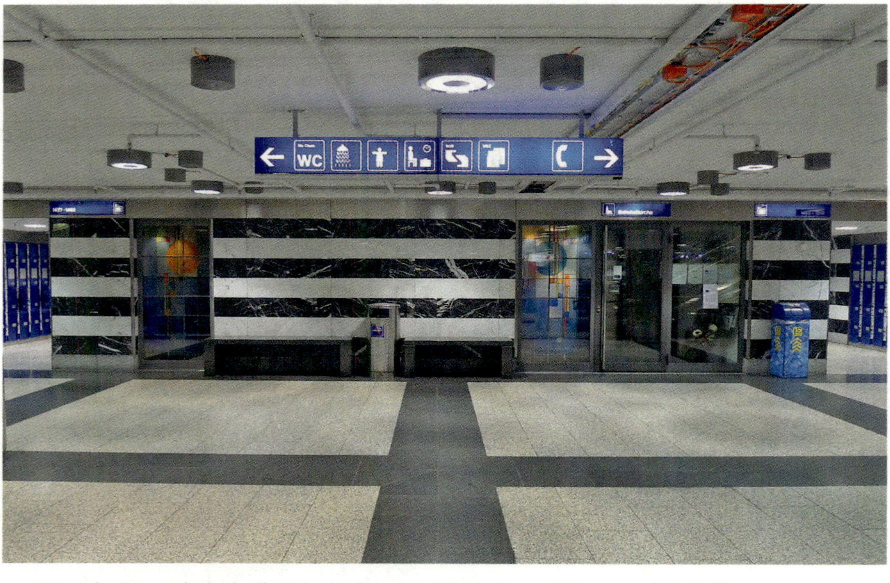

Zürich, Hauptbahnhof, Bahnhofkirche, 2005, Foto: Johannes Stückelberger

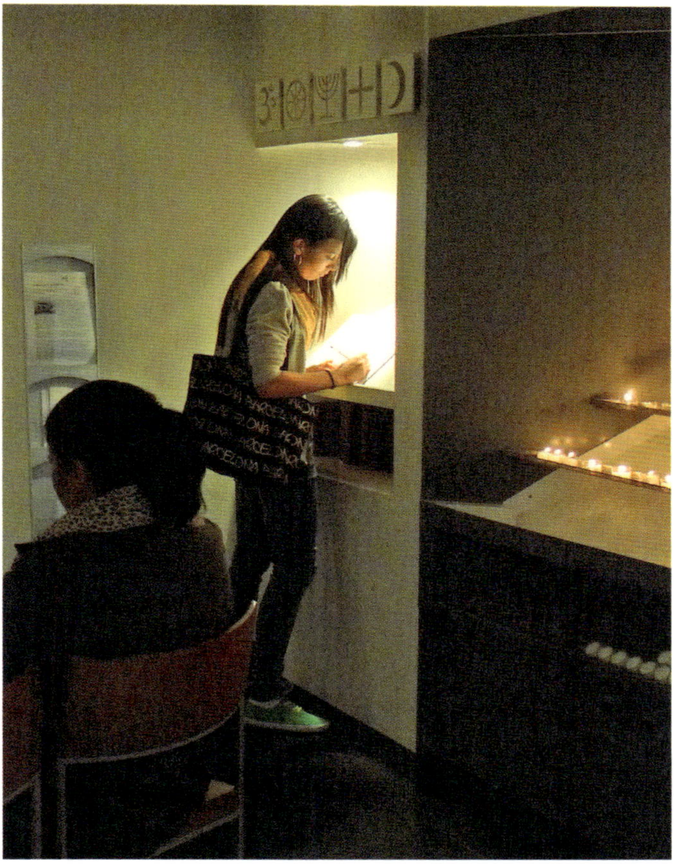

Zürich, Hauptbahnhof, Bahnhofkirche, 2005, Kerzentisch, Anliegenbuch, Weg-Wort, Foto: Johannes Stückelberger

ausgestattet werden. Der im «Normalzustand» neutrale Steinkubus in der Mitte dient dann einmal als Altar, ein andermal als Tisch für die Thora oder als Sockel für eine Statue.[11]

Etwas anders verhält es sich bei den Räumen des dritten Typus. Hier ist es nicht unüblich, dass der Gastgeber sich als solcher zu erkennen gibt mit einem zentralen Symbol seiner Religion, beispielsweise der Bibel. Die meisten Räume der Stille in der Schweiz werden von den christlichen Kirchen gebaut und zur Verfügung gestellt. Die Gastgeberrolle beschränkt sich dabei nicht auf das Zur-Verfügung-Stellen, oft ist damit ein seelsorgerliches Angebot verbunden, das jedoch nicht nach Religionszugehörigkeit unterscheidet, sondern von jedermann in Anspruch genommen werden darf. Eindrücklich sind die diesbezüglichen Zahlen

11 Andreas Kaernbach: Der Andachtsraum von Günther Uecker im Reichstagsgebäude in Berlin, in: Multireligiöse Gebetsräume 2010 (s. Anm. 1), S. 12–16.

von der Bahnhofkirche in Zürich. Dieser Raum wird pro Tag durchschnittlich von etwa 500 Personen aufgesucht. Fünf bis zehn davon suchen ein persönliches Seelsorgegespräch, was pro Jahr ca. 2000 Seelsorgegespräche ergibt. In diese Arbeit teilen sich professionelle Seelsorgerinnen und Seelsorger, die von den evangelisch-reformierten und römisch-katholischen Landeskirchen angestellt sind, sowie ein Stab von freiwilligen Mitarbeiterinnen und Mitarbeitern.[12]

Dass die Gestaltung und Ausstattung multireligiöser Gebetsräume eine anspruchsvolle Sache ist, zeigt sich daran, dass viele dieser Räume eine – wie ich sie nennen möchte – Nullgestaltung aufweisen. Sei es aus Angst davor, man könnte etwas falsch machen, sei es aus Mangel an Vorstellungsvermögen, was die Besucherinnen und Besucher dieser Räume brauchen, verzichtet man auf jegliche Ausstattung. So gibt es Räume, die als Räume der Stille kaum erkennbar sind, die sich wenig unterscheiden von Warteräumen, Lounges oder Vortragssälen, bis hin zu Räumen, die wie Abstellkammern aussehen.[13]

Spezifik und Unverwechselbarkeit

Ein wichtiges Kriterium der Gestaltung von Räumen der Stille ist deren Spezifik und Unverwechselbarkeit. Die Räume müssen sich von anderen Räumen abheben, wenn sie ihre Funktion erfüllen wollen. In Altersheimen oder Spitälern kann man Räume finden, die sich von Wohnstuben, Kinderzimmern, Zenmeditations- oder Yogaräumen kaum unterscheiden. Die Absicht ist gut gemeint, man möchte eine warme Atmosphäre vermitteln. Doch fehlt diesen Räumen der Charakter eines «anderen Raumes», wie ich ihn oben definiert habe. In Räumen der Stille sucht man nicht, was einem auch die Wohnstube zu Hause bietet, nein, man möchte in diesen Räumen aus seiner gewohnten und oftmals belastenden Umgebung herausgeholt werden, man sucht hier das Gespräch mit einem Anderen. Auf diese Bedürfnisse muss die Gestaltung eingehen.

Das bedeutet nun aber nicht, dass Räume der Stille gestalterischen und künstlerischen Höchstansprüchen genügen müssen. Eine hohe Qualität und ein spezifischer Charakter lassen sich auch mit relativ bescheidenen Mitteln erreichen. Ein eindrückliches Beispiel dafür ist der Raum der Stille im nördlichen Torbau des Brandenburger Tors in Berlin. 1994, fünf Jahre nach der Wende, hat ihn ein Förderkreis eingerichtet, mit dem Ziel, einen Ort der Erinnerung, des Friedens und der Völkerverständigung zu schaffen. Anders als beim Holocaustdenkmal in

12 www.bahnhofkirche.ch (letzter Zugriff: 24.4.2012).

13 Etliche Beispiele solcher Räume hat der österreichische Fotograph Andreas Duscha auf einer Weltreise entdeckt, auf der er interreligiöse Gebetsräumen auf Flughäfen fotographierte: Herbert Justnik (Hg.): Andreas Duscha. Places of Worship. Interreligiöse Gebetsräume auf Flughäfen, Ausstellungskatalog Wien (Österreichisches Museum für Volkskunde), Wien 2008; vgl. Interreligiöse Gebetsräume auf Flughäfen. Alois Kölbl im Gespräch mit Andreas Duscha, in: Multireligiöse Gebetsräume 2010 (s. Anm. 1), S. 27–30.

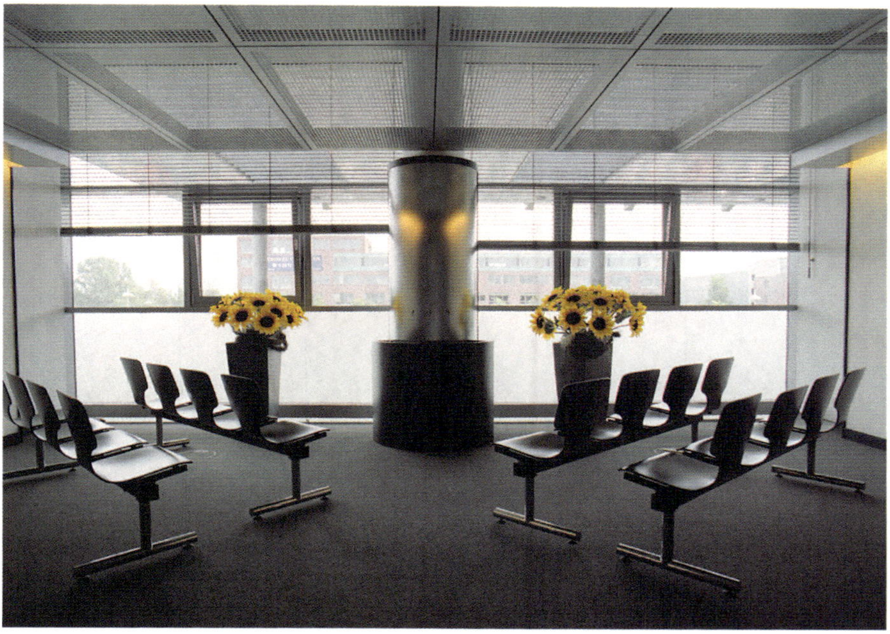

Andreas Duscha, FMO (Münster Osnabrück International Airport), 2008, Foto: Andreas Duscha

unmittelbarer Nähe geht es in diesem Raum nicht um kollektive Erinnerung, angesprochen sind vielmehr Privatpersonen, denen an diesem Ort die Möglichkeit geboten wird, still zu werden. Eine Tafel im Eingangsbereich erinnert an die Geschichtsträchtigkeit des Ortes. Eine zweite Tafel lädt die Besucher mit dem Gebet der Vereinten Nationen ein, für andauernden Frieden zu beten. Und eine dritte Tafel fordert sie auf, den Raum als Raum der Stille zu respektieren. In diesen gelangt man vom Vorraum aus durch zwei Türen, die wie Schleusen wirken. Im Raum selber ist es relativ dunkel. Ein gedämpftes Tageslicht dringt durch dicke Vorhänge. Als Sitzgelegenheiten gibt es ein paar Hocker und ganz normale Stühle. Der Raum weist keine besondere Gestaltung auf. An der Wand, auf die die Sitzgelegenheiten ausgerichtet sind, hängt ein Teppichbild mit einem hellen Zentrum, einem Licht, das die Dunkelheit durchbricht. Davor liegt ein Stein von der Berliner Mauer als Symbol dafür, dass die Öffnung der Grenzen die Voraussetzung für Völkerverständigung und Frieden ist.

Als ich den Raum zum ersten Mal betrat, war ich enttäuscht von dessen Gestaltung. Es war offensichtlich kein Designer mit dessen Ausstattung betraut worden. Die Gestaltung ist bescheiden, um nicht zu sagen, fast ein bisschen schäbig. Doch je länger ich mich in dem Raum aufhielt, desto mehr entdeckte ich die ihm eigene Qualität als Raum der Stille. Kein Laut dringt vom Platz vor dem

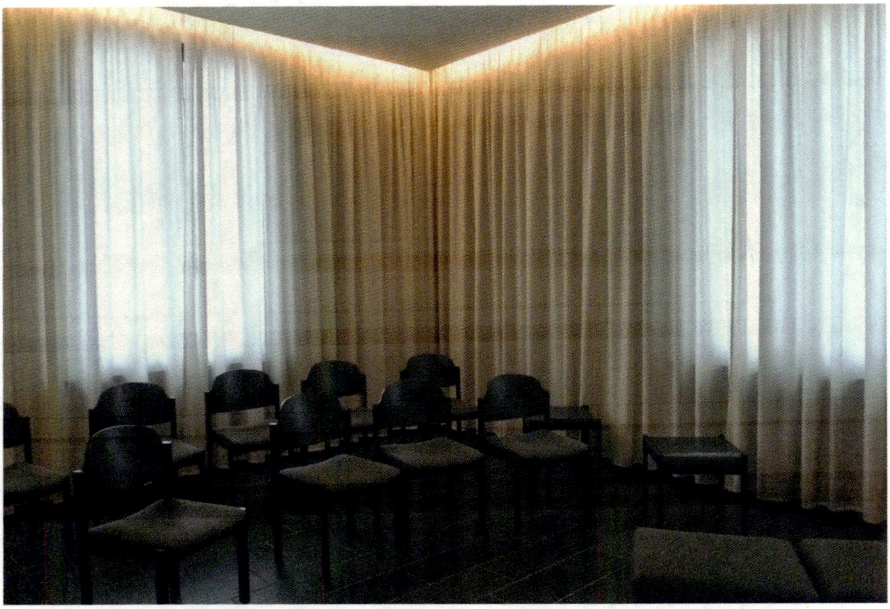

Berlin, Raum der Stille im Brandenburgertor, 1994, Foto: Johannes Stückelberger

Brandenburger Tor hinein, von jenem Platz, auf dem rund um die Uhr Menschen sich aufhalten. Der Raum ist akustisch vollkommen isoliert. Es ist ein Ort, an dem man in sich hineinhorchen, zur Stille kommen, beten, Kraft sammeln kann. In diesem Fall besteht die Spezifik des Raumes nicht in einer besonders hochstehenden Gestaltung, sondern in der besonderen akustischen Qualität.

Kunst

Der «Room of Quiet» im Hauptquartier der Vereinten Nationen in New York weist an Ausstattungsstücken – wie bereits erwähnt – einen Block aus rohem Eisenerz sowie ein abstraktes Gemälde auf. Einen Raum der Stille mit Hilfe von Kunstwerken zu gestalten, ist eine nicht selten gewählte Möglichkeit. Kunstwerke vermögen auf ihre Weise Sinn zu stiften, indem sie Fragen reflektieren, die die Besucherinnen und Besucher an sie herantragen, indem sie Stimmungen vermitteln, die beruhigend sein können, indem sie eine formale Struktur aufweisen, die den eigenen vielleicht formlosen Gedanken Halt gibt, indem sie durch ihre Sperrigkeit uns herausfordern oder mit ihrer Schönheit und Wahrheit erfreuen. Kunst bietet optische Sinnangebote, die, ohne Worte, Sinn zu stiften vermögen. Schliesslich eignet sich Kunst auch insofern besonders gut für die Ausstattung von Räumen der Stille, als sie diesen einen individuellen, unverwechselbaren und originalen Charakter verleiht. Individualität und Originalität sind Werte, denen an solchen Orten eine grosse Bedeutung zukommt: an Orten, die ja primär von Individuen aufgesucht werden, die auf ihre Anliegen individuelle Antworten suchen.

Allerdings stellt sich bei der Kunst das Problem, dass sie, indem sie einen individuellen Zugang erfordert, Besucher auch überfordern kann. Kunst liefert keine schon bekannten Antworten. Sie verlangt eine Offenheit von denjenigen, die mit ihr in einen Dialog treten. Gleichwohl würde ich nicht sagen, dass man in Räumen der Stille mit Kunst zurückhaltend sein soll. Überfordert ist jemand nur dann, wenn er nicht bereit ist, sich herausfordern zu lassen. Was aber kann ein Gebetsraum Besseres leisten als gerade dies? Wer hierher kommt, kommt ja mit Fragen, auf die er in der Regel selber keine Antworten weiss. Deshalb sucht er das Gespräch mit sich, mit Gott, mit einem Seelsorger, mit dem Licht, dem Wasser etc. Die Sinnangebote, die ihn darin begleiten, sollen und müssen andere Angebote sein, als sie die Konsumwelt bereithält. Es müssen Angebote sein, die unverfügbar sind und einen offenen Sinnhorizont aufweisen.

Trotzdem passt nicht jede Kunst an jeden Ort. Bei den einen Räumen mag es besser sein, mit niederschwelliger Kunst zu arbeiten, bei anderen darf es durchaus etwas Anspruchsvolleres sein. Eine anspruchsvolle Gestaltung weist zum Beispiel der Raum der Stille im reformierten Kirchgemeindehaus in Männedorf am Zürichsee auf, mit einem Kunstwerk in Form eines mandalaartigen Liniennetzes, das einem Kreis im Boden eingeschrieben ist und das gleichzeitig über diesen Kreis hinaus über die Wände und Decke geführt ist. Um dieses Kunstwerk zu verstehen, muss man sich mit ihm auseinandersetzen.[14] In diesem Fall kann dies vorausgesetzt werden, insofern der Raum mehrheitlich von Personen und Gruppen benutzt wird, die regelmässig hierher kommen: von Konfirmandenklassen, Gebetskreisen, Seelsorgerinnen oder Leuten aus dem Dorf. Das Kunstwerk bietet diesen Benutzerkreisen eine Komplexität, die sich nicht so schnell verbraucht.

Identität

Wenn ich für Räume der Stille eine unverwechselbare und spezifische Gestaltung fordere, so tue ich dies auch aus folgendem Grund: Die bevorzugten Orte für multireligiöse Gebetsräume wie Bahnhöfe, Flughäfen, Einkaufszentren etc. sind Orte, die selber keine Identität aufweisen. Nicht-Orte nennt sie der französische Anthropologe Marc Augé, worunter er Orte versteht, an denen man nicht verweilt, an denen man nicht sesshaft wird und die auf der ganzen Welt die gleiche oder eine ähnliche Struktur und Ästhetik aufweisen.[15] An solchen verwechselbaren Nicht-

14 Johannes Stückelberger: Ästhetische Sinnangebote in multireligiösen Gebetsräumen. Der Raum der Stille im Reformierten Kirchgemeindehaus in Männedorf, in: David Plüss/Johannes Stückelberger/Andreas Kessler (Hg.): Imagination in der Praktischen Theologie, Zürich 2011, S. 143–157.

15 Marc Augé: Orte und Nicht-Orte. Vorüberlegungen zu einer Ethnologie der Einsamkeit, Frankfurt a.M. 1994 (franz.: Non-Lieux. Introduction à une anthropologie de la surmodernité, Paris 1992).

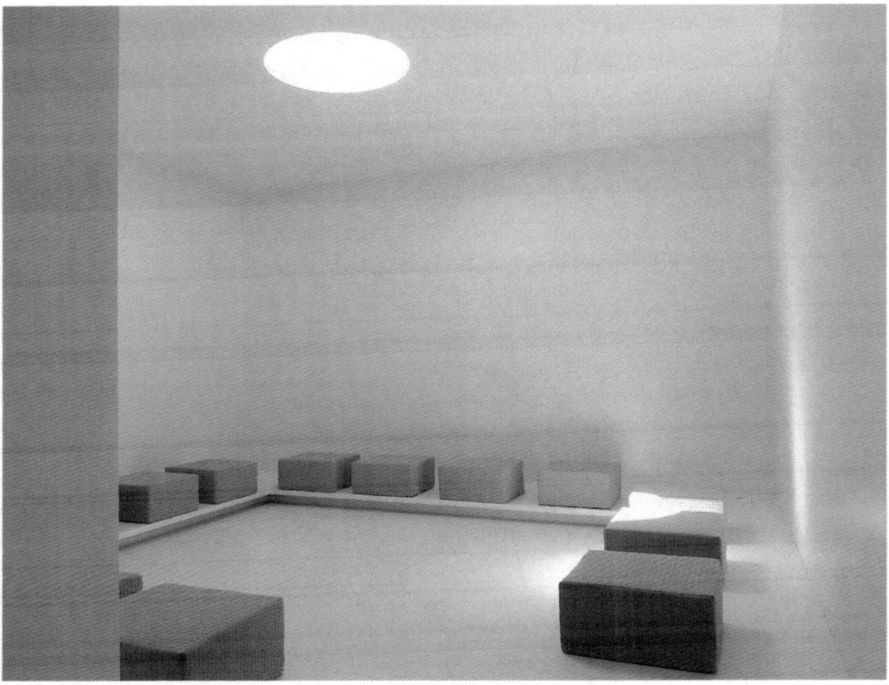

Männedorf, Raum der Stille im Reformierten Kirchgemeindehaus, 2011
Architektur: Stücheli Architekten, Zürich; künstlerische Gestaltung: Carmen Perrin, Genf, Foto: Johannes Stückelberger

Orten ohne Identität kommt den Räumen der Stille die wichtige Funktion zu, Identität zu stiften. Nicht für ein Kollektiv, aber für die Individuen, die diese Räume aufsuchen. In den anonymen Nicht-Orten unserer Gesellschaft sind multireligiöse Gebetsräume Rückzugsorte, die Schutz, Geborgenheit und spirituelle Heimat bieten.

Bleibt zum Schluss die Frage: Erfüllen die Räume der Stille das, was man von ihnen erwartet und erhofft? Werden sie überhaupt benutzt? Sicher gibt es Räume, die selten aufgesucht werden. Sind sie deshalb funktionslos? Bei Räumen dieser Kategorie darf man nicht die gleiche Kosten-Nutzen-Bilanz ziehen wie bei kommerziell genutzten Räumen. Räume der Stille erfüllen ihren Zweck allein schon dadurch, dass sie da sind und dass man weiss, dass sie da sind. Für alle Fälle! Wenn wir sie heute nicht brauchen, wer weiss, ob nicht vielleicht morgen? Nicht zuletzt haben multireligiöse Gebetsräume eine wichtige Funktion als Symbole eines Miteinanders und nicht Gegeneinanders der Religionen.

Krankensalbung: *wellness, wholeness, holiness*[1]

Joachim Vobbe

Die Sorge um die Kranken ist eine der ursprünglichen und wesentlichen Aufgaben der Kirche.[2] Von daher ist es nicht erstaunlich, dass eines der sieben Heilszeichen, der Sakramente der Kirche, sich besonders dem kranken Menschen zuwendet.

Die folgenden Überlegungen widmen sich der Krankensalbung, für die es in der altkatholischen Kirche Deutschlands und in der christkatholischen Kirche der Schweiz liturgische Formulare gibt. Aufbauend auf dem Zeugnis der Schrift und der Tradition dieses Sakraments im Lauf der Kirchengeschichte, beschäftigt sich der folgende Beitrag mit der Frage, wie angesichts der heutigen Suche nach ganzheitlicher Erfahrung von Krankheit und Sehnsucht nach Heilung eine theologisch reflektierte Praxis der Krankensalbung entwickelt werden kann bzw. bereits entstanden ist, die sich auch das traditionelle liturgische Repertoire zunutze machen kann.

Einführung

In der Liturgie der alt-katholischen Kirche in Deutschland bittet zunächst ein Priester oder eine Priesterin[3], oder in Stellvertretung auch ein Diakon oder eine Diakonin, im Gebet um Stärkung für den Kranken durch Gottes Heiligen Geist und legt ihm dann in Stille die Hand auf. Anschliessend wird der Kranke auf der Stirn und möglichst auch auf den Innenflächen der Hände mit geweihtem Öl gesalbt. Dabei sprechen Priester oder Diakon: «N. N., durch das Gebet der Kirche und durch diese Salbung stärke dich der barmherzige Gott, der Vater unseres

1 Eine längere Fassung dieses Beitrags mit weiteren Literaturhinweisen und Texten wurde in Form eines Hirtenbriefes veröffentlicht in Joachim Vobbe: Brot aus dem Steintal, Bonn 2005, Alt-Katholischer Bistumsverlag, S. 367–418. Zur Entstehung sei angemerkt, dass zwischen 1995 und 2004 die Grundlage der damals entstandenen Hirtenbriefe gemeinsam mit Mitgliedern der altkatholischen Kirche bei mehrtägigen sog. «Herdenbrieftagen» erarbeitet worden ist.

2 Nach den Ordnungen und Satzungen des Katholischen Bistums der Alt-Katholiken in Deutschland ist der letztlich Verantwortliche für eine geregelte Krankenpastoral einschliesslich der Spendung der Krankensakramente in einer Gemeinde der Pfarrer bzw. die Pfarrerin. Er oder sie können die damit verbundenen Aufgaben im Einvernehmen mit dem Kirchenvorstand für bestimmte Bezirke oder Zeiten an andere Priester bzw. Priesterinnen oder Diakone bzw. Diakoninnen delegieren. Im Notfall ist jeder Priester bzw. Diakon zur Spendung der Krankensalbung berechtigt.

3 Um der besseren Lesbarkeit willen wird anschliessend nur die männliche Form «Diakon», «Priester» verwendet.

Herrn Jesus Christus, im Heiligen Geist. Er richte dich auf und schenke dir sein Heil. Amen.»[4]

Diese Salbung kann als einzelner sakramentaler Akt am Krankenbett oder in lebensbedrohlicher Situation nach einem Unfall oder bei plötzlicher Erkrankung überall vollzogen werden. Sie kann aber auch in einer Eucharistiefeier – in der Regel nach Evangelium und Predigt – gespendet werden; das kann ein besonderer Krankengottesdienst oder eine Feier sein, in welcher diese Salbung den anwesenden Kranken und Heilungsbedürftigen besonders angekündigt wird. Durch einen Priester geleitet, kann die Feier auch das Busssakrament einschliessen, nach Wunsch der Kranken in Form der Einzelbeichte oder als allgemeine Bussfeier. Es entspricht dem Sinn der Krankensalbung, dass der Kranke bei Bewusstsein ist und auch Angehörige oder Freunde bei der Feier anwesend sind, ausgenommen die Zeit der Einzelbeichte oder eines vertraulichen seelsorglichen Gespräches. In Lebensgefahr treten diese Fragen in den Hintergrund und beschränkt der Ritus sich auf das Notwendige.

Zur Krankensalbung wird in der alt-katholischen Kirche ein mit Rosenöl verfeinertes Olivenöl benutzt, das zusammen mit den anderen heiligen Ölen, dem Chrisam und dem Katechumenenöl[5], in einer besonderen Eucharistiefeier vom Bischof geweiht wird. Diese Eucharistiefeier wird im Volksmund «Chrisammesse» genannt und in der Fastenzeit gefeiert.[6]

Die Krankensalbung ist in ähnlicher Weise auch in der römisch-katholischen und der anglikanischen Kirche üblich und gilt auch dort als Sakrament. In den orthodoxen und altorientalischen Kirchen ist der Brauch uneinheitlich; er reicht von einer stark ritualisierten sakramentalen Form unter Teilnahme von sieben Priestern im byzantinischen Ritus bis hin zur völligen Unkenntnis des Sakramentes bei der ostsyrischen Kirche. In den evangelischen Kirchen war die Krankensalbung lange Zeit nicht mehr in Gebrauch und wird bis heute nicht als Sakrament verstanden. In den letzten Jahrzehnten jedoch haben Salbungs- und Handauflegungsgottesdienste für kranke Menschen in vielen evangelischen Kirchen und Gemeinden an Bedeutung gewonnen und werden bisweilen sogar regelmässig angeboten.

4 Katholisches Bistum der Alt-Katholiken in Deutschland: Die Feier der Krankensalbung. Zur Erprobung hg. von der Liturgischen Kommission des Katholischen Bistums der Alt-Katholiken in Deutschland, Bonn 1999.

5 Chrisam, eine Mischung aus Balsam und Olivenöl und ggf. einer weiteren natürlichen Duftessenz, wird verwendet bei Taufe, Firmung, Priester- und Bischofsweihe und bei der Weihe von Altären und Kirchen, Katechumenenöl bei den Taufbewerbern.

6 In der Christkatholischen Kirche der Schweiz wird die Chrisammesse am Hohen Donnerstag in St. Peter und Paul in Bern gefeiert. Vgl. Gesang- und Gebetbuch der Christkatholischen Kirche der Schweiz, hg. von Bischof und Synodalrat der Christkatholischen Kirche der Schweiz, Bd. II: Heilige Woche: Psalmsonntag bis Ostern, Basel 2008, Nr. 301–304.

Das Zeugnis der Bibel

Als biblische Begründung für die Krankensalbung wird gern der Jakobusbrief zitiert: «Ist jemand krank unter euch, dann rufe er die Ältesten der Gemeinde zu sich. Sie sollen Gebete über ihn sprechen und ihn im Namen des Herrn mit Öl salben. Das gläubige Gebet wird den Kranken retten und ihn aufrichten. Wenn er Sünden begangen hat, werden sie ihm vergeben.» (Jak 5,14f.). Dieser Text beweist, dass Salbung und Gebet am Krankenbett auf eine bis in die Anfänge der Christenheit zurückreichende Tradition zurückblicken und dass dieser Vorgang ausdrücklich als Verpflichtung «der Kirche» – offiziell repräsentiert durch die Ältesten – gesehen wird. Die Sorge um die Kranken ist jedoch weit mehr als ein zweckgerichteter Gemeindebrauch. Sie geht auf Jesus selbst zurück und gehört zu den Grundzügen seines Wirkens. Er selbst heilt Kranke und sieht sich als Arzt (Mt 9,12). Er beauftragt seine Jünger, Kranken die Hände aufzulegen (Mk 16,18) und sie mit Öl zu salben (Mk 6,13). In seiner Gerichtsrede (Mt 25,31–46) identifiziert er sich mit den Kranken so, dass er jede Hilfe ihnen gegenüber, aber auch jede Verweigerung dieser Hilfe auf sich bezieht. Er hebt den damals verbreiteten Glauben auf, dass Krankheit eine Folge von Sünde oder sogar von ererbter Schuld sei (Joh 9,3). Freilich ist ihm auch bewusst, dass Schuldgefühle und Krankheit bisweilen zusammenhängen und die Entlastung von Schuld für die seelische Gesundheit des Menschen ebenso wichtig sein kann wie körperliche Genesung. Im Mitleiden mit dem leidenden Menschen (Mt 20,34; Lk 7,13) vermittelt Jesus das Bild eines mitleidenden Gottes und weist darauf hin, dass wir Menschen zum Heil und nicht zur Vernichtung bestimmt sind (Joh 9,3). Immer wieder betont er, dass letztlich der Glaube heilt, weil Glaube noch über körperliche Gebrechen und menschliche Sterblichkeit hinausreicht (Mt 8,10; 9,22.28; Mk 5,36; 10,52; Joh 4,48).

Besonders konzentriert werden diese Gedanken im ersten Petrusbrief (1 Petr 2,19–25) ausgedrückt: Sein Verfasser tröstet die junge Christengemeinde zunächst mit der Situation der Sklaven. Er ermutigt diese, Kränkungen und Unrecht zu erleiden, wenn sie sich in ihrem Gewissen sicher sind, den Willen Gottes zu tun. Dann weitet er das Bild auf den von Jesaja prophezeiten – zu Unrecht leidenden – Gottesknecht aus und identifiziert diese Gestalt mit Jesus, dem Christus: «Er hat keine Sünde begangen und in seinem Mund war kein trügerisches Wort. Er wurde geschmäht, schmähte aber nicht, er litt, drohte aber nicht, sondern überliess seine Sache dem gerechten Richter. Er hat unsere Sünden mit seinem Leib auf das Holz des Kreuzes getragen, damit wir tot seien für die Sünde und für die Gerechtigkeit leben. Durch seine Wunden seid ihr geheilt.» Hier fallen erlittenes Unrecht, erlittene und begangene Schuld und jegliche Art von Verwundung in eins: Das Arztsein Jesu bezieht sich auf Leib und Seele, auf willkürlich erlittene Schmach und auf alles uns von Gott zugemutete Leid. Der göttliche Arzt heilt, indem er selbst mit uns leidet. Unter Hingabe seines Lebens geht er seinen Weg mit allen Leidenden (vgl. Jes 53,11). Zum einen macht er uns damit empfindsam für das Leiden anderer. Zum anderen wird uns dadurch deutlich, dass wir aus eigener Kraft nicht alles Leid aus dieser Welt schaffen oder auch nur lindern können. Das Leiden des Gekreuzigten ist daher auch ein Hinweis darauf, uns nicht entmutigen zu lassen. Es mündet nicht in einer leidens- und todesfreien irdischen Herrschaft, sondern in der Auferstehung und in Seiner «Herrschaft zur Rechten Gottes». Das heisst: Den Sinn des Leidens ergründen wir nie ganz in diesem irdischen Leben, im Gegenteil: nur in der Nachfolge Jesu Christi können wir darauf vertrauen, dass alles Leid, ganz besonders das als Unrecht empfundene, in der Auferstehung seinen Heiland und in Gott seinen gerechten und barmherzigen Richter fifindet.

Dies sind freilich theologisch «richtige», aber doch sehr knappe Aussagen. Es bedarf seelsorglichen Fingerspitzengefühls, sie mit Wort und Tat in die konkrete Situation eines Kranken zu übersetzen.

Im Laufe der Zeit

Im Laufe der Kirchengeschichte war die «Krankensalbung» allerlei Wandlungen in Bedeutung und Ritual unterworfen. Der Brauch, Kranke zu salben, war vermutlich von biblischen Zeiten an ungebrochen. Der frühen Kirche kam es vor allem auf das geweihte Öl an, das offensichtlich eine quasisakramentale Bedeutung hatte.[7] Weil es vom Bischof unter Anrufung des Heiligen Geistes geweiht worden war, wurde ihm heilende Kraft zugeschrieben. Der Spender war weniger wichtig. Die Leute nahmen das Öl mit nach Hause und salbten sich selbst oder ihre Kranken nach Bedarf damit; bisweilen wurde das Öl auch getrunken. Die begleitenden Gebete waren nicht einheitlich geregelt und bezogen sich auf die jeweilige Krankheit des Betroffenen.

Mit flächendeckender Kirchlichkeit wurde im frühen Mittelalter die Praxis der Krankensalbung so geordnet, dass sie nur den Priestern vorbehalten blieb und sich – in Verbindung mit Sündenvergebung und Eucharistieempfang – zum Sakrament der Sterbenden entwickelte. Zwar hat die Kirche in vielerlei anderer Hinsicht – besonders durch den Dienst der Krankenpflegeorden – ihre Fürsorgepflicht für kranke Menschen stets wahrgenommen und die organisierte Krankenpflege in Gestalt von Spitälern geradezu erfunden. Zugleich wurde den Kranken auch regelmässig die Beichte und der Kommunionempfang angeboten. Das eigentliche Krankensakrament aber, die Salbung, führte als «letzte Ölung»[8], oft in den wirklich letzten Atemzügen des Lebens, ja bisweilen noch danach gespendet, tausend Jahre lang ein Schattendasein. Erst die Erkenntnisse der liturgischen Forschung und Bewegung im 20. Jahrhundert, die Aufgliederung der Krankenpflege in staat-

7 Vgl. Anselm Grün: Die Salbung der Kranken. Trost und Zärtlichkeit, Münsterschwarzach 2001, S. 15.

8 In römisch-katholischen Ritualbüchern führte sie noch bis um 1960 den Namen *extrema unctio*, allerletzte Ölung.

liche und kirchliche oder «freie» Trägerschaften, die immensen Fortschritte der Medizin und Psychologie und die Erfahrungen der Sterbebegleitung und Thanatologie in jüngerer Zeit haben uns gelehrt, die geistlichen Anteile der Krankenbegleitung neu zu gewichten und auch die Krankensalbung aus ihrer Randexistenz zu befreien.[9] In fast allen Kirchen haben Salbungs- und Handauflegungsrituale an und mit Kranken sehr an Bedeutung gewonnen.

Salbe – nicht nur für die wunde Seele

Es scheint, dass in den Anfängen der Kirche noch nicht streng unterschieden wurde zwischen der sakralen und der medizinischen Bedeutung von Salbung, Handauflegung und Gebet. Die Salbung mit Öl war – gerade im Orient – eine weitverbreitete Wohltat für den kranken, verwundeten[10] oder auch nur ermatteten[11] Menschen. Krankheit, oft über den Verfall, die Verfärbung oder die Entzündung der Haut erkennbar, machte den Schutz und die Erfrischung dieses uns abgrenzenden, empfindlichen Organs besonders wichtig und einleuchtend. Die beruhigende, lindernde Wirkung der Handauflflegung und des Gebetes zu einer Zeit, als medizinische Kenntnisse noch äusserst vage waren, kann kaum überschätzt werden.

Heute fallen medizinischer Gebrauch von Salben und religiöses Tun oft weit auseinander. Gute medizinische Salben können Jahre und Jahrzehnte die Lebensqualität eines Menschen absichern, ohne dass er darauf einen einzigen frommen Gedanken verschwendet. Als ich vor einigen Jahren bei sogenannten «Herdenbrieftagen» mit Kirchenmitgliedern über die Krankensalbung sprach, kam aus eigenen Erfahrungen der Dank für solche Heilsalben zur Sprache, die manche Menschen täglich brauchen: Salben, die einen Narbenschmerz, einen Amputationsschmerz, einen rheumatischen oder einen Hautentzündungsschmerz lindern helfen; Salben, die bei Langzeitkranken das Wundliegen verhindern, Salben, ohne die uns der Schmerz den Verstand und allen Lebensmut rauben würde. Wir haben der medizinischen Forschung viel zu verdanken.

Sehr bald wurde uns jedoch klar, wie sehr es unserem auf traurige Weise zerspaltenen zeitgenössischen Lebensstil entspricht, dass wir diese Dankbarkeit selbst der Medizin gegenüber nur sehr sporadisch empfinden – von Gott ganz zu schweigen. Wir holen uns die Salbe in der Apotheke, das Rezept kommt vom Arzt, das Geld von der Krankenkasse; wir nehmen den ganzen Prozess in erster Linie als ökonomischen Vorgang wahr. Dass dahinter auch ethische Prinzipien, Menschenfreundlich-

9 Immerhin heisst es in den alt-katholischen Liturgieanweisungen schon seit 1876 nicht mehr «Letzte Ölung», sondern «Krankenölung», vgl. Katholisches Rituale, hg. nach den Beschlüssen der Synoden der Alt-Katholiken des Deutschen Reiches, Bonn ^{2}1876, S. 26.

10 Lk 10,34.

11 Ps 23,5.

keit, Hilfsbereitschaft, Gewissenhaftigkeit, oft frustrierendes und doch unerschütterliches Experimentieren im Dienst der Forschung und ganze Wunder an menschlicher Begabung stehen, erreicht unsere Dankbarkeitsgefühle kaum. Und Gott? Wie fromm würden wir werden, würde uns unsere schmerzlindernde Salbe, unsere lebensnotwendige Medizin nur ein paar Tage lang fehlen? Da sie aber tagtäglich da sind, ohne grosse Mühe beschafft werden können und uns ihre Anwendung an manchem Tag sogar lästig fällt, kommt uns ein Dankgebet nicht in den Sinn.

Wie wäre es, wenn wir anfingen, umgekehrt zu denken und bei der Einnahme unserer Medikamente still sagen würden: «Gott, ich danke dir. Die Medizin ist mir zwar lästig. Aber was wäre mein Leben ohne sie? Ich danke dir, dass ich dich in der heilenden Kraft der Medikamente, in der Kunst meiner Ärzte, in den Fortschritten der Forschung erfahren kann. Ich danke dir für alles Leid, das gelindert werden kann.»?

Wer so oder mit ähnlichen Worten beten kann, der erlebt eine Vorstufe von Krankensalbung. Wenn wir die Krankensalbung wieder ins Leben hineinholen wollen, müssen wir den Mut haben, die Grenzen zwischen einem offiziellen kirchlichen Akt und unseren alltäglichen Verrichtungen zu öffnen und unsere tägliche, medizinische Salbung mit Gott in Beziehung zu setzen. So entsprechen wir dem Geist der alten Kirche. Mit der Abspaltung «kirchlicher Akte» von alltäglichen Vorgängen trennen und spezialisieren wir fortwährend menschliche Lebensbereiche in voneinander losgelöste Segmente und entfremden damit den Menschen von sich selbst und von Gott.

Die Haut

Dass die Haut nicht nur über die Fähigkeit verfügt, Medizin, sondern auch Botschaften für die Seele nach innen (und ebenso von innen nach aussen) zu transportieren, ist durch viele doppelsinnige Sprichwörter und Redensarten belegt. Man sagt, jemand sei «dickfellig» oder «dünnhäutig». Wir sprechen davon, eine Situation habe uns «angerührt», können aber auch kühl feststellen, «das berührt mich nicht», oder, vulgärer, «das kratzt mich nicht». Von einem sehr empfindlichen Menschen sagen wir, er sei ein «Kräutchen-rühr-mich-nicht-an». Von einem betrogenen, blossgestellten Menschen heisst es, man habe ihm «die Haut» oder, drastischer, «das Fell abgezogen». Einen anderen dagegen nennen wir eine «ehrliche Haut». Wir reden davon, dass man mit diesem oder jenem Menschen «lieber nicht in Berührung» kommen möchte. Mit der Kaste der «Unberührbaren» im Hinduismus wird gar eine völlige soziale Ausgrenzung betrieben. Wir erleben eine Situation «hautnah». Von einem kontaktfreudigen Menschen sagen wir, er sei ein Mensch «zum Anfassen». Anderes verursacht uns «Berührungsängste». Nicht nur Kälte, auch schlimme Nachrichten oder heftiges Erschrecken machen mir eine «Gänsehaut». Vieles geht uns halt «unter die Haut». In Naturreligionen wird der Beginn einschneidender Lebensphasen buchstäblich durch Einschnitte in die Haut markiert.

Die Haut ist nicht nur Nahtstelle von «aussen» und «innen», in ihr berühren sich auch leibliche und seelische Empfindungen. Diese psychosomatische Empfindsamkeit muss man im Auge behalten, will man die Krankensalbung verstehen und wiederbeleben.

Wellness, Wholeness, Holiness

Manchmal macht uns die Welt was vor – im doppelten Sinne. Zur gleichen Zeit, da sich die Kirchen in bedauerlicher Weise aus dem Bewusstsein vieler Zeitgenossen entfernen lassen, holen sich immer mehr Menschen ihr eigenes Sakralleben ins Haus – nicht selten für viel Geld. Der Mittelpunkt solchen Treibens ist freilich nicht mehr der liebe Gott, sondern das noch liebere Ego. Da werden die Tische so festlich gedeckt, dass die Altäre von Kathedralen dagegen verblassen, die Banken- und Versicherungstürme so hoch gebaut, dass Kirchtürme sich dagegen wie Gebäude einer Modelleisenbahnanlage ausnehmen; und Wohnräume sind so erlesen ausgestattet, dass demgegenüber der bröckelnde Putz und die abgenutzte Bestuhlung vieler Gotteshäuser geradezu schäbig wirken.

Und die neue Welt salbt sich. Wir tun unserer Haut, dem irdischen Behältnis von Leib und Seele, etwas Gutes. Eine Erfrischungslotion am Morgen, eine Beruhigungscreme am Abend. Wer wollte schon behaupten, dies steigere nicht das Wohlbefinden. Gerade im Zusammenhang mit der Kosmetik wird auch ehrlich gesagt, um was es geht: «Wellness», Wohlgefühl. Dass ein Mensch sich wohl fühle, ist ein legitimer Wunsch. Ungleich berechtigter wird dieser Wunsch allerdings, wenn er nicht auf Kosten anderer umgesetzt, sondern damit verbunden wird, dass sich auch unser Mitmensch sich wohlfühlen möge.

Immerhin ist die Salbung zum Zwecke des Wohlgefühls nicht nur kommerziell, sondern auch therapeutisch empfohlen: In der Ayurveda-Medizin zum Beispiel spielt das mit duftenden Essenzen verfeinerte Öl eine besondere Rolle. Und Wellness-Therapien sind nicht nur, wie manche meinen, eine Erfindung des Fernen Ostens. Zwar war der Begriff damals noch nicht bekannt; doch begegnen wir schon bei Hildegard von Bingen Beispielen für die Salbung mit Öl nicht nur zur Heilung körperlicher Gebrechen[12], sondern auch zur Steigerung des allgemeinen Wohlbefindens und der seelischen Abwehrkräfte. Einem Abt gibt Hildegard für seine Kommunität den Rat: «Salbe sie [...] mit Öl, damit sie nicht durch Verbitterung dahinschwinden, noch aus Unwissenheit in die Irre gehen.»[13]

12 Viele Hinweise hierauf finden sich in Hildegard von Bingen: Heilkraft der Natur – «Physica», Rezepte und Ratschläge für ein gesundes Leben, Freiburg i. Br./Basel/Wien [4]1997, S. 253.

13 Anweisung Hildegards an Abt Helmrich von Bamberg, in: Hildegard von Bingen: Briefwechsel, nach den ältesten Handschriften übersetzt und nach den Quellen erläutert von Adelgundis Fuhrkötter OSB, Salzburg 1965, S. 136.

Hinweise auf solches Tun finden wir, wie gesagt, schon in biblischen Texten: Im Alten Testament gibt es zahlreiche Zeugnisse dafür, welche Wertschätzung das Salböl in diesem Zusammenhang genoss: «Salböl und Weihrauch erfreuen das Herz» (Spr 27,9).[14] Und im Markusevangelium wird die Salbung der Kranken nicht nur zur Heilung des Körpers, sondern in einem Atemzug mit der Austreibung böser Geister genannt (Mk 6,13). Die Wellness-Qualität, die psychosomatische Wirkung einer Salbung wird erhöht, wenn ich nicht nur mich selbst eincreme, sondern wenn ich mir die Zeit nehme, mich salben zu lassen bzw. einem anderen Menschen diese Wohltat zukommen lasse. Wer schon Massagen verschrieben bekommen hat, weiss, wie entspannend die fachkundige Behandlung mit einem guten Salböl wirkt, wenn man sich nicht selbst dabei anstrengen und konzentrieren muss.

Trauen wir uns?

Salbung, auch wenn sie nur am Kopf, an Händen oder Füssen vorgenommen wird, verlangt entweder nach einer gewissen Vertrautheit oder nach amtlicher Distanz. Einen wildfremden Menschen werde ich nicht an meine Haut heranlassen. Dies traue ich nur engen Verwandten, Partnern, Freunden oder aber Fachleuten, dem Arzt, dem Krankenpfleger, dem Masseur – oder eben auch dem Pfarrer zu.

Immer jedoch ist die Bereitschaft des Kranken entscheidend. Die Frage Jesu an den Heilung suchenden Blinden: «Was willst du, dass ich dir tun soll?» (Mk 10,51) wird in der modernen Krankenseelsorge gern als das Schlüsselwort dafür zitiert, dass Seelsorger dem Patienten nichts aufdrängen sollten.

Die weitverbreitete Sitte, Salben zum Wohlgefühl zu verwenden, sollte uns aber befähigen, einem vertrauten Kranken das freie Angebot zu machen, sein Gesicht, seine Hände oder seine Füsse mit einer wohltuenden Salbe oder einem duftenden Massageöl einzucremen. Ein solches «Wellness»-Geschehen kann eine Art Wegbereitung für das Sakrament sein. Im Vorfeld des eigentlichen Sakramentes könnten es nicht nur Ehepartner, Eltern, Kinder, Freunde sein, die solch einen Dienst am Kranken tun. Auch besonders ausgebildete Leute, die in einer Gemeinde mit regelmässigen Krankenbesuchen beauftragt sind, könnten ggf. einen solchen Salbungsdienst anbieten. Dies könnten – jenseits der sakramentalen Krankensalbung – selbstverständlich auch Priester, Diakone oder pastorale Mitarbeiter sein. In Vorbereitungsseminaren werden Hospizmitarbeiterinnen und -mitarbeiter darin eingeführt, gerade Kranken, die an einem «Berührungsdefizit» leiden, weil sie nur noch vom Pflegepersonal mit Gummihandschuhen angefasst werden, auf Wunsch Hände, Rücken und/oder Füsse zu salben – nicht aus medizinischen Gründen, sondern zum «Wohlfühlen». Eine Diakonin berichtete mir, dass sie

14 Vgl. auch z. B. Ps 23,5; 104,15; Spr 27,9.

regelmässig einer von ihr betreuten MS-Patientin Füsse, Hände und Rücken massiere und salbe und so dem weitgehend gelähmten Körper wieder etwas von seinem Wert spürbar mache. Während der Handlung oder danach betet sie mit der Kranken.

Generell stellt sich damit auch hier die Frage, ob und wie weit ein solch intimer Rahmen einen Gottesbezug aussprechbar macht. Falls bei einem Kranken eine religiöse Verwurzelung angenommen werden darf, ist es denkbar, dass man auch eine solche «Wellness-Salbung» mit einem Gebet beschliesst. Ein besonders schönes fand ich bei Hildegard von Bingen:

> «Wie der Geist des Herrn das Erdenrund erfüllt[15], so soll er auch mit seiner Gnade das Haus meines Leibes erfüllen, damit dieses nicht mehr erschüttert werden kann.»[16]

Ein anderes Gebet in der Sprache unserer Zeit lautet:

> «Menschenfreundlicher Gott, du hast keine Berührungsängste. Du bist mir nahe wie dieses Salböl. Entspanne mich, beruhige mich, lass mich in dir geborgen sein.»

Oder, mit den Worten eines Liedrufs aus Taizé:

> «Bei Gott bin ich geborgen still wie ein Kind; bei ihm ist Trost und Heil.»

Wäre es nicht vorstellbar, dass Gemeinden Massagefachleute, Fachleute aus dem Kosmetikbereich und aus dem medizinisch-psychologisch-pastoralen Bereich einladen, um sich in der Vielfalt und Anwendung von Salben kundiger zu machen und diese wieder auf ihren religiösen Hintergrund hin zu öffnen.

Geschieht dies alles, dann verlässt die *Wellness* ihren egoistischen Rahmen. Sie wird zum Akt der Nächstenliebe, der gegenseitigen Hilfe zur Ganzheit, der *Wholeness* und lässt sich abrunden mit dem Hinweis auf ein Heil, das nur Gott ganz schenken kann, die *Holiness*. Mit diesem nur im Englischen möglichen Wortspiel kann man sich zumindest den Zusammenhang von Gottes- und Menschenliebe deutlich machen.

«Vorsakramentale» Salbungen im öffentlichen Gottesdienst

Es ist wichtig, die nichtsakramentalen Möglichkeiten der Salbung wieder mit einem religiösen und/oder mit einem Gemeindebezug zu versehen. Wenn ich mir bewusst bleibe, dass die Heilsalbe oder das Medikament, das ich benötige, etwas Dankenswertes und nichts Lästiges ist, und wenn ich die Salbung, die Massage,

15 Koh 1,7.

16 Zit. nach: Hildegard von Bingen: Heilkunde. Das Buch von dem Grund und Wesen und der Heilung der Krankheiten, nach den Quellen übersetzt und erläutert von Heinrich Schipperges, Salzburg 1957, S. 259.

das Eincremen als eine Möglichkeit der Wohltat am erkrankten Nächsten wiederentdecke, habe ich auch dem Sakrament einen verständlicheren Platz im Leben wiedereröffnet.

Der ungezwungene Zugang zur Wohltat der Salbung kann daher auch und gerade über Gemeindegottesdienste erfolgen.

So wird etwa bei der Chrisammesse seit einigen Jahren nach der Predigt eine Schale mit dem – noch nicht geweihten – Krankenöl herumgegeben und die Gottesdienstteilnehmer werden eingeladen, einander die Hände mit Öl zu salben. Sie konnten dies still tun oder dabei ihrem Nachbarn oder ihrer Nachbarin leise einen Segenswunsch oder ein biblisches Wort der Ermutigung zusprechen. Durch solche wohltuende, zärtliche Berührung mit dem duftenden Öl verlieren wir die Scheu vor dem Umgang mit diesem Medium in Gottesdienst und Gemeinde. Wir spüren, dass Gottes Segen unter die Haut geht.

In evangelischen oder ökumenischen Salbungsgottesdiensten nach Anleitung des reformierten Theologen Walter Hollenweger wird so verfahren, dass nach einer vorangegangenen Vorbereitung durch einen ganzen Besinnungstag diejenigen Gottesdienstbesucher, die dies wünschen, sich von einer ausgewählten, hierfür besonders eingewiesenen Gruppe von Gemeindemitarbeiterinnen oder Gemeindemitarbeitern die Hand auflegen lassen und, begleitet von einem biblischen Segensspruch, sich an Stirn, Schläfen und Händen salben lassen können. Sofern Ordinierte dabei sind, können die Salbungskandidaten ihnen hierbei auch ihre persönliche Schuld oder Bedrängnis bekennen und sich Gottes Vergebung zusagen lassen.

Auch in Heilungsgottesdiensten mancher anglikanischer Gemeinden wird so verfahren.

Das Sakrament – Erfahrungen heute

Gibt es denn überhaupt einen Unterschied zwischen dem, was in solchen Salbungsgottesdiensten oder auch bei religiös gewandeten Einzelsalbungen geschieht, und dem, was die Kirchen als «Sakrament der Krankensalbung» bezeichnen?

Man kann die Antwort sehr juristisch fassen: «Sakramental» wird eine Handlung normalerweise dadurch, dass sie eindeutig durch die Kirche geregelt ist. Das heisst in unserem Falle: Der/Die Salbende ist Priester/Priesterin oder Diakon/Diakonin, also ein(e) offizielle(r) Beauftragte(r), und der die Salbung begleitende Gebetstext ist ebenfalls kirchlich festgelegt – wobei es zwar in der Geschichte und in der ökumenischen Gegenwart stets eine gewisse Bandbreite, innerhalb jeder Kirche, aber auch stets geordnete Formen gegeben hat. Im Sakrament wird der Auftrag Jesu unabhängig von der persönlichen Einstellung eines einzelnen Menschen oder Gremiums «in die Pflicht» genommen und geordnet, «ordiniert». Was bei einer «vorsakramentalen» Salbungshandlung Privatsache einzelner sein mag, Sache der Hospizhelferin oder des Verwandten, oder Sache einer ökumenischen Gruppe, die an Heilungsgottesdiensten interessiert ist, wird beim Sakrament durch die Ordnung der Kirche und die Verpflichtung des Geistlichen als kirchlicher Akt, auf den das Gemeindemitglied einen Anspruch hat, zugesagt bzw. vollzogen und garantiert.

Die Möglichkeiten des «Vollzuges» reichen auch bei der sakramentalen Feier von sehr niedrigschwelligen, regelmässigen, öffentlich zugänglichen Angeboten in Verbindung mit der Eucharistie bis hin zum individuellen Besuch durch den Ordinierten. Manche der öffentlichen sakramentalen Formen der Krankensalbung kommen dabei unbestreitbar den vorsakramentalen recht nahe.

In manchen alt-katholischen Gemeinden werden Gemeindemitglieder, die sich besonders krank oder bedrückt fühlen, in der Eucharistiefeier eingeladen, nach vorne zu kommen. Dort salbt der oder die Geistliche sie unter Anrufung ihres Namens und begleitet von einem Gebet um Stärkung und Heil mit Krankenöl. Wer dies miterlebt hat, ist beeindruckt, mit welcher Frömmigkeit und Sammlung viele Menschen zum Altar kommen. Für derartige sakramentale Krankensalbungsgottesdienste bieten sich besonders die geprägten Zeiten Advents- und Weihnachtszeit und Fasten- und Osterzeit an. Der Priester kann dann in der Predigt besonders Bezug nehmen auf die Zuwendung, die in unserer biblischen Tradition dem kranken Menschen zuteil wird und im Anschluss an die Predigt denjenigen Gottesdienstteilnehmenden, die dies wünschen, ggf. zusammen mit dem Diakon das Sakrament spenden.

Es ist wichtig, dass der Priester dabei vermeidet, in der Begrüssung oder Ansprache den Rahmen zu eng zu stecken und nur solche Kranken einzuladen, die «ernstlich krank» oder gar «lebensbedrohlich krank» sind. Der Grad der Betroffenheit durch die eigene Krankheit ist weitgehend Sache des persönlichen Empfindens. Es kann ein Mensch sehr gesund aussehen und sich doch ganz elend fühlen. Krankensalbung ist ein Sakrament für Leib und Seele.

Die Krankensalbung bleibt, auch wenn sie im Rahmen einer Eucharistiefeier oder eines gemeinschaftlichen Salbungsgottesdienstes angeboten wird, stets ein individuelles Sakrament. Der Spender sollte sich vom Kranken den Vornamen sagen lassen und ihn mit seinem Namen anreden. Aus dem gleichen Grund ist es wichtig, dass bei der Krankensalbung, auch wo sie in Gemeinschaftsgottesdiensten geschieht, nicht «schnell gemacht» wird. Die Handauflegung, die Salbung von Stirn und Händen in Kreuzesform oder, besser noch, in Form einer kreisenden, beruhigenden Bewegung, die mit einem Kreuz abschliesst, darf und soll ausführlich geschehen und spürbar sein. In den gemeinschaftlichen Salbungsgottesdiensten wird Heilungs- und Heilszusage nicht aufgenötigt oder, schlimmer noch, als gleichzeitige Todesbotschaft übermittelt; es wird aber auch nicht nur ein magisches, widermedizinisches Heilungsritual vollzogen, sondern eine Botschaft der Zuversicht greifbar gemacht.

Bisweilen lösen sich bei einzelnen Menschen während solcher Feiern tiefsitzende Ängste in einer Flut von Tränen auf. Das ist erlaubt. Wenn wir Berührungsängste überwinden wollen, müssen wir auch solche Emotionen zulassen.

Daraus ergibt sich: Die Krankensalbung bezeugt die kirchliche Sorge für die Kranken. Sie vermag die Erfahrungen heutiger Menschen aufzunehmen, ist also «anschlussfähig», mit dem modernen Menschen kompatibel. Gleichzeitig macht sie ihm einen reichen Schatz kirchlicher und liturgischer Praxis zugänglich.

Auf Gottes Kommen hoffen

Zur Theologie des reformierten Gottesdienstes

Matthias Zeindler

In einem Satz

Über den Gottesdienst kann man unter verschiedensten Gesichtspunkten nachdenken. Religionssoziologie und -psychologie, Ritualtheorie, Zeichentheorie, Rhetorik, Musiktheorie, Raumästhetik – um nur diese Auswahl zu nennen – eröffnen unverzichtbare Einsichten in das Geschehen der christlichen Feier des Gottesdienstes. Obwohl all diese Zugangsweisen sich auf einen religiösen Gegenstand beziehen, stellen sie noch keine theologische Reflexion auf den Gottesdienst dar, vielmehr thematisieren sie ihren religiösen Gegenstand in einer methodisch nichtreligiösen Weise. Wenn in diesem Beitrag über den Gottesdienst theologisch reflektiert wird, dann wird diesen unterschiedlichen Zugangsweisen nicht eine weitere hinzugefügt, welche sie allenfalls ergänzen würde. Die theologische Reflexion kann die genannten Zugangsweisen zwar in ihr Nachdenken integrieren, ja, man wird sagen können, dass sie ihre Aufgabe nicht zu erfüllen vermag, wenn sie nicht genau dies tut. Es ist aber nicht die integrative Reflexionsleistung, welche dieses Nachdenken zu einem spezifisch theologischen macht. «Das Thema der Theologie in all ihren Variationen», so Ingolf U. Dalferth, «ist *Gott*»[1] – diese Thematik macht eine wissenschaftliche Reflexion zur theologischen. Allerdings thematisieren auch nichttheologische Disziplinen Gott, sie tun dies aber grundsätzlich im Modus der Deskription. Im Unterschied zu nichttheologischen Thematisierungen religiöser Sachverhalte bezieht sich die Theologie auf Gott mit dem Anspruch auf Wirklichkeit: Sie geht in ihrem Nachdenken von der Voraussetzung aus, dass Gott präsent ist, und es gehört zu ihren Aufgaben, «die dafür notwendigen gedanklichen Klärungen vorzunehmen, also zu entfalten, zu ergründen und kritisch zu untersuchen, was es heisst: *Gott ist gegenwärtig*».[2] Dies gilt auch

1 Ingolf U. Dalferth: Theologie und Gottes Gegenwart, in: Ders.: Gedeutete Gegenwart. Zur Wahrnehmung Gottes in den Erfahrungen der Zeit, Tübingen 1997, S. 268–285, hier S. 275 (Hervorhebung dort).

2 A. a. O., S. 274 (Hervorhebung dort). Es dürfte klar sein, dass diese Bestimmung der Theologie wiederum eine methodische ist, bei der über den Bekenntnisstand dessen, der Theologie treibt, nicht entschieden zu werden braucht – wie bei nichttheologischen Wissenschaften auch. Wie es möglich ist, dass religiöse Menschen in methodisch nichtreligiös verfahrenden Wissenschaften tätig sind, so ist es möglich, dass nichtreligiöse Menschen theologische Wissenschaft treiben. Der zweite Fall ist in praxi eher unwahrscheinlich, theoretisch kann man ihn aber nicht ausschliessen.

für ein theologisches Nachdenken über den Gottesdienst, auch hier besteht das Spezifikum in der Voraussetzung einer Präsenz Gottes in dieser Feier. Damit ist auch die leitende Perspektive dieses Beitrags benannt. Zu fragen ist, was es für das Verständnis des Gottesdienstes bedeutet, wenn man davon ausgeht, dass Gott in ihm präsent ist – oder präsent wird.

Ich bin mit einer Pfarrerin verheiratet, und so geschieht es, dass ein Anlass wie dieser im Vorfeld auch schon mal am Küchentisch diskutiert wird. Meine Frau lässt sich dabei von meinen theologischen Höhenflügen und sprachlichen Girlanden jeweils nicht beeindrucken. Im Lauf des Gesprächs forderte sie mich auf, doch meine Auffassung über den reformierten Gottesdienst in *einem* Satz ohne Fremdwörter zu formulieren. Ich habe das versucht und den folgenden Satz vorgeschlagen: *Die christliche Gemeinde feiert Gottesdienst in der Hoffnung, dass Gott durch menschliche Verkündigung zu uns kommt.* Auch nach näherem Überlegen finde ich die Formulierung brauchbar, und ich möchte darum meine Bemerkungen entlang dieses Satzes entfalten. Ich gehe dabei von hinten nach vorne. Zunächst aber zum zentralen Wort des Satzes:

Die christliche Gemeinde feiert Gottesdienst in der Hoffnung, dass **Gott** durch menschliche Verkündigung zu uns kommt

Wir sprechen von Gott zuerst, weil Gott im Gottesdienst zuerst kommt. «Die Aufgabe der Predigt […] ist es schlicht und einfach, Gott zur Sprache zu bringen.»[3] Was Albrecht Grözinger zur Predigt sagt, kann man auf den Gottesdienst als Ganzen anwenden: Aufgabe des Gottesdienstes ist es, Gott zur Sprache zu bringen. Manch eine mag zurückfragen: Was denn sonst? Die Feststellung, dass es im Gottesdienst um Gott geht, ist aber alles andere als trivial. Zwar möchte kaum jemand bestreiten, dass in dieser kirchlichen Veranstaltung von Gott gesprochen werden muss, dieses Reden wird aber deshalb nicht zwingend als eigentliche Aufgabe des Gottesdienstes verstanden. Man kann als Aufgabe des Gottesdienstes auch die Vermittlung von sittlichen Werten, die Stabilisierung in prekären psychischen Situationen oder die Motivation zu gesellschaftlichem Handeln sehen und die Gottesrede lediglich als Medium zur Erreichung dieser Zwecke auffassen.[4] Zu den zentralen Gehalten reformierter Theologie und Frömmigkeit gehört nun die Souveränität oder die Ehre Gottes, Begriffe, welche bewusst halten, dass Gott nicht für menschliche Zwecke instrumentalisierbar ist. Das hat Folgen auch für das Verständnis des Gottesdienstes: Auch dieser darf nicht zur Instrumentalisierung Gottes werden, indem anderes als Gott selbst als Zweck des Gottesdienstes bestimmt wird. Gott, heisst dies, muss zuerst einmal um seiner selbst willen zur

3 Albrecht Grözinger: Toleranz und Leidenschaft. Über das Predigen in einer pluralistischen Gesellschaft, Gütersloh 2004, S. 61.

4 A. a. O., S. 62.

Sprache kommen. Gerade einem reformierten Verständnis des Gottesdienstes muss es ein genuines Anliegen sein, die Thematisierung Gottes als zentrale Aufgabe dieser Feier stark zu machen.

Gott ist aber, bevor er primäres Objekt des Gottesdienstes ist, sein primäres *Subjekt.* Das Wort «Gottesdienst» versteht man in der Regel als Dienst der Menschen an Gott. Das ist nicht falsch. Aber dem menschlichen Tun, dem menschlichen Dienen geht ein anderes Tun, ein anderes Dienen voraus: dasjenige Gottes. Im Gottesdienst dient zuerst Gott den Menschen. Gott ist das primäre Subjekt des Gottesdienstes. Menschliches Tun, menschliches Dienen folgt seinem Dienen, es wird durch dieses begründet, getragen und vollendet. Der Gottesdienst ist in erster Linie ein Handeln Gottes an den Menschen, an der Gemeinde.

Gottesdienst als primäres Handeln Gottes: Damit verorten wir dieses Geschehen im Herzen reformatorischer Theologie. Reformatorische Theologie kann man als den Versuch interpretieren, die ausschliessliche Gültigkeit von Gottes gnädigem Wirken für alle Bereiche unseres Lebens durchzubuchstabieren. Dem dienen die vier sogenannten Exklusivpartikel *solus Christus*, *sola gratia*, *sola fide* und *sola scriptura*, durch welche Gott als einer beschrieben wird, der für die Menschen einsteht, ohne dafür Vor- oder Gegenleistungen zu verlangen. Die Exklusivpartikel können folgendermassen interpretiert werden: Inbegriff des vorbehaltlosen Einsatzes Gottes für die Menschen ist *Jesus Christus*, welcher den Weg mit den Menschen bis zum letzten, zum schändlichen Tod an einem Galgen, gegangen ist. Wenn Gott sich aber derart vorbehaltlos für die Menschen aufs Spiel gesetzt hat, dann ist auch klar geworden, dass menschliches Leben sich allein diesem Einsatz verdankt, der Mensch also allein aus Gottes *Gnade* heraus lebt. Die angemessene Antwort auf Gott kann deshalb keine andere sein als das rückhaltlose Vertrauen auf ihn – das also, was die Bibel als *Glauben* bezeichnet. Weil die *Bibel* der Ort ist, wo Gottes Handeln in Jesus erzählt und ausgelegt wird, bezieht sich christlicher Glaube allein auf diese als die Quelle, aus der er das für sein Leben vor Gott Massgebliche erfährt.[5]

Wenn wir Gott als primäres Subjekt des Gottesdienstes bezeichnen, dann zeichnen wir auch diesen in das gnädige Handeln Gottes an den Menschen ein: Der Gottesdienst ist nicht primär ein menschliches Handeln, er ist eine Feier, die davon lebt, dass Gott selber in ihr wirkt. Reformatorische Theologie betont dabei: Er wirkt in dieser Feier als gnädiger, als liebender, als barmherziger Gott – *sola gratia*.

5 Eine kurze Auslegung reformierter Theologie anhand der Exklusivpartikel gibt Laurent Schlumberger: Dieu, l'absence et la clarté. Essai sur la pertinence du protestantisme, Lyon 2004.

Die christliche Gemeinde feiert Gottesdienst in der Hoffnung, dass Gott durch menschliche Verkündigung **zu uns kommt**

Wir stellen fest, dass der Gottesdienst eine Aktion Gottes ist. Nun hat das Handeln Gottes in der Bibel eine genau angebbare Richtung. In seinem Handeln sucht Gott Gemeinschaft mit seiner Schöpfung und darin besonders mit den Menschen. Wenn Gott im Gottesdienst handelt, dann tut er auch hier nichts anderes als: Gemeinschaft mit uns zu suchen. Der Gottesdienst ist nicht der einzige Ort, wo Gott Gemeinschaft sucht, aber er ist der zentrale Ort. Ist der Gottesdienst ein Handeln Gottes, so können wir dieses Handeln nun also näher bestimmen: Gottes Handeln besteht in der Feier des Gottesdienstes darin, dass er zu uns kommt und Gemeinschaft mit uns hat.

Ein Zweites ist an dieser Stelle wichtig: Wenn Gott zu uns kommt, dann kommt er zu uns als *Menschen*. Handelt er an uns, werden wir nicht wie Steine geschoben, sondern als personale Wesen angesprochen, welche hören und antworten können. Das ist der tiefere Grund dafür, dass Gottes Handeln an den Menschen *kommunikatives* Handeln ist. Wenn Gott im Gottesdienst handelt, dann tut er dies in der Form der Anrede, damit wir hören und antworten. Hier wird ein erstes Mal deutlich, warum der reformierte Gottesdienst derart wortbetont ist. Er hat diese Gestalt, weil sich in dieser Gestalt sein Inhalt am klarsten ausdrückt: der Gott, der sich als Person dem Menschen zuwendet, um mit ihm als Person Gemeinschaft zu haben.

Die christliche Gemeinde feiert Gottesdienst in der Hoffnung, dass Gott **durch** menschliche **Verkündigung** zu uns kommt

Gottes Handeln geschieht in der Form der Anrede: Gott handelt an den Menschen, indem er zu ihnen spricht. Diese Anrede ereignet sich nach reformiertem Verständnis in der Verkündigung. Dabei soll die Verkündigung nicht auf das Element Predigt beschränkt werden, auf jene Viertelstunde im Gottesdienst, in welcher die Pfarrerin einen Bibeltext auslegt. Verkündigung findet nicht allein in dieser Viertelstunde, sondern im gesamten Gottesdienstgeschehen statt. Jedem Lied und jedem Gebet, so sehr beides antwortendes Handeln der Gemeinde ist, eignet eine verkündigende Dimension, nicht zu reden von der Musik, dem Raum und gegebenenfalls dem Bild. Und Verkündigung geschieht in besonderem Masse im Abendmahl, dem sicht- und schmeckbaren Zeichen von Christi Gegenwart unter uns.[6]

Die Predigt kann insofern im engsten Sinne als Verkündigung gelten, als in ihr in paradigmatischer Weise das geschieht, was Verkündigung ausmacht: Interpretation eines biblischen Textes auf heutiges Leben hin und Interpretation heutigen Lebens im Horizont eines biblischen Textes. Damit ist auch gesagt, dass gottes-

6 Zum Verhältnis von Wort und Sakrament vgl. Ulrich H. J. Körtner: Theologie des Wortes Gottes. Positionen – Probleme – Perspektiven, Göttingen 2001, S. 347–362.

dienstliche Verkündigung in jedem Falle biblische Verkündigung sein muss, ein Interpretationsgeschehen also, welches auf die Textwelt des Alten und Neuen Testaments bezogen bleibt. Ernst Lange hat es als Ziel der gottesdienstlichen Verkündigung bezeichnet, «die Wirklichkeit auf eine neue Weise, nämlich im Licht der Christusverheissung» wahrnehmen zu lehren und dadurch in die «spezifische Sachlichkeit des Glaubens» zu führen.[7]

Verkündigung, das ist Erzählung dessen, was Gott für seine Schöpfung und die Menschen *getan hat* – in Jesus Christus, in seinem Volk Israel, in der frühen christlichen Gemeinde. So gesehen ist jede Verkündigung Anamnese, erinnernde Vergegenwärtigung der wunderbaren Taten Gottes.[8] Indem Verkündigung Gottes geschehene Zuwendung vergegenwärtigt, ist sie aber gleichzeitig Erzählung *gegenwärtiger Geschichte* im Kontext von Gottes Gegenwart.[9] In der gottesdienstlichen Verkündigung lernen wir, unsere eigene Geschichte als Teil von Gottes Geschichte mit den Menschen zu sehen und zu verstehen. Und schliesslich spannt Verkündigung den Horizont von Gottes Geschichte auf in der Verheissung des *Reiches Gottes*. Zusammengefasst kann man sagen: Verkündigung des Evangeliums heisst Verkündigung von Jesus Christus, der da ist, der da war und der da kommt. Solche Verkündigung erfolgt im Vertrauen darauf, dass in diesem Geschehen der Verkündigung jeder Mensch seine Freude, seine Trauer und seine Fragen aufbewahrt findet.

Die christliche Gemeinde feiert Gottesdienst in der Hoffnung, dass Gott **durch menschliche Verkündigung** zu uns kommt

Ich wiederhole: Gott ist das primäre Subjekt des Gottesdienstes. Dem muss freilich hinzugefügt werden: Er ist nicht das einzige Subjekt. Auch Menschen sind Subjekte des Gottesdienstes. Sie sind es, weil Gott für sein Tun Menschen in Anspruch nimmt, weil er, wie Calvin schreibt, «den Dienst und gleichsam die vertretungsweise Tätigkeit von Menschen» gebraucht.[10] Gott will nicht ohne uns Gott sein, auch in seinem Handeln nicht. Um hier Sprache aus der lutherischen

7 Vgl. Ernst Lange: Chancen des Alltags. Überlegungen zur Funktion des christlichen Gottesdienstes in der Gegenwart, Stuttgart/Gelnhausen 1965, S. 200f.

8 Wolfhart Pannenberg versteht aus diesem Grund das Wesen der gottesdienstlichen Predigt vom Herrenmahl und der darin stattfindenden Anamnese her; vgl. ders.: Systematische Theologie, Bd. 3, Göttingen 1993, S. 365–369. Vgl. dazu auch Peter Brunner: Zur Lehre vom Gottesdienst der im Namen Jesu versammelten Gemeinde, in: Karl Ferdinand Müller/Walter Blankenburg (Hg.): Leiturgia. Handbuch des evangelischen Gottesdienstes Bd. 1, Kassel 1954, S. 83–264, hier S. 208f.

9 Den Aspekt der gegenwartsprägenden, diese auch beunruhigenden Erinnerung hat Johann Baptist Metz im Begriff der «gefährlichen Erinnerung» ausgedrückt, vgl. Jürgen Werbick: Den Glauben verantworten. Eine Fundamentaltheologie, Freiburg i. Br./Basel/Wien [3]2005, S. 822.

10 Johannes Calvin, Unterricht in der christlichen Religion = Institutio Christianae religionis, nach der letzten Ausgabe von 1559 übers. und bearb. von Otto Weber, Neukirchen-Vluyn [2]1963, Kap. IV 3,1, S. 714.

Abendmahlslehre aufzunehmen: Gott handelt in, mit und unter menschlichem Handeln.[11]

Und es gilt auch hier wieder: Gott handelt mit Menschen nicht wie mit toten Werkzeugen. Er nimmt sie in Gebrauch als lebendige Subjekte, d.h. mit ihrem Denken und Fühlen, ihren Talenten und Inspirationen, ihrem Fleiss und ihrem Schweiss. Und das hat die höchst schlichte Folge, dass der Gottesdienst von uns *gestaltet* werden muss, sorgfältig gestaltet. Gottesdienst heisst im Vorfeld auch Anstrengung. Dass Gott das primäre Subjekt des Gottesdienstes ist, dispensiert jene, die für ihn verantwortlich sind, nicht von der Arbeit am Gottesdienst. Im Gegenteil, dass wir als Mitarbeitende Gottes gewürdigt werden, legt uns höchste Verantwortung auf. Und diese Verantwortung nehmen wir dann wahr, wenn wir vor dem Gottesdienst, aber auch im Gottesdienst ordentliches liturgisches und homiletisches Handwerk abliefern.

Im Gottesdienst sind zweierlei Subjekte tätig: das göttliche und die menschlichen. Es wäre nun verfehlt, die Zuständigkeit der beiden in irgendeiner Weise aufteilen zu wollen. Der christliche Gottesdienst ist vielmehr *ganz* göttliches und *ganz* menschliches Handeln. In Bezug auf die Person Jesu Christi hat das Konzil von Chalcedon von einem unvermischten und ungetrennten Miteinander von göttlicher und menschlicher Natur gesprochen.[12] In einer analogen «chalcedonensischen Logik» kann man auch beim Gottesdienst von einem unvermischten und ungetrennten Miteinander des göttlichen Subjekts und der menschlichen Subjekte sprechen.[13]

Die christliche Gemeinde feiert Gottesdienst **in der Hoffnung**, dass Gott durch menschliche Verkündigung zu uns kommt

Mit der Hoffnung sind wir bei einem Schlüsselbegriff eines reformierten Gottesdienstverständnisses angelangt. Angesprochen wird dabei nochmals die rechte Unterscheidung von göttlichem und menschlichem Tun im gottesdienstlichen Geschehen. Im ersten Kapitel der *Confessio Helvetica posterior* steht der berühmte Satz:

11 Zur Präsenz Gottes in der Welt «in, mit und unter» dem Weltlichen vgl. Matthias Zeindler: Gotteserfahrung in der christlichen Gemeinde. Eine systematisch-theologische Untersuchung, Stuttgart 2001, S. 246–253.

12 Die genaue Formulierung lautet: «[…] in zwei Naturen unvermischt, unverwandelt, ungetrennt, ungesondert», zit. nach Carl Andresen/Adolf Martin Ritter (Hg.): Handbuch der Dogmen- und Theologiegeschichte, Bd. 1, Göttingen ^{2}1999, S. 265.

13 Vgl. für diesen Gedanken auch Leanne Van Dyk: A More Profound Alleluia. Theology and Worship in Harmony, Grand Rapids 2005, S. 72; hier allerdings nur zur Predigt.

> «Wenn also heute dieses Wort Gottes durch rechtmässig berufene Prediger in der Kirche verkündigt wird, glauben wir, dass Gottes Wort selbst verkündigt und von den Gläubigen vernommen werde.»[14]

Menschliches Wort sei Wort Gottes – man muss an dieser Behauptung verzweifeln, wenn man sie nicht als Hoffnungssatz liest. Es kann ja nicht sein, dass jede real stattfindende Predigt als solche schon Wort Gottes ist. Wer könnte dann noch predigen, und wer könnte sich einer Predigt noch aussetzen? Nein, Predigt ist zunächst nichts anderes als menschliches Wort, als solches gesprochen und als solches zu hören. Aber für dieses menschliche Wort hoffen wir, dass Gott es immer wieder dafür in Gebrauch nimmt, um Menschen seine befreiende Botschaft zu übermitteln. Das Verhältnis von göttlichem und menschlichem Wort in der Predigt muss streng aktualistisch verstanden werden, soll nicht das göttliche Sprechen vom menschlichen gefangengenommen oder das menschliche Sprechen als angeblich göttliches gelähmt werden. Gott bleibt dem menschlichen Sprechen gegenüber grundsätzlich frei. Die Identität der beiden Subjekte ist nie eine statische, sondern grundsätzlich eine dynamische Identität, eine Einheit, welche entsteht, wenn Gott sich in seiner Freiheit mit dem menschlichen Reden identifiziert.[15]

Nicht nur die Predigt, sondern der gesamte Gottesdienst steht gemäss reformiertem Verständnis unter dem Signum der Hoffnung, auch die Lesungen aus der Bibel, Gebete, Lieder und Musik geschehen in der Erwartung, dass Gott durch sie seiner Gemeinde begegnen möchte. Es ist deshalb zulässig zu sagen, dass reformierter Gottesdienst in einem «Prinzip Hoffnung» wurzle. Das Prinzip Hoffnung des Gottesdienstes kann man dabei auch als Prinzip seiner Gestaltung verstehen – reformierte Gottesdienstgestaltung erfolgt im Sinne einer Homiletik der Erwartung, einer Liturgik der Erwartung und nicht zuletzt einer Ästhetik der Erwartung. Wie die Gestaltung des Gottesdienstes gemäss diesen Grundsätzen der Erwartungsoffenheit auszusehen hätte, kann hier nicht mehr ausgeführt werden.

Das Prinzip Hoffnung prägt nicht nur die Gestaltung des Gottesdienstes, es ist auch die angemessene Haltung, in welcher dieser gefeiert werden soll. Sowohl die Gemeinde als auch die für den Gottesdienst Verantwortlichen begehen ihn dann angemessen, wenn sie dies in der getrosten Gewissheit tun, dass ihrem Tun und ihrer Gemeinschaft die Nähe Gottes *verheissen* ist. Die Hoffnung als Grundhaltung der Feiernden muss freilich auch am reformierten Gottesdienst ablesbar und in ihm spürbar werden. Dieser Gottesdienst soll ausstrahlen, dass die in ihm Versammelten etwas, genauer: jemanden erwarten. Die Wörter, die zu dieser Haltung gehören, mögen heissen: Andacht, Konzentration, Aufmerksamkeit. Die Hoff-

14 Georg Plasger/Matthias Freudenberg: Reformierte Bekenntnisschriften. Eine Auswahl von den Anfängen bis zur Gegenwart, Göttingen 2005, S. 192.

15 Vgl. dazu Karl Barth: Kirchliche Dogmatik I/1, S. 95–101.

nung bestimmt auch die spezifische Verbindlichkeit des reformierten Gottesdienstes.

Die Hoffnung auf das Kommen Gottes ist das Licht und der Glanz des reformierten, ja, des christlichen Gottesdienstes. Unser Gottesdienst ist nicht in sich befreiendes Geschehen – wer möchte das ernsthaft meinen angesichts dessen, was wir in unseren Gottesdiensten manchmal erleben. Aber Gott lässt nicht davon ab, auch den ärmsten Gottesdienst zum Ort der Befreiung *werden* zu lassen. Der Gottesdienst ist, was er ist, als Verheissung: Eine Verheissung freilich, deren Erfüllung wir in dieser Feier immer wieder auch erfahren können.

Die christliche Gemeinde **feiert** Gottesdienst in der Hoffnung, dass Gott durch menschliche Verkündigung zu uns kommt

Im Gottesdienst feiern wir – man muss das manchmal wieder sagen, besonders unter Reformierten. Sicher, wir lernen auch etwas im Gottesdienst, wir lassen uns für den Alltag aufbauen, ohne Zweifel, und wir leben Gemeinschaft, auch das sei nicht bestritten. Vor allem aber feiern wir. Der Gottesdienst ist in erster Linie ein Fest, er ist Ausdruck der Freude darüber, dass Gott zu uns kommt, dass er bei uns ist, dass er bei uns bleiben will bis ans Ende der Tage. Gottesdienst ist danach auch Ausdruck des Leidens daran, dass uns Gottes Nähe fraglich werden kann, und weiter beten wir im Gottesdienst darum, dass Gott doch endlich endgültig kommen möge. Aber in all dem kehren wir doch immer wieder zurück ins Lob.

Wenn wir den Gottesdienst als Feier bezeichnen, dann sprechen wir von seiner eigentümlichen Selbstzwecklichkeit. Wir haben bereits eine Reihe von möglichen Zwecken des Gottesdienstes genannt. Es liessen sich weitere anführen: Ritualisierung der Woche, Hilfe bei der Bewältigung von Kontingenzen, Gemeindeaufbau, Bestärkung für das christliche Leben im Alltag. Diese Zwecke bekommen ihren Sinn aber nur dadurch, dass sie auf den eigentlichen Zweck des Gottesdienstes bezogen werden: Darauf, dass er Feier vor und für Gott ist. Karl Barth meint dazu: «Der kirchliche Gottesdienst ist das opus Dei, das Werk Gottes, das um seiner selbst willen geschieht.»[16] Der Zürcher Praktologe Ralph Kunz unterstreicht diese Aussage, wenn er die gottesdienstliche Feier als ein Handeln charakterisiert, «das wirksam ist, weil es nicht wirksam sein will».[17] Als Feier, als Fest verstanden, wird der Gottesdienst befreit von kirchlichen und nichtkirchlichen Verzweckungen, um

16 Karl Barth: Gotteserkenntnis und Gottesdienst nach reformatorischer Lehre. 20 Vorlesungen über das Schottische Bekenntnis von 1560, Zollikon 1938, S. 186.

17 Ralph Kunz: Gottesdienst evangelisch reformiert. Liturgik und Liturgie in der Kirche Zwinglis, Zürich ²2006, S. 462. Dazu auch Robert Leuenberger: Wahrheit und Spiel. Zur Frage der Zukunft des evangelischen Gottesdienstes, in: Ders.: Erwogenes und Gewagtes. Eine Sammlung seiner Aufsätze als Festgabe zum 70. Geburtstag, hg. von Friedhelm Grünewald, Zürich 1986, S. 137–152.

zu dem zu werden, was er erstlich und letztlich ist: Dienst der Menschen an und für *Gott*.

Indem wir vor Gott feiern, kehren wir im Gottesdienst immer wieder zu unserer eigentlichen menschlichen Bestimmung zurück. Einer der kostbarsten Sätze der reformierten Bekenntnistradition eröffnet den Westminster Shorter Catechism:

> «Was ist das höchste Ziel des Menschen? Das höchste Ziel des Menschen ist, Gott zu verherrlichen und sich für immer an ihm zu erfreuen.» (Eine andere mögliche Übersetzung lautet: «[…] und ihn für immer zu geniessen.»)[18]

Dieser Satz ist zunächst ein eschatologischer, damit sagt er aber auch über unsere irdische Existenz, dass wir dort, wo wir uns feiernd an Gott freuen, unserer höchsten Bestimmung am nächsten kommen.

Die christliche Gemeinde feiert Gottesdienst in der Hoffnung, dass Gott durch menschliche Verkündigung zu uns kommt

Mit der christlichen Gemeinde sind wir beim letzten Charakteristikum eines reformierten Gottesdienstverständnisses angelangt. Wenn wir vom menschlichen Subjekt des Gottesdienstes sprechen, dann meinen wir nicht die Pfarrperson, auch nicht die Pfarrperson plus die Lektorin, den Organisten oder die Sigristin. Das menschliche Subjekt des Gottesdienstes ist die gesamte versammelte Gemeinde.

Warum ist die gesamte versammelte Gemeinde dieses Subjekt? Halten wir uns nochmals vor Augen, was nach reformierter Auffassung im Gottesdienst geschieht. Im Gottesdienst kommt – laut unserem Leitsatz – Gott durch Verkündigung zu den Menschen. Wenn Gott zu den Menschen kommt, dann treten sie ihrerseits in diese Gemeinschaft ein, indem sie hören, beten und singen. Gottesdienst als Kommen Gottes zu den Menschen findet dort statt, wo Menschen Gott ankommen lassen in ihrem Feiern. Weil es im Gottesdienst um dieses Tun geht, gibt es darin keine passiven Menschen. Alle sind höchst aktiv darin, Gott ankommen zu lassen.

Gott ankommen zu lassen, ist die Haupt- oder Grundaktivität im reformiert verstandenen Gottesdienst. Alle spezifischen Tätigkeiten der einzelnen Akteure lassen sich von dieser Grundaktivität her verstehen. Das bedeutet, dass die Unterschiede zwischen den Beteiligten im Gottesdienst immer nur relative Unterschiede sein können. Der (reformierte) Theologe Friedrich Schleiermacher beschreibt das Leben der christlichen Gemeinde als Verbundensein durch den Gemeingeist zu einer Einheit, die aber differenziert ist durch den «Gegensatz überwiegender

18 «What is the chief end of man? Man's chief end is to glorify God, and to enjoy Him for ever.» Matthias Krieg (Hg.), Reformierte Bekenntnisse. Ein Werkbuch, Zürich 2010, S. 110. Original in: E. F. Karl Müller, Die Bekenntnisschriften der reformierten Kirche, Leipzig 1903, S. 643.

Wirksamkeit und überwiegender Empfänglichkeit».[19] Es finden sich in der Gemeinde Mitglieder, «welche sich überwiegend selbsttätig verhalten», und solche, «die sich überwiegend empfänglich verhalten».[20] Der Gegensatz von Wirksamkeit und Empfänglichkeit in der Kommunikationsgemeinschaft des Glaubens ist auch bei Schleiermacher nur ein relativer. Alle, die vorrangig Wirkenden und die vorrangig Empfangenden, haben gemeinsam, dass sie auf die Begegnung mit dem sich uns schenkenden Gott warten und hoffen.

19 Friedrich Schleiermacher: Kurze Darstellung des theologischen Studiums zum Behuf einleitender Vorlesungen, Darmstadt ^{5}1982, S. 107.

20 Ders.: Der christliche Glaube, Bd. 2, Berlin (1831) ^{7}1960, S. 308 f.

Teil 3 Liturgische Kompetenz aus zeitgenössischer Sicht

Liturgische Kompetenz aus christkatholischer Perspektive

Angela Berlis

Am Sonntagmorgen laden die meisten christkatholischen Gemeinden zur Eucharistiefeier ein. Es geht dabei um eine Liturgie, in der Sonntag für Sonntag in feststehender Reihenfolge verschiedene Gesänge und Gebete, alt- und neutestamentliche Lesungen aus der Bibel, Predigt, Glaubensbekenntnis, Fürbitten, Vater Unser, eucharistisches Gebet, Kommunionempfang und Segen folgen. Die Struktur des Gottesdienstes liegt fest, die Texte der Gebete für den betreffenden Sonntag im Kirchenjahr ebenfalls.

Die Fürbitten werden von dem bzw. der Ordinierten vorbereitet, bisweilen auch von einem Lektor oder einer Lektorin. Was die Predigt angeht, so wird darin in der Regel eine der zwei oder drei gelesenen Bibelstellen zugrunde gelegt, bisweilen aber auch ein bestimmtes Thema näher entfaltet. Die Predigerin oder der Prediger begegnen einer aufmerksam zuhörenden Gemeinde. Christkatholische Gläubige erwarten eine exegetisch und theologisch fundierte, für ihr (Glaubens-)Leben bedeutsame, mit Lebenswissen getränkte und verständliche Predigt. Sie ist eingebettet in die Gesamtfeier von Wort und Sakrament. Wer einen christkatholischen Gottesdienst besucht, weiss, was ihn oder sie erwartet – oder etwa nicht?

Die Feier der Liturgie gehört zu den diakonalen, priesterlichen und bischöflichen Kernaufgaben. Doch wozu braucht es eine liturgische (theologische und praktische) Ausbildung, wenn die Struktur des Gottesdienstes immer gleich ist? Worin besteht aus christkatholischer Sicht liturgische Kompetenz? Dies soll mit Blick auf Ausbildung und Erwartungen an die Ordinierten und danach hinsichtlich der Gemeinde dargelegt werden.

Liturgische Kompetenz der Ordinierten

Christkatholische Theologiestudierende sind laut Studienplan verpflichtet, mehrere Veranstaltungen in Liturgiewissenschaft zu besuchen. Predigtlehre (Homiletik) ist ein separates Fach. In den liturgiewissenschaftlichen Veranstaltungen wird Grundlagenwissen über Geschichte und Theologie der Liturgie, das Liturgieverständnis und die Feier der Sakramente vermittelt. Im Praktischen Semester und im Vikariat kommen liturgische Übungen hinzu.

Studierende lernen in den liturgiewissenschaftlichen Veranstaltungen etwa, dass Liturgie als Tagzeitengebet oder als Eucharistiefeier im Rhythmus des Tages, der Woche und Kirchenjahres gefeiert wird: Letzteres beginnt am ersten Adventssonntag und kennt verschiedene «Jahreszeiten» mit ihren liturgischen Farben und Stimmungen: Hochfestzeiten wie Ostern, Weihnachten und Pfingsten; daneben Zeiten des Fastens, der Erwartung und des Alltags.

Liturgie trifft uns ganz, mit Kopf und Herz – und mehr als nur uns. In der Liturgie erleben wir, dass es mehr gibt, als uns selbst. Der deutsche alt-katholische[1] Bischof Joachim Vobbe hat dies in einem Hirtenbrief über die Eucharistie als «Denk-Mahl göttlicher Zukunft» einmal folgendermassen beschrieben:

> «In dieser Feier erfahren wir etwas über die Schöpfung und ihre Bedeutung für uns, über die geistlichen und geschichtlichen Lebensquellen des Volkes Israel, wir erfahren in Wort und Zeichen die Geburt, den Tod und die Auferstehung Jesu von Nazareth, wir erfahren, aus welchem Geist er gelebt hat und lebt, und erfahren damit den Anspruch und die Verheissung dieses Geistes an uns, wir erfahren schliesslich etwas von der kommenden Welt, der Vollendung des Kosmos. Und dies alles in einer einzigen Feier.»[2]

Wer als Ordinierte oder Ordinierter einen Gottesdienst leitet, muss wissen und begründen können, was er oder sie tut. Ordinierte sind keine programmierten Roboter, sie sollen mit Formen und Texten «spielen» können. Im Theologiestudium erwerben sie liturgiewissenschaftliche Kompetenz. Es geht nicht nur um Wissen, sondern um das Erfassen des Geistes der Liturgie und die Befähigung zur theologisch begründeten Reflexion der Liturgie. Warum werden nicht nur die sogenannten Einsetzungsworte gesprochen, sondern ein ganzes Eucharistiegebet gebetet (in dem die oben zitierten Dimensionen angesprochen werden)? Weshalb beten christkatholische Christinnen und Christen (gemeinsam mit der Ostkirche) das Glaubensbekenntnis ohne das sogenannte *filioque*? Grundlegend ist die Frage: Inwieweit bringen wir in der gefeierten Liturgie tatsächlich das zum Ausdruck, was wir und Christinnen und Christen vor uns glauben und bekennen (*lex orandi, lex credendi*)? Wird der Glaube der Kirche durch die Art unseres Betens oder Handelns möglicherweise verdunkelt?

Wer das Pfarramt anstrebt, braucht zusätzlich zum liturgiewissenschaftlich-theologischen Sachverstand rituell-liturgische Handlungskompetenz. Sie entsteht aus der Kenntnis des Sinnes, des Wesens und des Vollzugs der Liturgie. Die rituell-liturgische Handlungskompetenz hat unterschiedliche Seiten: Kompetenz zu Kommunikation (Sprache), Leitungskompetenz, choreographische Kompetenz, Wahrnehmungskompetenz, aber auch Kompetenz zur Vermittlung (Mystagogie) und zur Anleitung Dritter zum selbständigen Beten u. s. w.

Zu dem Wissen des «Was» und des «Warum» gesellt sich in der praktischen Ausbildung das «Wann» und das «Wie». In eine katholische Liturgie sind verschiedene Gesten, Symbolhandlungen und Rituale eingewoben, die angemessen

1 Die Christkatholische Kirche der Schweiz und das Katholische Bistum der Alt-Katholiken in Deutschland tragen zwar unterschiedliche Namen, sie gehören jedoch beide zur «Utrechter Union».

2 Joachim Vobbe: Brot aus dem Steintal. Bischofsbriefe, Bonn 2005, S. 115.

vollzogen sein wollen. Wie mache ich eine Kniebeuge, wie bete ich in sogenannter «Orantenhaltung» (mit offenen Armen) das Tagesgebet, wie segne und wie salbe ich? Wie trage ich in Prozession das Evangelienbuch zum Lesepult und verkünde Gottes Wort? Wie taufe ich ein Kind? Wie formuliere ich ein Gebet, das alle mitbeten lässt? Das Unterscheidenlernen, wann ich als Individuum und wann ich als von der Kirche Beauftragte handle, will gelernt sein, ebenso wie das Sich-Bewegen im Kirchenraum. Ordinierte aus katholischen Kirchen tragen bei Gottesdiensten nicht Alltagskleidung, sondern meist eine Albe, ein weisses Gewand (oft unter dem Messgewand). Wer eine Albe – ursprünglich das Taufkleid aller Getauften – trägt, repräsentiert nicht mehr nur sich selbst.

Rituell-liturgische Handlungskompetenz hat auch eine choreographische Dimension: als Liturge, Liturgin bin ich meist nicht alleine im Altarraum. Auch andere haben ihre Aufgaben: Messdiener oder Ministrantinnen, Lektoren für die Lesungen, ein Kantor, eine Kantorin, die im Wechsel mit der Gemeinde vorsingen, und der Organist in den Tiefen der Orgel. Zu dieser choreographischen Kompetenz gehört auch die Fähigkeit wahrzunehmen, welche Art Liturgie zu welchem Gottesdienstraum passt: wer mit zehn Ministranten in eine Kapelle mit zwanzig Sitzplätzen einzieht und dort kräftig Weihrauch benutzt, hat die Dimension genauso falsch eingeschätzt wie jemand, der in einer Kathedrale Gottesdienst feiert, als sei er in einer Hauskirche. Zusätzlich zu den liturgiewissenschaftlichen und rituell-liturgischen Kompetenzen wird in der (christ-)katholischen Tradition von einem Geistlichen oder einer Geistlichen auch eine geistlich-spirituelle Kompetenz erwartet, die in einer lebendigen Gottesbeziehung gründet und im Gottesdienst durchscheint.

Liturgische Kompetenz der Gemeinde

Im Gottesdienst haben nicht nur die Ordinierten und die im Altarraum Handelnden liturgische Verantwortung und Kompetenz, sondern auch die Gemeinde. In der christkatholischen Liturgieerneuerung seit dem 19. Jahrhundert wird diese Mitverantwortung immer wieder hervorgehoben. Die Gläubigen sollen nicht nur zuschauen oder gar «nachbeten», sondern aktiv mitfeiern. Schon im 19. Jahrhundert wurde die Liturgie in die Volkssprache übersetzt. Das aktive Feiern der Gemeinde geschieht etwa durch ihr bekräftigendes «So sei es!» (Amen) am Ende eines Gebetes, oder durch andere beipflichtende Zurufe (Akklamationen genannt) in der Liturgie, durch das responsorische Mitsingen und nicht zuletzt durch die Körperhaltung. Mit all ihrem Tun bekundet die Gemeinde ihren Mitvollzug und ihren Glauben.[3]

3 Die Gestaltung der Liturgie im Jahreskreis und zu besonderen Gelegenheiten (Kasualien, Segnungen etc.) ist ersichtlich aus: Gebet- und Gesangbuch der Christkatholischen Kirche der Schweiz, hg. von Bischof und Synodalrat der Christkatholischen Kirche der Schweiz, 3 Bände, Basel 2004–2008.

Gottesdienst gelingt, wo die liturgische Kompetenz der Gemeinde mit der liturgischen Kompetenz des Liturgen, der Liturgin zusammenklingt. Gute Liturgie ist ein Wechselspiel, eine gemeinsame Bewegung. Das allen bekannte Ritual unterstützt die Konzentration von Körper und Geist auf den gemeinsamen Gottes-Dienst. Gleichzeitig ist eine gelungene Liturgie ein Geschenk, kein Produkt. Es geht um eine lebendige Liturgie, in der belebender Glaube erfahren und gefeiert wird, der zu lebensermutigendem Handeln führt.

Liturgische Kompetenz aus reformierter Sicht

David Plüss

Das Kompetenzzentrum Liturgik befasst sich neben Forschung und Dienstleistung mit der *Aus- und Weiterbildung in liturgischem Handeln*. Diese erfolgt mehrheitlich konfessionell. Liturgische Kompetenz stellt keinen prominenten Gegenstand protestantischer Theologie dar. Im Grundstudium reformierter Theologie in Bern gibt es weder Pflichtveranstaltungen noch vorgeschriebene Prüfungsleistungen in Liturgik. Liturgiewissenschaftliche Kenntnisse werden im Studium eher am Rande vermittelt. Im Zentrum steht vielmehr die *Homiletik*, die Theorie der Verkündigung des Evangeliums in der jeweiligen Gegenwart. Das gesamte Studium evangelischer Theologie zielt auf das Predigtamt der *Verbi Divini Ministri*, der Diener und Dienerinnen am göttlichen Wort. Der Gottesdienst wird bei den Reformierten von der Predigt her gedacht und gestaltet. Die Reformierten der Deutschschweiz gehen bekanntlich *«z Predigt»*.

Die Liturgie dagegen wird mehrheitlich als *Rahmenhandlung zur Predigt* verstanden. Sie wird in konzentrischen Kreisen, ausgehend vom Predigttext und -manuskript entwickelt, mal sorgfältig thematisch, mal extemporiert. Jedenfalls wird dem liturgischen Handeln als solchem meist nicht dieselbe Beachtung geschenkt wie der Predigt. Die Reformierten der Deutschschweiz kennen zudem keine Rubriken in liturgischen Büchern, die das liturgische Handeln verbindlich regeln. Sie haben keine Agende, keine verbindliche Perikopenordnung und weder feste noch dem Kirchenjahr entsprechend wechselnde liturgische Stücke (Ordinarium und Proprium).

Die Stärke (und in dieser Stärke zuweilen auch die Schwäche) reformierter Gottesdienste ist denn auch tatsächlich die Predigt, der viel Aufmerksamkeit geschenkt wird. Von einer Predigt in einem reformierten Gottesdienst kann erwartet werden, dass sie einen Bibeltext in der Gegenwart zum Leuchten bringt, dass sie bildet, anregt und bewegt.

Soll dies nicht so bleiben? Besteht der Beitrag reformierter Theologie im Orchester der Ökumene nicht gerade darin, den homiletischen Part engagiert zu übernehmen, die Bedeutung einer gehaltvollen und inspirierenden Predigt in Erinnerung zu rufen und diese in vorbildlicher Weise zu reflektieren und zu gestalten?

Zudem stellt sich die Frage, ob die reformierte Reserviertheit gegenüber einer liturgiepraktischen Theoriebildung nicht im reformatorischen Grundsatz des *Priestertums aller Getauften* begründet liege. Hat die Rede von liturgischer Kompetenz nicht eine pastorale und klerikale Schlagseite? Geht es auf protestantischer Seite nicht gerade darum, der *Gemeinde* liturgische Kompetenzen zu vermitteln, damit sie den Gottesdienst bewusst und reflektiert zu feiern vermag? Müsste nicht vermehrt über Liturgiedidaktik im kirchlichen Religionsunterricht und in der Erwachsenenbildung nachgedacht werden, statt liturgische Kompetenz nur auf Seiten des Pfarramtes zu fordern?

Beidem ist zuzustimmen. Sowohl die Zentralstellung der Predigt als auch das allgemeine Priestertum und damit die liturgische Mündigkeit der Gläubigen gilt es in Rechnung zu stellen, wenn über ein reformiertes Konzept liturgischer Kompetenz nachgedacht wird. Zum zweiten Punkt ist allerdings anzumerken, dass Liturgiedidaktik für die Gemeinde die Aneignung grundlegender liturgischer Kompetenzen seitens der Pfarrpersonen oder der Katecheten und Katechetinnen voraussetzt.

Wie ist nun liturgische Kompetenz aus reformierter Sicht zu beschreiben? Zunächst scheint es mir sinnvoll, zwischen *Voraussetzungen* und *liturgischer Kompetenz* im handlungspraktischen Sinn zu unterscheiden. Zu den Voraussetzungen kompetenten liturgischen Handelns sind die *exegetischen*, *historischen* und *systematisch-theologischen* Kenntnisse und Reflexionsfähigkeiten zu rechnen, die im Theologiestudium vermittelt werden. Dabei kommt den auf den Gottesdienst bezogenen Inhalten – den exegetischen Befunden zum Gottesdienst, der wechselhaften Geschichte liturgischer Formsprachen und der Theologie des Gotteslobes – selbstredend eine besondere Bedeutung zu.

Im Folgenden sollen *Leitlinien liturgischer Kompetenz* benannt und kurz entfaltet werden. Diese sind nicht unmittelbar handlungsleitend, vermögen aber konkrete liturgische Praxis zu orientieren:

1. *Performative Kompetenz:* Der Glaube ist mehr als eine Deutungsleistung. Er ist auch eine bestimmte *Haltung* und ein bestimmtes *Verhalten* sich selbst, der Mitwelt und Gott gegenüber. Diese Haltung und dieses Verhalten bedürfen der *Darstellung* und der *Einübung*. Die Liturgie ist die performative Gestalt des Glaubens, die sich in den *liturgischen Grundgesten* des Grusses und des Segens, des Gebets, des Gotteslobs und der Verkündigung artikuliert. Diese Grundgesten des Glaubens bestehen nicht nur aus gesprochenen und gesungenen Worten, sondern auch aus Musik und Bewegungen, Raum und Licht, Symbolen und Bildern. Die performative Kompetenz besteht darin, alle diese Elemente in die stimmige Gestaltwerdung des Glaubens einzubeziehen.
2. *Kompetenz der Medialität:* Liturgisches Handeln hat nach reformiertem Verständnis einen medialen oder sakramentalen Charakter. Nicht der Liturg segnet die Gemeinde, sondern Gott, allerdings im Medium und in der Gestalt des segnenden Liturgen.[1] Der Liturg verfügt nicht über den Segen, sondern dieser ereignet sich *in, mit und unter* einer Segensgeste und Segensformel durch die Wirkung des Heiligen Geistes. Die Wirkung des Segens ist damit weder abhängig von einer Weihe noch von einem bestimmten Ritus. Gleichwohl bindet sich

1 Vgl. Matthias Zeindler: Wer segnet? Erwägungen zum Verhältnis von göttlichem und menschlichem Handeln am Beispiel des gottesdienstlichen Segens, in: PTh 94/2005, S. 492–508.

Gott nach Numeri 6 (Verse 22–27) an eine bestimmte Formel und Geste. Die Medialität liturgischen Handelns ist damit nach zwei Seiten hin abzugrenzen: Geste und Formel wirken nicht *ex opere operato*, sondern aufgrund der göttlichen Verheissung und Selbstverpflichtung. Sie sind aber auch keine Nebensächlichkeit, die man bleiben oder lassen oder nach eigenem Belieben verändern kann.

3. *Kompetenz der dreifachen Aufmerksamkeit:* Liturgisches Handeln bedarf der dreifachen Aufmerksamkeit. Sie gilt dem *Bibeltext*, der zur homiletischen Auslegung und liturgischen Aufführung gelangt. Sie ist gleichzeitig auf das *eigene Erleben* der Liturgin und ihre Auseinandersetzung mit dem Bibeltext gerichtet. Zudem gilt sie der *Gemeinde*, der Situation und der konkreten liturgische Interaktion. Sowohl der dezidierte Bibelbezug als auch die Aufmerksamkeit für das individuelle Erleben der Liturgin können als typisch protestantische Akzentuierungen gelten.
4. *Ritualkompetenz:* Liturgisches Handeln ist rituelles Handeln. Auch reformierte Predigtgottesdienste stellen Rituale dar, ob wir es wollen oder nicht.[2] Es hat Gott gefallen, sein Lob in rituellen Formen Gestalt werden zu lassen: in stimmigen, bergenden, sich wiederholenden Gestalten des Glaubens. Dies gilt auch für die reformierte Liturgie, gehört aber nicht zu deren genuinem Beitrag im Konzert der weltweiten Kirche. Die Ritualität des Liturgischen ist vielmehr als irritierend-inspirierende Stimme kultisch stärker ausgeprägter Christentumsformen – wie etwa diejenige der christkatholischen Kirche und Theologie – zu verstehen.

Weitere Kompetenzen wie die *Rollenkompetenz*, die *Körperkompetenz* und die *Raumkompetenz* wären zu nennen und zu entfalten. Mit den skizzierten Leitlinien wurde im besten Fall ein Koordinatennetz gelegt, an dem sich die weitere Diskussion über liturgische Kompetenz im reformierten Protestantismus orientieren kann.

2 Vgl. David Plüss: Ist der Gottesdienst ein Ritual?, in: Hanns Kerner: Zwischen heiligem Drama und Event. Auf dem Weg zu einer zukunftsfähigen Agende, Leipzig 2008, S. 99–113.

Musik im Gottesdienst: Zwischen Ignoranz und Konkurrenz

Andreas Marti

Liturgiegestaltung bedeutet Kooperation, aber auch Arbeitsteilung – im Minimum zwischen Pfarrerin und Organist. Der Organist muss nicht predigen können, die Pfarrerin nicht Orgel spielen. Jeder könnte also seine Sache machen, ohne sich um die andere Seite zu kümmern. Es kommt durchaus vor, dieses «Ignoranzmodell»: der Pfarrer, der während des ganzen Studiums nie das Kirchengesangbuch in der Hand gehabt hat, der Organist, der den Gottesdienst nur als Gelegenheit sieht, seine Kunstfertigkeit an den Mann und an die Frau zu bringen. Seit Jahrzehnten gehört es zu den Standards kirchenmusikalischer Diskussionen, eine bessere liturgisch-hymnologische Ausbildung der Pfarrerinnen und Pfarrer zu fordern, meist mit dem Hinweis darauf, dass diese Fächer in der Kirchenmusikausbildung längst zum Pflichtstoff gehören.

Was aber, wenn ein musikbegeisterter Pfarrer am bestehenden Kirchenchor vorbei eine eigene Singgruppe oder einen Gospelchor gründet, zur Gitarre greift und die Organistin im Konfirmationsgottesdienst überflüssig macht, die Liedwahl für den Gottesdienst grundsätzlich allein vornimmt, von sich aus Chöre und Musikgruppen für die Mitwirkung (oder eher den «Auftritt») im Gottesdienst engagiert? Wenn er dergestalt eine Konkurrenzsituation herstellt, ist er dann musikalisch überqualifiziert, zu gut ausgebildet?

Nun, «zu gut ausgebildet» kann es eigentlich nicht geben. Eher würde das heissen, dass es an entscheidenden Stellen Defizite gibt, dass keine ausreichende Schnittmenge zwischen Pfarrerin und Organistin vorhanden ist, welche eine sachbezogene und fruchtbare Kommunikation ermöglichen würde. Von der kirchenmusikalischen Ausbildung her ist diese Schnittmenge bereits definiert: Kenntnis der liturgischen Grundtypen, Verständnis für die Beziehung gottesdienstlicher Elemente untereinander im liturgischen Ablauf, für Rollenverteilung, für die Funktionen von Musik und Gemeindegesang, Typologie des Kirchenliedes – auch seiner neueren Formen und Stile – in sprachlicher, inhaltlicher, funktionaler, formaler und musikalischer Hinsicht. Das kann für die Ausbildung zum Pfarramt *mutatis mutandis* übernommen werden, ergänzt um Aspekte von Orgelmusik und von Kirchenmusik im Allgemeinen.

Dabei soll nicht vergessen werden, dass Kirchenmusik, Hymnologie und musikalisch akzentuierte Liturgik ausgesprochen interdisziplinäre Fächer sind, sowohl innerhalb der theologischen Disziplinen als auch über die Theologie hinaus, und damit für das Theologiestudium eine Art Schnittstellenfunktion übernehmen können.

Es wird eine der Aufgaben des Kompetenzzentrums sein, ausgehend vom bestehenden Angebot Inhalte und Curricula zu definieren, die sowohl Minimalstandards als auch sinnvolle erweiterte Kompetenzen auf diesem Gebiet umfassen.

Darin enthalten sein müsste auch ein angemessener Teil des analytischen Instrumentariums, das sich die Hymnologie – die Wissenschaft von Kirchenlied und Gesangbuch – im interdisziplinären Feld zwischen Theologie, Musikwissenschaft, Literatur- und Sprachwissenschaft aufgebaut hat. Sprachwissenschaftlich geht es z.B. um die Frage von Sprecher und Adressierung, der «simulierten Kommunikationssituation», damit ein Lied im liturgischen Kontext oder in der konkreten Strophenauswahl keine unbeabsichtigten Kommunikationsbrüche erzeugt. Von der Musikwissenschaft her zeigen sich höchst unterschiedliche Melodietypen mit ihren spezifischen Aufführungsbedingungen und affektiven Möglichkeiten. Daraus wiederum kann beispielsweise eine Art emotionale Verlaufskurve für die gottesdienstliche Dramaturgie entwickelt werden.

Unter theologischem Aspekt stellt sich das Problem der Rezeption und Aneignung fremder Texte. Ein Text ist zwar insofern immer schon «fremd» als er den Singenden als von jemand Anderem formulierter begegnet. Besonders fremd kann er aber häufig durch sein Gottes- und Menschenbild sein – und trotzdem für diejenigen, die ihn singend vollziehen, eine wichtige Funktion übernehmen. Gerade bei «Klassikern», etwa von Martin Luther oder von Paul Gerhardt, ist dies ein bedeutender Aspekt, der sowohl den Einbezug empirischer Gegebenheiten wie die Berücksichtigung literarisch-ästhetischer Kriterien erfordert. Arbeit genug für einige Studiensemester![1]

1 Weiterführend dazu: Andreas Marti: Singen – Feiern – Glauben. Hymnologisches, Liturgisches und Theologisches zum Gesangbuch der Evangelisch-reformierten Kirchen der deutschsprachigen Schweiz, Basel 2001.

Raum und Bild als Elemente der Liturgie

Johannes Stückelberger

Neben dem Wort, der Musik und den liturgischen Handlungen sind auch der Raum und die Bilder wesentliche Elemente eines Gottesdienstes. Sie bilden nicht nur den Rahmen, sie nehmen an den Gottesdiensten aktiv teil, sie schaffen eine Atmosphäre, sie betreiben auf ihre Weise Exegese, sie öffnen die Augen und feiern mit. Grund genug, sich als Theologin und Theologe auch hierin Kompetenzen anzueignen: liturgische Raum- und Bildkompetenz.

Liturgische Raumkompetenz

Die Kirchen sind in ihrer Gestalt wesentlich durch die Theologie und Liturgie der Zeit geprägt, in der sie gebaut wurden. Doch nicht nur in einer historischen Perspektive ist es interessant und hilfreich, die Architektur und Gestaltung einer Kirche besser zu verstehen, sondern auch in praktischer Hinsicht. Wo der Ort, von dem aus gepredigt wird, sich befindet, wo der Abendmahlstisch steht, wo der Taufort ist, wo die Musik herkommt, das alles ist von Bedeutung für die Liturgie. Der Raum beteiligt sich am Gottesdienst: durch seine Dimensionen, seine spezifische Gestalt, die Lichtführung, die Materialisierung, die Akustik, die Platzierung der liturgischen Orte, die Platzierung der Gemeinde etc. All diese Elemente erzeugen eine unverwechselbare Stimmung, die eine starke Wirkung auf die Gottesdienstbesucher ausübt.

Neuere Raumtheorien lehren uns, dass der Raum mehr ist als ein geometrischer Körper im Sinne einer leeren Hülle. Raum – so Merleau-Ponty – wird vom Leib her erfahren. Laut Heidegger ist er ein offener Handlungsraum. Heute geht man von einem anthropologischen Raumbegriff aus. Der Raum definiert sich aus der Interaktion. Der Raum und der Mensch in ihm sind aufeinander bezogen. Das bedeutet konkret: Der Raum bestimmt mit, wie sich die Menschen in ihm verhalten und fühlen. Umgekehrt prägen die Menschen den Raum, indem sie hier oder dort sitzen, indem sie sich in ihm bewegen, indem sie in ihm singen etc. Der Raum lenkt unsere Wahrnehmung, indem er nicht nur unseren Sehsinn, sondern auch alle anderen Sinne anspricht.

Was ist – vor dem Hintergrund dieser theoretischen Überlegungen – Raumkompetenz? Es bedeutet, die Potenz eines Raumes zu kennen und diese Potenz zu nutzen. Kirchenräume sind ein riesiges Kapital. Pfarrerinnen und Pfarrer dürfen mit diesem Kapital wuchern. Sie dürfen mit dem Raum spielen. Sie sollen ein Bewusstsein dafür entwickeln, dass und in welcher Weise der Raum – neben Wort und Lied – eine Kraftquelle ist, die die Gottesdienstbesucher stärkt. Raumkompetenz bedeutet darüber hinaus, dass man sich im Klaren ist, dass die Kirche ein öffentlicher Ort ist, der auch einer nicht kirchlich sozialisierten Öffentlichkeit zur Verfügung stehen soll. Die Kirche dient nicht nur der Gemeinde als Versammlungsraum, es ist ein Ort, dessen Erscheinungsbild auch nach aussen wirkt, der den öffentlichen Raum wesentlich mitprägt.

Raumkompetenz ist in besonderer Weise gefragt, wenn es darum geht, eine Kirche zu renovieren oder umzubauen. Eine Renovation ist in der Regel mehr als eine Pinselrenovation. Man nutzt die Gelegenheit, um sie neuen liturgischen und ästhetischen Bedürfnissen anzupassen. Heute wird besonders oft eine Umgestaltung in der Weise gewünscht, dass sich auch kleinere Gruppen in den Räumen wohlfühlen. Der Raum muss Platz bieten für neue liturgische Formen, für Kindergottesdienste etwa, und auch andere Veranstaltungen wie Konzerte sollen darin stattfinden können. Umbauten kann man nicht allein einem Architekten, einer Baukommission oder der Denkmalpflege überlassen: Sie sind mit eine theologische Aufgabe. Denn die Kirche bleibt primär ein Gotteshaus, ein Haus für die Gemeinde. Und was für eine Theologie, was für ein Gottesbild der Raum vermitteln soll, das mitzuentscheiden liegt wesentlich in der Kompetenz der Pfarrerinnen und Pfarrer. Gute Kirchen entstehen in einem intensiven Dialog zwischen theologischer und architektonischer Fachkompetenz.

Liturgische Bildkompetenz

Pfarrerinnen und Pfarrer brauchen auch eine Bildkompetenz. Denn selbst vermeintlich bilderlose Räume wie die der Reformierten sind voll von Bildern. Das mag paradox erscheinen, ist es jedoch nicht, wenn man sich vergegenwärtigt, dass jeder Raum mit seiner spezifischen Gestalt als Bild gelesen werden kann: als Bild des Himmlischen Jerusalem wie etwa die gotischen Kathedralen oder als Bild eines selbstbewussten Kulturprotestantismus wie die Kirchen aus der Zeit um 1900. Auch ein bilderloser Raum ist ein Bild: ein Bild für jenen unsichtbaren Gott, der sich vor allem im Wort offenbart und in dessen Namen sich die Gemeinde versammelt. Auch die Reformierten haben eine Ästhetik: eine Ästhetik des Bilderverbots bzw. der Bildaskese.

Doch längst haben auch sichtbare Bilder in reformierten Kirchen Einzug gehalten. Damit diese Bilder im Raum gut platziert sind und auf dessen Struktur Rücksicht nehmen, dafür braucht es sowohl eine Raum- als auch eine Bildkompetenz. Immer öfter taucht heute der Wunsch auf, Bilder in die Liturgie einzubeziehen, in Form von Bildpredigten, von Symbolen, von einer temporären Gestaltung des Raumes. Auch Ausstellungen in Kirchen sind vermehrt ein Thema. Allzu oft ist in diesen Bereichen ein Dilettieren zu beobachten. Die Theologinnen und Theologen haben eine hohe Wortkompetenz. Die Kirchenmusiker sind Profis. Die Kirchenbauten sind beste Architektur. Doch die Bilder, die darin zum Einsatz kommen, bewegen sich nicht immer auf der gleichen Höhe. Eingestanden, es gibt dafür weniger Hilfestellungen als für Wort und Musik. Diese Lücke zu füllen, ist eines der Ziele des Arbeitsbereiches «Kirchenästhetik» am Kompetenzzentrum Liturgik an der Universität Bern.

Nicht unerwähnt bleibe, dass auch die Symbolhandlungen der Kasualien, auch die Art und Weise, wie man sich im Raum bewegt, wie man artikuliert, wie man seine Worte gestisch unterstützt, Bilder sind und Bilder vermitteln. Das hat mit Wahrnehmung zu tun. Die Pfarrerinnen und Pfarrer sollen sich der Bildhaftigkeit ihrer Erscheinung bewusst sein, sie brauchen eine hohe Kompetenz in der Selbstwahrnehmung.

Immer öfter wird heute in den Gemeinden der Wunsch nach neuen permanenten Bildern im Kirchenraum geäussert. Diesem Wunsch zu entsprechen ist eine anspruchsvolle Aufgabe. Statt von Bildern ist in diesem Fall eher von künstlerischer Gestaltung zu sprechen. Diese umfasst Bilder in einem erweiterten Sinn. Darunter fallen etwa auch eine neue Farbgebung des Raumes, ein neues Farbfenster, ein skulpturales Element, ein neuer Taufstein etc. Dabei ist genau zu prüfen, ob es denn wirklich eine neue künstlerische Gestaltung braucht. Manchmal genügt es, die Kirche von Elementen, die mit den Jahren dazugekommen sind und den Raum überfüllen, zu befreien und die Bildhaftigkeit des «leeren» bilderlosen Raumes wieder neu zu entdecken. Manchmal mag ein neuer Akzent aber auch neue Impulse geben. Die Erfahrung zeigt, dass künstlerische Neugestaltungen eine Gemeinde in ihrem Innersten berühren. Es geht um Identität, darum, was für die Gemeinde Kirche darstellt, letztlich um Gottesbilder.

Pfarrerinnen und Pfarrer brauchen nicht in allem kompetent zu sein. Wenn es darum geht, eine hohe Qualität in der künstlerischen Neugestaltung eines Raumes zu erreichen, dann sind künstlerische und kunsthistorische Kompetenzen gefragt. Theologinnen und Theologen müssen an diesem Prozess aber insofern teilnehmen, als sie für die Theologie zuständig sind, die der Neugestaltung zugrunde liegen soll. Insbesondere ist auch auf die Spezifik konfessioneller Kunst zu achten. Katholisch geprägte Kunst basiert auf einem anderen Bildbegriff als protestantische Kunst.

Der Kirchenraum und die Bilder in ihm haben – zusammen mit dem Wort und dem Gesang, mit Symbolhandlungen und allem, was an diesem Ort passiert –, die vornehme Aufgabe, die Augen zu öffnen für das, was letztlich unsichtbar bleibt, für Gott.[2]

2 Weiterführend zum Thema Raum und Bild in der Liturgie: Martin Benn (Hg.): Heilige Räume. Gotteshäuser zwischen Verkündigungspotential und Abriss, Frankfurt a. M. 2006 (Materialhefte des «Zentrums Verkündigung der EKHN», Fachbereich Gottesdienst, Kunst und Kultur, Heft 104); Kirchenräume – Kunsträume. Hintergründe, Erfahrungsberichte, Praxisanleitungen für den Umgang mit zeitgenössischer Kunst in Kirchen. Ein Handbuch, hg. vom Zentrum für Medien, Kunst und Kultur im Amt für Gemeindedienst der Ev.-Luth. Landeskirche Hannovers, Berlin/Münster 2002.

Epilog

Nach-Worte

Angela Berlis

Manchmal erweisen sich Komplikationen als hilfreich. Als zwei Tage vor der Tagung zur Eröffnung des Kompetenzzentrums Liturgik eine der Hauptrednerinnen krankheitshalber absagte, hatten wir ein Problem. Kurzfristig musste das Vormittagsprogramm umgestaltet werden. Glücklicherweise fanden sich innerhalb kürzester Frist zwei Kollegen und eine Kollegin bereit, auf die verbliebenen Vorträge mit kurzen Repliken zu reagieren. Das Problem wendete sich zum Glücksfall. Die Repliken machten die Eröffnungsfeier zu einem dialogischen ökumenischen Geschehen. Dialog ist – wie sich in dem Jahr seit der Eröffnung erwiesen hat – ein wichtiges Merkmal der Arbeit unseres Kompetenzzentrums. Dies auch deshalb,

- weil hier zwei theologische Departemente zusammentreffen, die in unterschiedlichen kirchlichen und liturgischen Traditionen wurzeln («zusammentreffen» ist ja eine von mehreren Bedeutungen des lateinischen *competere*);
- weil verschiedene fachwissenschaftliche Kompetenzen am Zentrum repräsentiert sind;
- weil wir, von der Wissenschaft her kommend, bewusst den Kontakt und die Beziehung zu reformierten und christkatholischen Kirchen und Praxisfeldern suchen und dabei helfen wollen, theologisch und liturgiewissenschaftlich reflektiertes Wissen in liturgische und rituelle Praxis umzusetzen.

Die Beiträge in diesem Sammelband sind Selbst-Reflexionen im besten Sinne des Wortes, keine Selbstbeweihräucherung, sondern selbstkritische Auseinandersetzung mit der eigenen liturgischen Tradition; sie spiegeln die Offenheit für die Anfragen und Ergänzungen, welche die Perspektive der einen der der anderen bieten kann; aufmerksam nehmen sie die Gegebenheiten heutiger Alltagskultur wahr, die allerlei Rituale zelebriert, diese jedoch nicht mehr unbedingt mit «Kirche» in Verbindung bringt. *Last but not least* sind sie Ausdruck mitteilsamer Freude am Feiern und am Teilen von Erfahrungen in neuen oder neu gestalteten gottesdienstlichen Kontexten.

Im Folgenden will ich in diesen «Nach-Worten» (*epilogoi*) auf ein paar Aspekte näher eingehen, die mir während der Konferenz und bei der Lektüre dieses Bandes aufgefallen sind. Die Beiträge sind gewissermassen «Treffpunkte», wo unterschiedliche Erfahrungen und Wahrnehmungen in der Begegnung zwischen Liturgiewissenschaftlerinnen und Liturgiewissenschaftlern verschiedener Konfessionen, Vertreterinnen und Vertretern anderer theologischer Disziplinen (u.a. Systematische Theologie und Kirchengeschichte), von Menschen aus Praxis und «Theorie» zusammentreffen, und zu weiterer Beschäftigung anregen wollen.

Liturgie im Schnittpunkt zwischen Gegenwart und Tradition

Die Verhältnisbestimmung zwischen Gegenwartsbezug und Tradition ist ein wichtiges Thema heutiger liturgiewissenschaftlicher Reflexion. Verschiedene Autorinnen und Autoren machen dies mit ihren Beiträgen sichtbar, nähern sich der Thematik jedoch, abhängig von ihrer liturgischen Tradition, von unterschiedlichen Seiten her. Das ist interessant, zeigt es doch indirekt auf, wo im eigenen kirchlichen Kontext Aufhol- oder Reflexionsbedarf signalisiert wird: entweder beim Gegenwartsbezug oder bei der Traditionsverbundenheit.[1] So hält der reformierte Liturgiker David Plüss dem Vorwurf der Traditionsvergessenheit die Erinnerung an den kulturellen Gedächtnisraum entgegen, in dem sich auch der reformierte Gottesdienst befinde. Zugleich stellt Plüss den Gottesdienst in einen Hoffnungsraum und spannt die Gegenwart zwischen Vergangenheit und Zukunft. Eine «Kultur der Gegenwärtigkeit» nehme die Gegenwart auf und transzendiere sie. Als christkatholische Theologin kommen mir dabei weitere Konnotationen in den Sinn, etwa die der *praesentia realis*, die in der Liturgie als Aktualpräsenz, als reale Gegenwärtigkeit des «Gekreuzigt-Auferstandenen» (Josef Wohlmuth) gefeiert, in der liturgischen Dimension als erfahrbare Verbindung von Gestern, Heute und Morgen in Gemeinschaft mit den Heiligen und der Kirche aller Orte und Zeiten wahrnehmbar, aber auch von den Mitfeiernden immer wieder als gegenwärtiges Ankommen, als ein Anwesend-Werden mit allen Sinnen und Körperteilen erwartet wird.

Die römisch-katholische Liturgiewissenschaftlerin Birgit Jeggle-Merz weist in ihrer Replik auf David Plüss darauf hin, dass Liturgie – entgegen der eingefahrenen Vorstellung eines sakrosankten und starren Ritus' – sich in der Geschichte immer verändert habe.[2] Auch bei ihr also ein Plädoyer für eine Verbindung zwischen Tradition und Gegenwart, allerdings – in umgekehrter Bewegung als Plüss –

1 Ein Beispiel für die Frage nach dem historischen Bezug des protestantischen Gottesdienstes ist das Buch von F.G. Immink: Het heilige gebeurt. Praktijk, theologie en traditie van de protestantse kerkdienst, Zoetermeer 2011. Tradition stellt die dritte Perspektive dar, nach Praxis und Theologie des Gottesdienstes. Immink fragt: «Was de reformatie een breuk met een eeuwenoude liturgische vorm? Welk gewicht hebben historische argumenten bij de vormgeving van de kerkdienst?» («War die Reformation ein Bruch mit einer jahrhundertalten liturgischen Form? Welches Gewicht haben historische Argumente bei der Formgebung eines Gottesdienstes?»). A.a.O., 11.

2 Vgl. die kritische Auseinandersetzung von Albert Gerhards: Jenseits von Traditionalismus und Zentralismus – die Liturgie der Kirche, in: Marianne Heimbach-Steins/Gerhard Kruip/Saskia Wendel (Hg.): «Kirche 2011: Ein notwendiger Aufbruch». Argumente zum Memorandum, Freiburg i.B. 2011, S. 200f.

indem «die eigene liturgische Tradition zu den Signaturen der Gegenwart in Beziehung» gesetzt wird.[3]

Erwartungen an die heutige Liturgie und die Rolle des Kompetenzzentrums Liturgik

Der Lutheraner Peter Cornehl fragt in seinem Beitrag nach dem genuinen Beitrag reformierter Theologie innerhalb des Ansatzes, «Liturgie und Gottesdienst als darstellendes Handeln der Kirche in der Kultur der Gegenwart zu verstehen». Für Cornehl liegt der eigentümliche reformierte Impuls, der vom Berner Zentrum ausgehen könne, im Erhalt des Charismas der Kargheit (auch und gerade im Kontext heutiger Fülle) und im Vorrang der Bibel – beides für ihn «Leitperspektiven» am Kunstwerk Gottesdienst. In seiner Replik klagt Fulbert Steffensky, erfahrener Kenner römisch-katholischer und evangelischer konfessioneller Dialekte und Frömmigkeitssitten, den Vorrang der Bibel ein, indem er auf die Dominanz der Pfarrpersonen und deren Auslegung im evangelischen Gottesdienst hinweist.[4] Der Vorrang der Bibel solle darin zum Ausdruck kommen, dass die Gemeinde das Recht habe, den Bibeltext zu *hören* – das sei die erste Exegese, ganz demokratisch. Der liturgischen Dauermoderation stellt Steffensky ein Lob des Schweigens und ein Plädoyer für die gewahrte Formel an zentralen Stellen im Gottesdienst als Ausdruck der Entlastung und als Zeichen «produktiver Bewusstlosigkeit» entgegen.[5] Dieses kritische Gespräch unter Freunden – Steffensky und Cornehl verbindet eine langjährige gemeinsame Gottesdienstpraxis in Hamburg – macht auch sichtbar, wie man die eigene gottesdienstliche Praxis beschreibt und sie für die eigene Tradition legitimiert,[6] und wie sie in den Augen anderer wirkt. Ein solches bewusstes Umgehen mit der Wahrnehmung des oder der anderen könnte ein Mar-

3 Vgl. auch ihre Aussage: «Im Resonanzraum der gegenwärtigen Kultur können Kirche und Christentum das Lebensdeutungsangebot des Glaubens neu ins Spiel bringen.» Sie formuliert als Aufgabe der Liturgiewissenschaft, «den christlichen Glauben und das Glaubensleben in eben dieser Umwelt zu reflektieren und die Anfragen der zeitgenössischen Kultur aufzugreifen, um die gegenwärtige Kultur aus der Mitte dessen, was sie feiert, wiederum kritisch zu hinterfragen». Birgit Jeggle-Merz: Zur Einführung, in: Jürgen Bärsch u. a.: Zwischen Tradition und Postmoderne. Die Liturgiewissenschaft vor neuen Herausforderungen, (Theologische Berichte, 33), Fribourg 2010, S. 29–62, hier S. 16.

4 Vgl. Fulbert Steffenskys Ausführungen über «Die katholische und die evangelische Predigt. Eine biographische Skizze, in: Fulbert Steffensky: Schwarzbrot-Spiritualität, Stuttgart 2005, S. 73–89.

5 Zur Bedeutung von Stille und Schweigen in der heutigen Lärmkultur vgl. Sara Maitland: A Book of Silence. A Journey in Search of the Pleasures and Powers of Silence, London 2008.

6 Vgl. Gerard Rouwhorst: Historical Periods as Normative Sources. The Appeal to the Past in the Research on Liturgical History, in: Judith Frishman/Willemien Otten/Gerard Rouwhorst (Hg.), Religious Identity and the Problem of Historical Foundation. The Foundational Character of Authoritative Sources in the History of Christianity and Judaism, (Jewish and Christian Perspective Series, 8), Leiden/Boston 2004, S. 495–512. Rouwhorst geht es um grundlegende, formative Perioden in der römisch-katholischen und protestantischen Liturgiegeschichtsschreibung, die dann auch die Referenzgrösse für zeitgenössische liturgische Reformen darstellen.

kenzeichen des Berner Kompetenzzentrums werden. Dazu gehört u.a. die Aufmerksamkeit dafür, wie wir selbst unsere liturgischen Landschaften mit der «Gebärde des normativen Vergleichs» wahrnehmen[7] und wo bisweilen sogar Selbstkritik in Form von Abgrenzung gegen den anderen formuliert wird. Oder, weiter gefragt: Wo verstellen eigene legitimatorische Wahrnehmungen den Blick darauf, dass die anderen in ihrer Praxis etwas von dem eigenen Anliegen nicht nur sichtbar, sondern vielleicht sogar sichtbarer machen als man selbst? So wird etwa die hohe Wertschätzung des Evangeliums in Kirchen katholischer Tradition nicht nur durch das Verlesen bzw. Hören erfahrbar, sondern auch durch Prozession, Beweihräucherung, Gesten und Körperhaltung sichtbar. Die Bibel ist hier Teil einer Performance, die ihre Bedeutung als Wort Gottes unterstreicht. Zugleich macht dieses Beispiel deutlich, dass dieser Performanz, ob verbal oder nonverbal, «der Charakter des Zeugnisses eignet».[8] Wer hier gleich das Etikett «katholisierend» oder «protestantisierend» aufklebt, vergibt sich die Möglichkeit einer Auseinandersetzung und vielleicht sogar An- bzw. Zueignung bisweilen ungewohnter, in der eigenen kirchlichen Tradition nicht praktizierter ritueller und bildnerischer Ausdrucksformen.[9] Thomas Erne weist in seinem Beitrag auf die Bedeutung des Unabschliessbaren für die Liturgik hin: Gott sei nur in unabschliessbaren Prozessen andeutbar. Dies impliziert einen «offenen Prozess von Formgebung und Formüberwindung». Nur so bleibe die aktualisierende Kraft der Bilder (seien es bildnerische oder sprachliche) erhalten und je neu aufschliessbar. Spannend ist Ralph Kunz' Zürcher Replik auf den Marburger Kollegen, in der er erklärt, warum in reformierter Sicht die gemalten Bilder ausgespielt haben: «Die tiefsten Einblicke gewinnt man geschlossenen Auges.» (Elazar Benyoëz) Bilder können im augustinischen Sinn zwar benutzt werden, aber sie stören den Genuss Gottes, insofern sie den interpretierenden Betrachter, die interpretierende Betrachterin nicht zum Beten bringen. Bilder hingegen, die transparent werden auf die Transzendenz Gottes hin, werden zu Ikonen, die den Menschen zu Beteiligten machen.

Kritischer Umgang mit Bildern in Kirchenräumen ist kein rein reformatorisches Phänomen. Jahrzehntelang war etwa die Aufstellung von Marienstatuen in christkatholischen Kirchen unmöglich infolge des aus kulturkämpferischer Zeit stammenden Eindrucks, es handele sich dabei um einen «römischen» (also römisch-katholischen) Brauch, der nicht «zu uns» passe.[10] Ein derartiges «Wir»-Gefühl

7 Steffensky: Die katholische und die evangelische Predigt (s. Anm. 4), S. 73.

8 Stephan Winter: Am Grund des rituellen Sprachspiels. Notwendige Klärungen zu «Performance» und «Performativität» in liturgiewissenschaftlichem Interesse, in: Bibel und Liturgie 84/2011, Heft 1, S. 12–27, hier S. 20f. Der Gedanke wurde von Dorothea Sattler entwickelt.

9 Aneignung (franz. *appropriation*) wird hier im Sinne einer aktiven, deutenden Rezeption der Vergangenheit verstanden. Vgl. dazu die Ausführungen des niederländischen Historikers Willem Frijhoff: Toeëigening: van bezitsdrang naar betekenisgeving», in: Trajecta 6/1997, S. 99–118.

10 In der christkatholischen Kirche St. Peter und Paul zu Bern schwebt seit einigen Jahren ein Transparent im Chorraum. Je nach dem Einfall des Lichts lässt sie Maria als Gottesgebärerin erahnen.

steht liturgischer Reflexion und Entwicklung entgegen. Stattdessen muss gefragt werden: Wie können liturgische Quellen – die zum grossen Teil ja aus der gesamtkirchlichen Tradition stammen – für die Gegenwart neu erschlossen werden, so dass sie auch helfen bei der Antwort auf die Fragen heutiger postsäkularer Gesellschaften mit ihrer veränderten Religionspraxis? Man könnte sagen: Wer über Gegenwartsbezug oder Gegenwärtigkeit spricht, soll dabei auch die Tradition und das eigene Verhältnis dazu einbeziehen.

Was bedeutet dies im Hinblick auf die Erwartungen an das Kompetenzzentrum Liturgik in Bern? Mehrere Autoren formulieren Impulse für die reformierten Kirchen, die vom Kompetenzzentrum Liturgik in Bern ausgehen können oder sollen. Impulse für die christkatholische Kirche sind eher implizit und dann in den Beiträgen aus christkatholischer Feder zu finden, die sich alle auf Reform und Reformbedürftigkeit von Liturgie beziehen, sei es im Hinblick auf Feierformen (Ostertriduum, Sakrament der Taufe und Krankensalbung) oder auf bauliche Gegebenheiten (Tauchbecken), welche die liturgische Erneuerung der Taufe unterstreichen. Dabei stehen Reflexionen zur Beziehung zwischen Liturgiefeier und ortskirchlich orientierter Ekklesiologie im Mittelpunkt. Im Allgemeinen kann gesagt werden, dass die christkatholische Liturgiewissenschaft stark an liturgischen Strukturfragen und ihren ekklesiologischen Implikationen interessiert ist; in jüngster Zeit finden auch performative und inszenatorische Aspekte bei der Beschreibung konkreter Liturgien Berücksichtigung.[11]

Liegen die Erwartungen an das Kompetenzzentrum aus kirchlicher Sicht also darin, die je eigene liturgische Identität zu stärken, indem das Proprium des eigenen Liturgieverständnisses und der eigenen liturgischen Tradition reflektiert und vollzogen wird, so zielt die Dynamik eines zweikonfessionellen Kompetenzzentrums auch auf das Lernen von den anderen Traditionen. So hoffen wir, dass die folgende Aussage Benedikt Kranemanns auch für das Kompetenzzentrum zutrifft: «Die Liturgiewissenschaft gilt heute als Disziplin, die trotz unterschiedlicher Traditionen, Fragestellungen und Methoden besonders ökumenisch geprägt ist.»[12]

Maria ist nach dem byzantinischen Vorbild der «Muttergottes vom Zeichen» (Platytera) in der Gebetshaltung einer Orantin abgebildet (Elisabeth Zahnd, 1998), das Christuskind strahlt in ihr in einer Lichtaureole. Vgl. Jan Straub: Die christkatholische Kirche St. Peter und Paul in Bern, (Schweizerische Kunstführer), Bern 2001, S. 29 und 39.

11 Vgl. etwa Herwig Aldenhoven: Darbringung und Epiklese im Eucharistiegebet. Eine Studie über die Struktur des Eucharistiegebetes in den altkatholischen Liturgien im Lichte der Liturgiegeschichte, in: Internationale Kirchliche Zeitschrift 61/1971, S. 79–117 und 150–189; 62/1972, S. 29–73; ders.: Die spirituell-theologischen Konsequenzen der Struktur des Eucharistiegebetes, in: Internationale Kirchliche Zeitschrift 70/1980, S. 212–225; Urs von Arx: Überlegungen zum Vollzug des Eucharistiegebetes, in: Angela Berlis/Matthias Ring (Hg.): Im Himmel Anker werfen. Vermutungen über Kirche in der Zukunft. Festschrift für Bischof Joachim Vobbe, Bonn 2007, S. 82–95. Vgl. zur Inszenierung von Liturgie Henriette Crüwell: Alles frommes Theater!, in: Christen heute 56/2012, S. 168.

12 Benedikt Kranemann: Liturgie und Liturgiewissenschaft nach dem Zweiten Vatikanischen Konzil – Rückblick und Ausblick, in: Theologische Revue 108/2012, S. 179–194, hier S. 191.

Ich schliesse mich meinem Kollegen David Plüss an, es gehe darum, den Zusammenhang von Liturgie und Gegenwartskultur auszuloten. Aus christkatholischer Perspektive spielt dabei die Einbeziehung der liturgischen Tradition der gesamten Kirche eine wesentliche Rolle.

Gottesdienstkunst

Dieser Sammelband trägt den Titel «GottesdienstKunst». An dieser Stelle soll nicht wiederholt werden, was die einzelnen Autorinnen und Autoren bereits dazu geschrieben haben. Birgit Jeggle-Merz bringt in ihrem Beitrag zum Ausdruck: «‹Kunst› meint doch im Zusammenhang mit Gottesdienst die geschenkte Fähigkeit und das eingeübte Können, Nicht-Sichtbarem eine mit den Sinnen fassbare Gestalt zu geben.» Gottesdienstkunst – um die Worte des anglikanischen Theologen Paul Avis zu gebrauchen – besteht also darin, die zwei Funktionen der Liturgie, «das Entfaltete und das Stillschweigende, das Offenkundige und das Verborgene»[13], das Reflektierte und das «Bewusstlose» zu verbinden und zu ihrem Recht kommen zu lassen. Zur Illustration will ich schliessen mit einer kurzen Betrachtung zu zwei jüngst erlebten Liturgien.

Es war die Pfingstzeit, in der ich über diesen Epilog nachdachte. Eine besondere Zeit, in diesem Jahr noch mehr als sonst. Denn ich habe zweimal Pfingsten gefeiert: zuerst in einem christkatholischen Gottesdienst, der in einer kleinen, aus dem Mittelalter stammenden Kapelle mit einer Diasporagruppe stattfand, ein Gottesdienst mit Kindern, in dem die Bedeutung des Heiligen Geistes fühlbar mit der Kraft des Windes demonstriert wurde; das zweite Mal, eine Woche später, in der griechischen Stadt Ioannina. Wieder war es eine kleine Kapelle, diesmal griechisch-orthodox, voller Weihrauch und Menschen, viele sitzend, die meisten stehend. Vor mir stand ein älterer Mann mit seiner Enkelin. Beim dreimaligen Segen, der speziell an Pfingsten gespendet wird, fielen alle auf die Knie. Drei Mal, jeweils mehrere Minuten lang. Den Knieenden war es egal, dass das Verharren in dieser Stellung unbequem war, die Schuhsohlen geknickt und die Kleidung angespannt wurde. Es ist egal, wie man aussieht, wenn man kniet. Die Ästhetik des Glaubens richtet sich nicht nach der Ästhetik unserer kommerzialisierten Welt, ja sie entwickelt bisweilen sogar eine «Kunst der Bestreitung», ein «Design der Alterität», in dem nicht Gefälliges und Schönes den Ausschlag geben, sondern «Markierungen des Vermissten und Fehlenden» angebracht werden.[14] Was der Mann und seine Enkelin vor mir von den Dogmen der Kirche oder ihren moralischen Lehren genau glaubten, spielte in dieser Situation keine Rolle. Es ging um etwas anderes: Wird

13 «[T]he explicit and the tacit, the manifest and the latent». Paul Avis: A Church Drawing near. Spirituality and Mission in a post-Christian Culture, London 2003, S. 151.

14 Vgl. die Überlegungen von Hans-Joachim Höhn: Inszenierte Ergriffenheit? Über Risiken und Nebenwirkungen ritueller Glaubenskommunikation, in: Bibel und Liturgie 84/2011, Heft 1, S. 4–11.

der Segen gespendet, ist der Mensch ein Empfangender, ein Ergriffener, ein sich mit dem ganzen Körper Hingebender. Liturgie bedeutet immer Einladung und Annahme: als Mensch in seiner ganzen Existenz vor Gott zu treten.[15]

Jede dieser beiden Pfingstfeiern war Gottesdienstkunst, *ars celebrandi* der ganzen Gemeinde: Die Kunst des Feierns erreicht da ihren Höhepunkt, wo das Geheimnis Gottes Raum gewinnt und Menschen fündig werden können.[16] Der Schatz der Liturgie erschliesst sich in ganz eigener Weise.

15 Avis: A church drawing near (s. Anm. 13), S. 150: «[T]he liturgy expresses an invitation that calls for acceptance, makes a proposal that requires consideration and establishes a threshold that may be crossed.»

16 Vgl. dazu Paul M. Zulehner/Markus Beranek/Sieghard Gall/Marcus König: Gottvoll und erlebnisstark. Für eine neue Kultur und Qualität unserer Gottesdienste, Ostfildern 2004.

Die Autorinnen und Autoren

Aeppli, Alfred, Alfred Aeppli, Pfr. Dr. sc. techn., ist Pfarrer der reformierten Kirchgemeinde Jegenstorf-Urtenen und Präsident des Landeskirchen-Forums.

Aus der Au, Christina, Dr. theol. habil., ist Privatdozentin und Geschäftsführerin des Kompetenzzentrums für Kirchenentwicklung an der Universität Zürich.

Berlis, Angela, Dr. theol., ist Professorin für Geschichte des Altkatholizismus und Allgemeine Kirchengeschichte und Ko-Leiterin des Kompetenzzentrums Liturgik.

Cornehl, Peter, Dr. theol. habil., ist emeritierter Professor für Praktische Theologie mit den Schwerpunkten Homiletik und Liturgik an der Universität Hamburg.

Enzner-Probst, Brigitte, Dr. theol. habil., ist Privatdozentin für Praktische Theologie an der Universität Bern und leitet zahlreiche Weiterbildungen im Bereich rituelle Seelsorge.

Erne, Thomas, Dr. theol. habil., ist Professor für Praktische Theologie und Leiter des Instituts für Kirchenbau und kirchliche Kunst der Gegenwart an der Universität Marburg.

Grünewald, Matthias, ist ehemaliger Mitarbeiter des Kompetenzzentrums Liturgik und als Supervisor und Coach für Liturgik und Homiletik tätig.

Jeggle-Merz, Birgit, Dr. theol. habil., ist Professorin für Liturgiewissenschaft an der Universität Luzern und an der Theologischen Hochschule Chur.

Kaiser, Oliver, ist Pfarrer der altkatholischen Gemeinde in Hannover-Niedersachsen und Dozent für Liturgiewissenschaft am Bischöflichen Seminar Bonn.

Kunz, Ralph, Dr. theol. habil., ist Professor für Praktische Theologie, an der Universität Zürich mit den Schwerpunkten Seelsorge und Homiletik

Kusmierz, Kathrin, Dr. theol. des., ist Geschäftsführerin des Kompetenzzentrums Liturgik an der Universität Bern.

Lauber, Roland, ist emeritierter Pfarrer der Christkatholischen Kirche und Pfarrverweser in Olten.

Marti, Andreas, Prof. Dr., ist Titularprofessor für theoretische und praktische Kirchenmusik.

Plüss, David, Dr. theol. habil, ist Professor für Liturgik, Homiletik und Theorie der religiösen Kommunikation an der Universität Bern und Ko-Leiter des Kompetenzzentrums Liturgik.

Schlag, Thomas, Dr. theol. habil., ist Professor für Praktische Theologie an der Universität Zürich, mit den Schwerpunkten Kybernetik und Religionspädagogik.

Steffensky, Fulbert, Prof. em., ist emeritierter Professor für Religionspädagogik der Universität Hamburg und Autor zahlreicher Veröffentlichungen zur Spiritualität.

Stückelberger, Johannes, Dr. phil. habil., ist wissenschaftlicher Mitarbeiter für Religions- und Kirchenästhetik am Kompetenzzentrums Liturgik an der Universität Bern und Privatdozent für Neuere Kunstgeschichte an der Universität Basel.

Vobbe, Joachim, ist emeritierter Bischof des Katholischen Bistums der Alt-Katholiken in Deutschland.

Walti, Christian, lic. theol. VDM, ist Assistent am Lehrstuhl für Liturgik, Homiletik und Theorie der religiösen Kommunikation der Universität Bern.

Zeindler, Matthias, Dr. theol. habil., ist Pfarrer in Erlach und Leiter des Bereiches Theologie der Reformierten Kirchen Bern-Jura-Solothurn, Titularprofessor für Systematische Theologie an der Universität Bern und Mitarbeiter des Kompetenzzentrums Liturgik.